PASOS 2

an intermediate course in

Spanish

Rosa María Martín and
Martyn Ellis

3rd edition

**HODDER
EDUCATION**
PART OF HACHETTE LIVRE UK

Orders: please contact Bookpoint Ltd, 130 Milton Park, Abingdon, Oxon OX14 4SB. Telephone: (44) 01235 827720. Fax: (44) 01235 400454. Lines are open from 9.00 - 6.00, Monday to Saturday, with a 24 hour message answering service. You can also order through our website www.hoddereducation.co.uk

If you have any comments to make about this, or any of our other titles, please send them to educationenquiries@hodder.co.uk

British Library Cataloguing in Publication Data
A catalogue record for this title is available from the British Library

ISBN: 978 0 340 971192

First Edition Published 1992
Second Edition Published 2002
Third Edition Published 2008
Impression number   10 9 8 7 6 5 4 3 2 1
Year   2012 2011 2010 2009 2008

Hodder Headline's policy is to use papers that are natural, renewable and recyclable products and made from wood grown in sustainable forests. The logging and manufacturing processes are expected to conform to the environmental regulations of the country of origin.

Cover photo © carmen sedano / Alamy

Typeset by Charon Tec Ltd., A Macmillan Company

Printed in Italy for Hodder Education, a division of Hachette Livre UK, 338 Euston Road, London NW1 3BH

Acknowledgements

The authors would like to thank all the people who agreed to be interviewed for the recordings for this course, and also a special thank you to Tessa and Isabel.

The publishers would also like to acknowledge the following for use of their material in this volume:

Agencia Literaria Carmen Balcells for extract from *Seix Barral*; APLI for stickers; *Biba* for text and photo; Caja de Ahorros de Zaragoza for illustrations from *Cartilla de la circulacion* and extract from *Aqui Zaragoza Tomo 6*; Cambio 16 for photos and article from *Cambio 16*; Centro de Estudios for photos; Cipaj for extract from *En bici desde Zaragoza*; Citer/Atesa for tables; Collection du Petit Faucheux for postcards; Comercial Josan, Zaragoza for photographs; Diputacion general de Aragón for illustrations from *Que exigir al consumidor?*; Eds Renacimiento for postcard; El Corte Inglés for store directory; España: Secretaría general de turismo for texts and photos; *El Europeo* for photos and articles; Estar Viva for texts and illustrations; Fiat for their advertisement; *Heraldo de Aragón & Radio Heraldo* for texts; FISA for postcard; Lotéria Nacional for lottery ticket; 'Manos Unidos' for poster; Maralda for cartoon; Marsans Travel for postcard; *Mía* for text and article *El boom de los Latinos*; Ministerio de Asuntos Sociales for text and illustration from *Escucha mis derechos*; Mundiplan for advertisement; *Natura* for text and photo; Seguros Catala Occidente for advertisement; *Tele-Indiscreta* for text and photos; *Telva* for text and photos; *Tiempo* for cover, interview and photos; Touring Club Italiano for article and map from *Rutas del Mundo*; *TV Plus* for text and photos; *Rutas del Mundo* for article and photos from *Chichén-Itzá*; Zerkowitz for postcard.

Every effort has been made to trace ownership of copyright. The publishers will be glad to make suitable arrangements with any copyright holders whom it has not been possible to contact.

Photo acknowledgements

AKG-IMAGES: p152 (top right) LOLAFILMS/ALBUM; **Alamy:** p28 (top) © Mary Evans Picture Library, p40 (right) © Tibor Bognar, p41 (bottom right) © Alberto Paredes, p41 (top centre) © carmen sedano, p41 (top right) © Alberto Paredes, p56b © Charles Bowman, p70 (bottom) © Tim Cuff, p70 (top left) © Nepal Images, p70 (top right) © Tibor Bognar, p78 (right) © Picture Contact, p107b © INTERFOTO Pressebildagentur, p107 (bottom) © INTERFOTO Pressebildagentur, p107 (top) © Mary Evans Picture Library, p123 (centre) © dave stamboulis, p123l © Juan Carlos Lino, p123 (right) © Charlotte Thege, p148 (bottom) © peter Jordan, p170 (left) © WILD images, p181 © Picture Partners; **The Art Archive:** p103 (bottom right) Ministry of Public Information Mexico / Gianni Dagli Orti © Banco De Mexico, Diego Rivera and Frida Kahlo Museums Trust, Av. Cinco de Mayo No. 2, Col. Centro, Del. Cuauhtemoc, 06059, Mexico, D.F. Courtesy del Instituto Nacional de Bellas Artes y Literatura, Mexico; **Corbis:** p13 © Andrea Comas/Reuters, p28 (centre) © Olivier Labalette/TempSport, p94 © Ralf-Finn Hestoft, p103 (bottom left) © Christie's Images © Banco De Mexico, Diego Rivera and Frida Kahlo Museums Trust, Av. Cinco de Mayo No. 2, Col. Centro, Del. Cuauhtemoc, 06059, Mexico, D.F. Courtesy del Instituto Nacional de Bellas Artes y Literatura, Mexico, p103 (top) © Bettmann, p106 © Condé Nast Archive, p138 © Patrick Ward, p149 © Etienne George/Sygma, p154, p184 © Kate Mitchell/zefa, p196 (bottom left) © Vincent West/X00957/Reuters, p196 (top left) © Andrea Comas/Reuters, p196 (top right) © Hulton-Deutsch Collection, p210 (ttop) © Anders Ryman, p212 © Daniel Mordzinski/EFE; **Fotolia.com:** p38 © Fidel Castro, p40 (left) © TAF, p41 (bottom centre) © OH, p41 (top left) © Alexander Van Deursen, p66 (bottom) © Jo Chambers, p66 (top) © Aidas Zubkonis, p68 © Elena Elisseeva, p78 (centre) © Iain Frazer, 122(d) © ELEN, p122 (e) © CSeigneurgens, p122(h) © rgbdigital.co.uk, p148 (centre right) © David Pickup, p168 (top) © Robert Rozbora, p220 (bottom left) © kmiragaya, **Getty Images:** p28 (bottom) Ross Land, p84 (bottom) Hulton Archive, p100 (centre left) Jasper James/ Taxi, p122(c) © Mark Evans, p122 (i) © Caziopeia, p219 (bottom right) Dennis, p 177 (top centre) © Alberto Pomares Drenner/ Aurora, p219 (top right) © Aldo Brando; **iStockphoto.com:** p10 (bottom) © Marco Regalia, p177 (top left) © Deanna Bean, p219 (bottom left) © Gunther Beck, p219 (top left) © James Pauls, p220 (top) © luoman; **The Kobal Collection:** p.148 (centre left) WARNER BROS TV, p148 (top left) SFPC/FR3/MARCEL DASSAULT, p151, p152 (bottom) LOLAFILMS, p196 (bottom centre left) COLUMBIA / TODD, DEMMIE, p196 (bottom right) DREAMWORKS LLC / CLIFFORD, JOHN; **Photodisc:** p100 (bottom left), p220 (bottom right); **www.purestockX.com:** p171; **Rex Features:** p5 (bottom) Ken McKay, p81 (right) Juergen Hasenkopf, p148 (top right) C.W. Disney/Everett, p196 (bottom centre right) Sipa Press; **The Ronald Grant Archive:** p152 (top left) LOLAFILMS **Stephen Hay Photography/photographersdirect.com:** p8 (bottom), p104; **Stockbyte/Getty Images:** p31, p100 (bottom right), p144, p193 (right).

Cathy Baldwin: p100 (3 & 4); Rebecca Green: p100 (6).

Contents

Symbols used in *Pasos 2*

 = listening exercise

 = text to be read
   or
points to learn

 = written exercise

 = oral practice

 = pair work

 = group work

Introduction

Pasos is a two-stage course for adult learners of Spanish who are either starting from scratch or who have a basic knowledge of the language. This third edition of *Pasos 2* draws on the experience and feedback of teachers and students using previous editions of the course, resulting in an additional number of key features designed to support the learner even more effectively.

The *Pasos* approach is a practical one; a wide variety of authentic materials and graded tasks help present and practise the language required for effective communication. Clear examples and explanations make the grammar easy to absorb, and emphasis is placed on the acquisition of a wide range of essential vocabulary. This approach builds confidence and competence in using the language and consequently helps to make language learning enjoyable.

This new edition of *Pasos 2* assumes that you, the learner, have a working knowledge of Spanish, equivalent to that attained through working through *Pasos 1*. *Pasos 2* recycles much of the language presented in *Pasos 1* to enable you to move smoothly from one course to the other. The course encourages active and realistic use of language over a wide range of topics and situations throughout its 14 lessons, and the elements which made previous editions popular with both teachers and students have been augmented with extra consolidation material.

Each lesson is topic-based and provides at least six hours of material. Each is subdivided into stand-alone sections which provide an integrated task-based approach and extra opportunities for review and consolidation. The carefully selected authentic reading and listening texts provide an insight into the history, customs and everyday life of modern Spain and Latin America, and act as a springboard for speaking and writing practice. The tasks draw on your opinion, experience and knowledge of the world and are set against a background of more controlled presentation and practice of essential grammatical items. Lessons 7 and 14 are consolidation lessons which introduce new topics whilst revisiting and developing language previously covered.

Vocabulary is listed in Spanish–English format at the end of each lesson as it relates to each section of the lesson. At the end of the book, there is an extensive English–Spanish and Spanish–English glossary of all the relevant vocabulary from the book. The grammar review at the end of each lesson is supplemented by exercises and complemented at the end of the book by a detailed grammar reference section, giving examples and lesson references. These resources allow the course to be used successfully if you are studying alone or in the classroom. Also at the end of each lesson is a self-assessment section, which enables you to check on your progress through each lesson.

The Support Book provides the key to all exercises, as well as recording transcripts. If you require further practice exercises, **Pasos 2 Activity Book** contains tasks designed to consolidate the material covered in each lesson. We hope this new edition of *Pasos 2* provides you with the support you need to enjoy and develop your understanding of Spanish and to use the language confidently in a variety of situations.

Enjoy the course!

UNO

¿Recuerdas?

<table>
<tr><td>Temas</td><td>Lengua</td></tr>
<tr><td>

A   Información personal y presentaciones
B   Gustos y aficiones
C   ¿Cómo eres?
D   Hablando del pasado
</td><td>

El verbo *gustar* y verbos similares:
  A mí me gusta(n) (la música / los juegos de ordenador).
  A Pedro le encanta jugar al fútbol.

Nombres y adjetivos para describir carácter: *la generosidad – generoso/a*
Verbos en el pretérito indefinido:
</td></tr>
</table>

hacer	¿Qué hiciste ayer?	Visité / Comí / Salí . . .
	¿Qué hicisteis ayer?	Visitamos / Comimos / Salimos . . .

Prepárate

Tres personas hablan de su vida personal. Prepara unas preguntas sobre ellos.
¿Qué quieres saber?
Compara tus preguntas con las de tu compañero/a.

nombre	¿Cómo te llamas?
familia	
origen / nacionalidad	
vive en . . .	
tipo de vivienda	
trabajo	
intereses / gustos	

A | La vida personal

  ## Actividad 1

a Escucha la conversación con Rosa Yuste. Comprueba tus preguntas de **Prepárate** con las de la grabación.

b ¿Qué información da? Completa la primera columna del cuadro.

nombre	Rosa Yuste	Francisco Naval	Javier Arredondo
familia			
origen / nacionalidad			
vive en . . .			
tipo de vivienda			
trabajo			
intereses / gustos			

c Lee y escucha.

Rosa María ¿Cómo se llama?
Rosa Yuste Me llamo Rosa Yuste.

Rosa María ¿De dónde es?
Rosa Yuste De la Puebla de Albortón, nacida en una estación, pero bautizada en el pueblo, en la Puebla de Albortón.

Rosa María ¿Es casada?
Rosa Yuste Sí, tengo dos hijos y dos nietas.

Rosa María ¿Y tiene hermanos o familia?
Rosa Yuste Sí, tengo cinco; uno se llama José, Andrés, Alicia, Celia y yo, Rosa.

Rosa María ¿Dónde vive?
Rosa Yuste Vivo en Zaragoza, pero tengo una casa en Belchite y pasamos los veranos en Belchite.

Rosa María ¿Y cómo es su casa de Belchite?
Rosa Yuste Mi casa de Belchite es como si fuera un chalet. Tiene tres habitaciones, el baño, la cocina, un salón grande arriba, una terraza, un corral, especie jardín, y una cocina en el corral para guisar.

Rosa María ¿Y en la ciudad vive también en una casa?

Rosa Yuste Sí, pero vivo en un piso, entonces es un poco más pequeño y es acogedor, pero me encuentro mejor en Belchite.

Rosa María ¿Y trabaja?
Rosa Yuste No, soy ama de casa, sólo me dedico a las labores de casa.

Rosa María ¿Qué le gusta hacer en su tiempo libre?
Rosa Yuste Pues, me gusta leer, oír música o ver la televisión, pasear, ir al cine, al teatro . . .

d Ahora escucha a Francisco y a Javier. Completa la segunda y tercera columnas del cuadro.

 ## ¡Atención!

un corral	= patio, yard
jubilado/a	= retired
hortaliza	= vegetables
guisar	= to cook
un chalet	= a villa
acogedor(a)	= cosy, welcoming
una alberca	= swimming pool (Mexico)
ahorita	= now / at the moment (Mexico)
estado civil	= marital status

Note: Francisco says casao and jubilao. These are very common colloquial spoken forms of casado and jubilado.

 ## Actividad 2

Lee las presentaciones.

Informal   *Formal*

¡Hola!   Éste es Juan.   ¿Qué tal?   Mucho   Señora Martínez,   Encantada.
         Ésta es Juana.   gusto.   le presento al
                                                   señor García.

 ## Actividad 3

a   Haz las preguntas de Actividad 1 a un(a) compañero/a. Completa el cuadro con la información.

Nombre: _____

_____

Familia:

   estado civil: _____

_____

   hermanos: _____

_____

   hijos: _____

_____

   otra información: _____

_____

Origen / Nacionalidad: _____

_____

Vivienda:

   ciudad: _____

_____

   casa / piso: _____

_____

Trabajo:

   nombre: _____

_____

   funciones: _____

_____

b   Presenta a tu compañero/a a otro/a de la clase y habla de él/ella.

Actividad 4

Escribe un email a tu amigo Pedro sobre tu compañero/a.

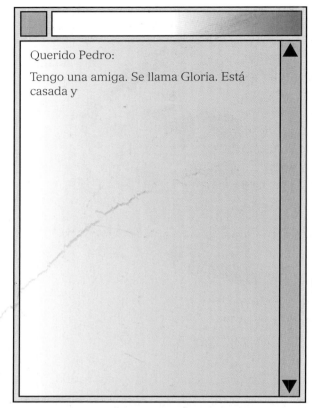

Querido Pedro:

Tengo una amiga. Se llama Gloria. Está casada y

  ## Actividad 5

a   Escribe frases.

1   yo / gustar / patatas fritas
   A mí me gustan las patatas fritas.
2   Juan / encantar / cine
3   mis hermanos / divertir / discotecas
4   yo / gustar / televisión
5   Sr García / encantar / vacaciones
6   Yolanda / gustar / caramelos
7   los señores Yuste / agradar / coche
8   vosotros / encantar / caballos
9   tú / divertir / fiestas
10   nosotros / interesar / el arte

b   Escucha y comprueba.

 ── *¡Atención!* ──

Verbos

encantar	= *to charm, to delight*
Me encanta.	= *I love it.*
agradar	= *to please*
Me agrada.	= *I like it.*
divertir	= *to entertain*
Me divierte.	= *I enjoy it.*
interesar	= *to interest*
Me interesa.	= *I am interested in it.*

Nota también:

divertirse	= *to enjoy oneself*
Me divierto.	= *I enjoy myself.*
No me gusta nada.	= *I don't like it at all.*
No me gusta mucho.	= *I don't like it much.*
Me gusta mucho.	= *I like it a lot.*

B | ¿Qué te gusta?

 ── *Gramática* ──

(A **mí**) **me** gusta la fruta.
(A **ti**) **te** encanta la música.
(A **él/ella**) **le** gusta la montaña.
(A **nosotros/as**) **nos** gusta mucho el baile.
(A **vosotros/as**) **os** encantan los deportes.
(A **ellos/ellas**) **les** divierten las fiestas.

● a mí, a ti, a él, *etc. serve to add emphasis to the person(s) who like(s) something.*
● *Note also the question form:* ¿y a ti? (*and you?*) ¿y a él? (*and he?*) *without the verb.*
   A   Me gusta mucho el cine, ¿y a ti?
   B   A mí me gusta el teatro.

Actividad 6

a Escucha a Juan que dice lo que le gusta hacer a él, a su hermano Luis, a su hermana Ana, a su madre y a su padre. Toma notas y completa la información.

1 Los domingos a toda la familia nos gusta (   ).

2 A mí me gusta (   ).

3 A mi hermano no le gusta (   ).

4 A mis padres les gusta (   ).

5 A mi padre le gustan (   ).

6 A mi padre le encantan (   ).

7 A mi madre le gusta más (   ).

8 A mi madre le encanta (   ).

9 A mis hermanos no les gustan (   ).

10 A mi hermana no le gustan ni (   )

ni (   ).

b Habla con tus compañeros / as sobre el mismo tema.

 ## Actividad 7

a Escribe: cinco cosas o actividades que no te gustan nada

cinco cosas o actividades que te gustan mucho.

Usa verbos diferentes: *encantar*, *agradar*, etc.

b Compara con tu compañero/a.

 ## Actividad 8

Éste es el cantante español Enrique Iglesias. Trabaja con un(a) compañero/a.

Estudiante A

a Prepara unas preguntas sobre las siguientes partes que hay en el artículo.

1 Amor
2 Familia
3 Música
4 Fans
5 Letras de sus canciones

b Lee las siguientes secciones y contesta las preguntas que te hace Estudiante B.

España

Su país favorito es España, ¡por supuesto! Cuando está lejos, echa de menos la gente y la comida. Vive en Miami por su trabajo.

'Look'

Elegante, pero sencillo. Con 1,90 metros y un cuerpo musculoso, le gusta llevar vaqueros ajustados y camiseta blanca. Los lleva siempre, al igual que sus botas negras. Tiene su propio look. Lleva el pelo corto porque es más cómodo aunque a veces se pone gorras de béisbol o gorros de lana.

Aficiones

Le encantan la velocidad y el riesgo. Le gustan las motos y todos los deportes relacionados con el mar, sobre todo el windsurf y el esquí acuático. Pero no todo es riesgo, también juega al ajedrez. Con la música ya no tiene mucho tiempo libre, y a él lo que más le gusta es quedarse en casa y dormir. Disfruta de la tranquilidad y luego sale a cenar o al cine.

Meta

Su principal aspiración es comunicarse a través de la música, triunfar en los escenarios y cantar. Pero tiene una única ilusión: quiere ser feliz. La felicidad es lo más importante de la vida.

Gustos

Sus colores: el blanco, el negro, el gris y el rojo
Su película: *Lo que el viento se llevó*
Su programa de televisión: 'Soy adicto a la MTV'
Un comic: Bugs Bunny
Una fruta: el melón
Su comida: sushi
Un cuento: Pinocho

Estudiante B

a Prepara unas preguntas sobre las siguientes partes que hay en el artículo.

6 Su país favorito
7 Aspecto físico (o 'look')
8 Aficiones
9 Meta (sus deseos para el futuro)
10 Gustos: sus colores, su película, un cuento, un comic, una fruta, su comida, su programa de televisión

b Lee las siguientes secciones y contesta las preguntas que te hace Estudiante A.

Amor

La fuerza del amor es incontenible. Se emociona con una sonrisa, una mirada . . . Por ahora, la música llena por completo su vida, pero una mujer especial puede aparecer en cualquier momento y cambiarlo todo.

Familia

Tiene un hermano y tres hermanas. Se lleva muy bien con ellos. Adora a la más pequeña de sus hermanas, Ana.

Música

Su trabajo es lo que más quiere. Siempre quiso ser músico, era su sueño desde niño. Canta y compone lo que le gusta. Disfruta mucho cantando y cree que la gente capta ese sentimiento, ese toque humano. Es una persona capaz de transmitir emociones.

Fans

Quiere mucho a sus fans y firma autógrafos durante horas. Le encanta todo el apoyo que le dan.

Letras de sus canciones

En sus canciones transmite emociones, habla de sentimientos universales: el amor, el desamor, la amistad, la esperanza . . .

Actividad 9
Haz una entrevista.

A Eres el / la periodista.
B Eres Enrique Iglesias.

Actividad 10

a Lee y rellena la primera columna del cuestionario sobre tus gustos.

	Tú	Tu compañero/a
1 ¿Qué tipo de música te gusta?		
2 ¿Qué deporte te gusta?		
3 ¿Qué te gusta leer?		
4 ¿Qué te gusta mirar en Internet?		
5 ¿Cuáles son tus lugares favoritos?		
6 ¿Qué programas de televisión te gustan?		
7 ¿Qué haces para divertirte?		
8 ¿Prefieres la ciudad o el campo?		
9 ¿Te gusta más la playa o la montaña?		
10 ¿Qué ropa te gusta llevar?		

b Pregunta a un(a) compañero/a y rellena la segunda columna del cuestionario.

A Me gusta la música 'pop', ¿y a ti?
B A mí me gusta la música clásica.

c Usa la información del cuestionario de tu compañero/a y escribe un párrafo sobre él / ella.

A Ana le gusta mucho la música moderna . . .

C | ¿Cómo eres?

Actividad 11

a ¿Qué significan las palabras siguientes? Lee la lista e indica 'cualidad' (C) o 'defecto' (D).

1 la generosidad   *C*
2 la tozudez
3 la sinceridad
4 la envidia
5 la fidelidad

6 la mentira
7 la timidez
8 la falsedad
9 la lealtad
10 la alegría

b Mira el cuadro y busca el adjetivo correspondiente a cada nombre.

> alegre   envidioso   falso   fiel   generoso   leal
> mentiroso   sincero   tímido   tozudo

c Ahora escribe la forma femenina.

generoso ⟶ *generosa*

Ver Vocabulario, página 17.

Actividad 12

Escucha a estas tres personas y completa el cuadro para cada una.

	Mari Mar	María Jesús	Javier
¿Cómo es tu carácter?			
¿Cómo te gustaría ser?			
¿Cuál es tu mejor cualidad?			
¿Cuál es tu mayor defecto?			
¿Qué cualidad prefieres en una persona?			
¿Qué defecto es el que más odias?			

  ## Actividad 13

Escucha otra vez. Escribe un párrafo sobre cada uno y otro sobre ti.

Mari Mar es abierta, impulsiva, no es romántica. Le gusta ser como es . . .

 ## Actividad 14

Haz las preguntas de Actividad 12 a tus compañeros/as. ¿Coincidís en algo?

 ## Actividad 15

Lee el texto. La actriz Amanda Gutiérrez habla de su personalidad.

- ¿Es como tú?
- ¿Es como tus compañeros/as?
- ¿Cuáles son las diferencias?

 ## ¡Atención!

soportar	= to bear, to put up with
traición (f)	= betrayal
tener mal genio	= to be bad-tempered

"Yo creo que mi mayor cualidad es la lealtad. Soy muy leal con la gente que quiero y los defiendo. Por eso no soporto una traición y soy capaz de romper una amistad por esa razón. No se puede traicionar a alguien a quien quieres. Soy una persona muy variable. Soy simpática, soy callada, soy alegre, soy triste . . . Y tengo que reconocer que mi genio es muy malo."

Actividad 16

Lee la información de estas personas y escribe un párrafo sobre cada una.

Fabio es argentino; tiene 33 años...
A Fabio le gusta la playa de Cabo de Gata...

FABIO MARTÍN

¿Quién eres?	Soy argentino; tengo 33 años y vivo en España. Soy sentimental y fiel. Me enamoro fácilmente y escribo mis canciones con mis experiencias.
Mi playa	Cabo de Gata en Almería
Mi bebida	whiskey con hielo
Mi comida	carne asada, especialmente carne argentina
Mi viaje	Argentina
Mi deporte	el fútbol
Mi museo	el Louvre, de París

MARÍA SANZ

¿Quién eres?	Soy española y tengo 23 años. Acabo de grabar mi séptimo disco. Soy perfeccionista y por lo tanto un poco impaciente, pero en el fondo soy buena persona.
Mi playa	Miami
Mi bebida	agua sin gas
Mi comida	la japonesa; me encanta el *sushi*
Mi viaje	Brasil
Mi deporte	la equitación
Mi museo	la Tate Gallery de Londres

LOLA TORRES

¿Quién eres?	Tengo 28 años y soy de Málaga, pero he viajado por todo el mundo debido a la profesión de mi padre. He vivido en muchos lugares. Soy muy honrada, algo tímida, pero no me gusta estar sola.
Mi playa	cualquier playa de la Costa de la Luz
Mi bebida	zumo de papaya y naranja
Mi comida	una paella de marisco
Mi viaje	cualquier país de Centroamérica
Mi deporte	la natación
Mi museo	cualquier museo de arte moderno, como el MOMA, de Nueva York

D | Hablando del pasado: ¿Qué hiciste?

Gramática

El pretérito indefinido

¿Qué hic**iste** ayer?

Visit**é** a mis padres. (visit**ar**)
Com**í** en un restaurante. (com**er**)
Sal**í** con mis amigos. (sal**ir**)

¿Qué hic**isteis** ayer?

Visit**amos** a nuestros padres.
Com**imos** en un restaurante.
Sal**imos** con nuestros amigos.

For full forms, see Gramática, page 240.

Actividad 17

¿Recuerdas? Habla con un(a) compañero/a.

¿Qué hiciste ayer / el fin de semana / en las vacaciones?

Actividad 18

Lee las actividades que hizo Isabel en México y escribe frases en la primera persona del pretérito indefinido.

1 Llegué a México.

LO MEJOR DE MÉXICO

1 Llegar a México
2 Ir a la playa
3 Ir de excursión a una isla
4 Comer en un barco
5 Visitar los monumentos mayas
6 Comer en un restaurante típico
7 Dormir en el hotel Aluxes
8 Ver las pirámides
9 Estar en el hotel Copacabana
10 Hacer una excursión por una ciudad turística
11 Pasear por una ciudad
12 Comprar regalos
13 Ver una catedral
14 Visitar la capital del país
15 Volver a España

Actividad 19

Ahora escucha a Isabel y comprueba tus frases de Actividad 18.

Actividad 20

Tú hiciste el viaje a Mexico con tus amigos. Escribe lo que hicisteis durante el viaje.

Llegamos a México...

Actividad 21

a   Axa habla de su vida en un programa de radio. Pon en orden los dibujos y después escribe las fechas.

b   Marca los momentos especiales que menciona.

c   Escribe lo que dice para cada dibujo.

d   Habla de la vida de Axa con tu compañero/a. Usa los dibujos.

Actividad 22

a   Lee el texto sobre Amanda Gutiérrez y contesta las preguntas.

> «A los quince años o dieciséis años empecé a trabajar en los anuncios de televisión como modelo por una casualidad. Yo acompañé a una amiga que trabajaba en comerciales y me dijeron que hiciera una prueba. Así comenzó mi carrera. En el teatro sucedió igual. Un día fui con mi amiga y a los quince días debuté. Creo que aquella amiga me debe odiar hoy en día, ¡ja, ja!»
>
> «Cuando hacía publicidad me vine a vivir un año a España, en concreto a Madrid, para estudiar. Pero la realidad fue que tuve un año sabático, de continua juerga, pues aquí es muy difícil no caer en la tentación de salir a divertirte. A mi regreso a Venezuela estuve un año haciendo teatro y me llamaron de televisión. Primero estuve unos ocho meses en un canal privado, más tarde en la televisión estatal – durante diez años – haciendo personajes históricos, y ahora llevo cuatro años en Venevisión haciendo telenovelas. A mi papá nunca le gustó mucho que yo fuera actriz, pero el pobre no pudo ver mi éxito, pues al poco tiempo de dedicarme al mundo del espectáculo enfermó y murió. Mamá tampoco se lo tomaba al principio muy en serio, hasta que vio que triunfaba y que la gente me respetaba como actriz. Hoy en día se siente muy orgullosa de su hija.»

1   ¿En qué trabaja?

2   ¿Cómo empezó su carrera?

3   ¿Por qué fue a vivir a España y cuánto tiempo estuvo allí?

4   ¿Qué hizo en Madrid?

5   ¿Qué hizo al volver a Venezuela?

6   ¿Qué hace actualmente y desde cuándo?

7   ¿Qué opinión tienen sus padres de su profesión?

b   Estudia el texto y busca los verbos en pretérito indefinido. ¿Cuáles son los regulares y cuáles son los irregulares?

c   Escribe frases sobre la vida de Amanda con los verbos en tercera persona.

Ejemplo:

Amanda empezó a trabajar en televisión por casualidad.

 ## Actividad 23

a   **Estudiante A:** Habla de tu vida.
Estudiante B: Toma notas.

b   Cambiad.

c   Busca a otra persona de la clase y cuéntale la vida de tu compañero/a.

Ejemplo: *Luis nació en . . .*

En casa o en clase

   Actividad 24

a Carlos Fuentes es un escritor mexicano muy famoso. Lee sus datos personales.

VIDA Y ANDANZAS
- Nació en México en 1928. Como su padre era diplomático ha vivido en Montevideo, Río de Janeiro, Washington (donde se hizo bilingüe), Chile y Buenos Aires: «Era una vida como de gitanos con frac» dice.
- Estudió Derecho en Ginebra. Habla cinco idiomas: francés, inglés, portugués, italiano y español.

- Está casado con Silvia Lemus, periodista de la televisión mexicana.
- En 1987 le concedieron el Premio Cervantes. Su prosa es elaborada, rica en matices y pródiga en técnicas experimentalistas.
- Vivió dos años en Londres trabajando en *El espejo enterrado*, una serie de la BBC sobre España y Latinoamérica.
- «¿Mi ritmo de vida? Soy un escritor metódico y diurno. Trabajo mañana y tarde. La noche la reservo para mi familia y mis amigos.»

- Le encanta la ópera: «Canto de memoria *La Traviata, Don Giovanni* y *El barbero de Sevilla*.»
- «Mi libro de cabecera es *El Quijote*. También releo a Quevedo, Góngora, Lorca, Cernuda, Guillén, Neruda . . . Ellos mantienen vivo mi lenguaje.»
- Aprovecha los viajes transoceánicos para sumergirse en la novela, historia y filosofía: «El avión es la mejor sala de lectura.»
- «Soy de Veracruz, esa parte de México que se ríe de los aztecas del altiplano y que siempre se toma las cosas por el lado jocoso. Mi obra es sombría, pero yo adoro el humor.»
- «En Europa la mejor narrativa la han hecho austriacos, checos y alemanes. En la América española, la más rica es la narrativa argentina.»

b Escribe una pregunta para cada párrafo. Utiliza *¿Qué . . .?, ¿Por qué . . .?, ¿Cuándo . . .?, ¿Dónde . . .?, ¿Cómo . . .?, ¿Cuál(es) . . .?* etc.

c Pregunta a un(a) compañero / a.

d Análisis de gramática

1 Busca las frases que tienen pretérito indefinido.
2 Busca las frases que tienen **ser** o **estar** y di por qué se usan en esos casos.
3 Escribe ejemplos de comparativos y superlativos.

 Actividad 25

Escribe un reportaje sobre la «vida y andanzas» de una persona de tu país o sobre un(a) amigo/a o una persona de tu familia.

Vocabulario para la próxima lección

Profesiones

abogado	dibujante	gestor
administrativo	técnico	ingeniero
albañil	diseñador	programador
aparejador	ejecutivo	
constructor	empresario	
consultor	fontanero	
contable	funcionario	

Autoevaluación

Ya sabes . . .

A   hablar de varios aspectos de tu vida personal y de la vida de los demás.

B   hablar de lo que te gusta o no (a ti y a los demás).

C   hablar de la personalidad, de cualidades y defectos.

D   hablar del pasado, usando el pretérito indefinido.

Gramática y ejercicios

Pronombres demostrativos   _Demonstrative pronouns_

Used to present or introduce things or people.

Éste / Ésta es . . .   =   _This is . . ._

Éstos / Éstas son . . .   =   _These are . . ._

Each form agrees with the noun it describes.

Éste es mi padre.

Éste es Juan.

Ésta es mi hermana.

Ésta es María.

Éstos son mis padres.

Éstas son mis hermanas.

Verbos   _Verbs_

gustar, encantar, agradar, divertir, interesar, fascinar

- _We use the verb gustar to talk about things we like or things we don't like. Gustar literally means 'to please', so when we say_ Me gusta la paella _(I like paella), its literal meaning is 'paella pleases me'. This is why gustar is used in the third person singular._

- _When we like more than one thing, we use the plural form:_

  Me gust**an los plátanos.**   =   _I like bananas._

- _If we want to ask someone if he/she likes something, we have to change the object pronoun:_

  ¿**Te** gusta la paella?   =   _Do you like paella?_

- _We do the same when we want to say 'he' or 'she' (or the formal 'you' – usted) likes something. This time, we use_ le _as the object pronoun:_

  Le gusta el arte.   =   _He likes art._

  Le gustan los deportes.   =   _He likes sports._

- _All the verbs listed at the top work in the same way:_

  Me encanta el arte.   =   _I love art._

  Me encantan los deportes.   =   _I love sports._

  Me interesa la historia.   =   _I am interested in history._
  (History interests me.)

Énfasis	Singular		Plural	
(A mí)	me	gusta la fruta	me	gustan los animales
(A ti)	te	gusta el teatro	te	gustan los libros
(A él/ella)	le	encanta la música	le	encantan las fresas
(A Juan)	le		le	
(A nosotros/as)	nos	agrada la montaña	nos	agradan los regalos
(A vosotros/as)	os	divierte el deporte	os	divierten las fiestas
(A ellos/ellas)	les	encanta el cine	les	interesan las películas
(A mis padres)	les		les	

- *If we want to say that we like doing something,* gustar *is followed by the verb in the infinitive:*
  Me gusta leer.   =   *I like reading.*
- *The form with* a mí, a ti, *etc. is used as emphasis or to change the focus from one person (or several people)*
  to another:
  A ¿Te gusta la natación?
  B No. A mí me gusta el atletismo. ¿Y a ti, qué te gusta?
- *When we want to say what we like doing most or least, we use* lo que más *or* lo que menos:
  Lo que más me gusta es nadar.   =   *What I like most is swimming.*
  Lo que menos me gusta es correr.   =   *What I like least is running.*

El pretérito indefinido   *The past simple*

Regular

hablar	habl	–é	–aste	–ó	–amos	–asteis	–aron
comer	com	–í	–iste	–ió	–imos	–isteis	–ieron
salir	sal	–í	–iste	–ió	–imos	–isteis	–ieron

Irregular

estar	estuv	–e	Note: *Only the stems and first and third persons*
poder	pud	–iste	*singular endings are different from regular verbs.*
poner	pus	–o	
querer	quis	–imos	
saber	sup	–isteis	
tener	tuv	–ieron	
conducir	conduj		*These verbs follow the same pattern as the*
decir	dij		*irregular verbs above, except in the third person plural:*
traer	traj		dijeron, condujeron, trajeron.
hacer	hic–		*Follows the same pattern as the irregular verbs above,*
			but note the spelling of the third person singular: hizo.
haber	hubo		*Only used in the third person singular.*

EJERCICIOS

A Selecciona el verbo adecuado del cuadro y pon la forma correcta en los espacios en blanco.

comer (x2)   cocinar   estar   haber   ir   plantar   tener   vivir   ver

Mis hermanos y yo **1** (   ) todos los domingos a **2** (   ) a nuestros abuelos y **3** (   ) con ellos. Mis abuelos **4** (   ) en una casa muy grande en un pueblo que **5** (   ) cerca de la ciudad. La casa **6** (   ) un jardín muy grande y una piscina. Cuando hace buen tiempo siempre **7** (   ) en el jardín. En el jardín **8** (   ) muchas flores y plantas. Mi abuelo **9** (   ) también hortalizas que luego mi abuela **10** (   ).

B Contesta las preguntas.

1 ¿Te gustan las películas de terror?
Sí, (*a mí me gustan mucho las películas de terror.*)
2 ¿Os gustan las montañas?
Sí, (   ).
3 ¿Le gusta a tu hermano la paella?
No, (   ).
4 ¿A tus padres les gusta viajar?
Sí, (   ).
5 ¿Te gusta salir por la noche?
No, (   ).
6 ¿Os gusta bailar?
Sí, (   ) .
7 ¿A tu madre le gustan las novelas de misterio?
No, (   ).
8 ¿A tus amigos les gusta la playa?
Sí, (   ).

C Busca en el cuadro 2 las terminaciones de las palabras que hay en el cuadro 1.

Ejemplo: *alegre*

1	~~ale–~~ be– compren– deci– diver– genero– le– román– simpa– since– traba–

2	–al –dido ~~–gre~~ –jador –llo –ridad –sión –sidad –tico –tía –tido

D *Fuiste de vacaciones con tu familia. ¿Qué hicisteis? Escribe las frases con el pretérito.*

1 (yo) comer mariscos
   Yo comí mariscos.

2 (mi padre) escuchar canciones típicas

3 (mi hermana) salir a bailar todas las noches

4 (mi madre) visitar monumentos muy antiguos

5 (mi hermano y yo) montar a caballo

6 (mi abuela) comprar regalos típicos en las tiendas

7 (mi abuelo y mi hermana) ir a la playa

8 (mi madre y mi abuela) ver una exposición de artesanía

Vocabulario

A

La vida personal	*Personal life*
acogedor(a)	*cosy, welcoming*
guisar	*to cook*
hortaliza	*vegetable(s)*
jubilado/a	*retired*
vivienda	*home, dwelling*

B

¿Qué te gusta?	*What do you like?*
agradar	*to please*
ajedrez (m)	*chess*
ajustado/a	*tight (clothing)*
apoyo	*support*
a través de	*through, by means of*
divertir	*to entertain*
Me divierten las fiestas.	*I enjoy parties.*

echar de menos	*to miss (friends and family)*
letra	*lyrics (from a song)*
llevarse bien (con alguien)	*to get on well (with someone)*
meta	*target, aim, desire*
mirada	*look, glance*
ponerse	*to put on, to wear*
propio	*own*
su propio 'look'	*his own look*
riesgo	*risk*
sencillo/a	*simple, straightforward*
sentimiento	*feeling*
sonrisa	*smile*
sueño	*dream*

C

¿Cómo eres?	What are you like?
alegría	happiness, contentment
amistad (f)	friendship
debido a	because of, as a result of
egoísmo	selfishness
(en el) fondo	deep down (to describe character)
envidia	envy, jealousy
fidelidad (f)	faithfulness
fiel	faithful
grabar	to record
honrado/a	honest
lealtad (f)	loyalty
mentira	lie (untruth), lying
pereza	laziness
reconocer	to recognise
ser capaz de	to be capable of
soportar	to bear, to put up with
tener mal genio	to be bad-tempered / moody

tozudez (f)	stubbornness
tristeza	sadness
traición (f)	betrayal

D

Hablando del pasado: ¿Qué hiciste?	Talking about the past: What did you do?
anuncio	advertisement
éxito	success
hoy en día	these days
juerga	(having a) good time, partying
orgulloso/a	proud
por casualidad	by coincidence
prueba	test
suceder	to happen, to occur

DOS
2 ¿En qué consiste tu trabajo?

Temas	Lengua
A Profesiones, deberes, obligaciones, lugares de trabajo	Verbos de obligación: *tener que, deber*
B Buscando trabajo: anuncios de trabajo, pedir trabajo (la carta de presentación, el CV)	Cartas formales: *muy señores míos, les saluda atentamente,* etc.
C Contar una historia	El currículum vitae
D ¿Cuánto hace que . . .?	Pronombres personales
E Hacer una entrevista de trabajo	*Hacer* + tiempo + *que* + verbo: *Hace cuatro años que vivo aquí.*

Prepárate

a   Escribe los nombres de trabajos que sabes.

b   Lee la lista A. ¿Sabes qué trabajos son?

c   Une los trabajos (lista A) con el lugar donde se hace cada uno (lista B) y escribe una frase.

Ejemplo: *1 d El profesor trabaja en un colegio o en un instituto.*

A

1 profesor(a)
2 médico/a
3 agricultor(a)
4 mecánico/a
5 fontanero/a
6 cartero/a
7 peluquero/a
8 policía municipal
9 programador(a)
10 dependiente/a
11 periodista
12 carpintero/a
13 director(a)
14 electricista

B

a un consultorio, un hospital
b una tienda, unos grandes almacenes
c un despacho
d un colegio, un instituto
e un garaje
f el campo, una granja
g una peluquería
h la calle
i las casas
j una oficina
k un taller

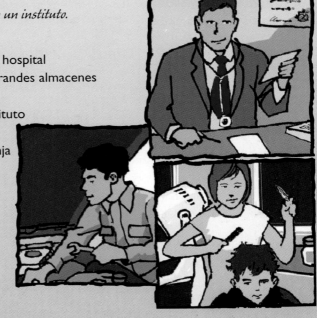

A | ¿Qué haces en tu trabajo?

Actividad 1

a Tres personas describen su trabajo. ¿Qué trabajos son?

1

2

3

A María Jesús, ¿en qué consiste tu trabajo?

B Mi trabajo . . . yo suelo arreglar coches, cambio ruedas, si hay algún accidente o alguna avería en la carretera salgo con la grúa a buscar el vehículo, luego lo llevo al taller y allí, si puede ser, lo reparamos.

A ¿Qué haces en tu trabajo?

B Empiezo a las ocho de la mañana y voy al almacén y ahí cojo los materiales que me piden – ladrillos, cemento, uralitas, etc. – y las, las pongo en el camión y luego voy a los pueblos y las reparto.

A ¿Cómo te llamas?

B Me llamo Mari Mar.

A ¿Qué haces en tu trabajo?

B Mi trabajo consiste en recibir a las señoras, saludarlas y proceder a hacer el trabajo de lavado de cabello, corte, moldeado, o tinte, en su caso, secado de cabello, y ya despedida de la señora.

¡Atención!

soler	=	to usually do	coger	= to get, to pick up
Suelo arreglar	=	I usually repair	un ladrillo	= brick
coches.		cars.	una uralita	= type of roofing material
arreglar	=	to repair	repartir	= to deliver
una avería	=	breakdown	un lavado de cabello	= hair wash
una grúa	=	breakdown truck	un moldeado	= (hair) styling
un almacén	=	warehouse	un tinte	= hair colouring

b Escucha otra vez lo que dicen y lo que añaden después. Completa el cuadro.

	1	2	3
¿Qué hace en su trabajo?			
¿Le gusta? / ¿No le gusta?			
Tiempo en este trabajo			
¿Por qué eligió este trabajo?			

Actividad 2

Selecciona las actividades (A–N) que corresponden a los trabajos (1–14) de **Prepárate.**

A   arreglar las tuberías del agua
B   repartir cartas y paquetes
C   trabajar con ordenadores
D   instalar luces y enchufes
E   vigilar el tráfico
F   cortar el pelo
G   hacer reportajes
H   dirigir a los empleados de la empresa
I   fabricar muebles
J   curar a los enfermos
K   cultivar verduras y frutas
L   arreglar coches
M   atender a los clientes
N   enseñar a los alumnos

 ¡Atención!

Verbos útiles

vigilar	=	to watch over, to keep an eye on
dirigir	=	to direct, to manage
fabricar	=	to make, to build
cuidar	=	to look after
atender	=	to attend to, to deal with

 Actividad 3

Escribe frases similares a éstas.

Trabajo como profesor. Trabajo en un colegio y mi trabajo consiste en enseñar a los alumnos.
Un dependiente trabaja en una tienda y tiene que atender a los clientes con amabilidad.
Un mecánico trabaja en un taller y debe reparar los coches con cuidado.

Recuerda los verbos de obligación: **tener que** y **deber**.

  Actividad 4

Elige un trabajo y completa un cuadro como el de Actividad 1b. Habla e intercambia la información con un(a) compañero/a.

Ejemplo:
A   ¿En qué trabajas? / ¿Cuál es tu profesión?
B   Soy mecánico.
A   ¿Qué haces en tu trabajo?
B   Arreglo coches . . .
A   ¿Te gusta?
B   Sí, porque me gustan mucho los coches. / No, porque es muy duro / difícil / aburrido / cansado / etc.
A   ¿Por qué elegiste este trabajo?
B   Porque mi padre es mecánico también / tiene un taller . . . etc.

B | Buscando trabajo

  Actividad 5

a   Elige dos trabajos. Escribe un párrafo sobre cada uno sin decir qué trabajo es.

Ejemplo:

Esta persona trabaja en un taller. Su trabajo consiste en arreglar coches estropeados y hacer revisiones. Su trabajo tiene mucha responsabilidad y debe trabajar con mucho cuidado. ¿Qué profesión tiene?

b   Trabaja en grupo. Tus compañeros/as lo leen y adivinan qué trabajo es.

c   Ahora describe lo que tienes que hacer en tu trabajo. Tus compañeros/as tienen que adivinar en qué trabajas. Si no trabajas, habla de un trabajo anterior o inventa uno.

Actividad 6

a Lee los cinco anuncios.

1

IMPORTANTE GRUPO EDITORIAL solicita
JEFE DE SERVICIOS GENERALES

Su labor consiste en:

- mantenimiento de edificio e instalaciones
- supervisión y control de los servicios de seguridad, comunicaciones y limpieza.

Se requiere persona con:

- titulación media o superior
- dotes de mando
- sentido del orden
- residencia en Madrid.

Se ofrece:

- incorporación inmediata
- sueldo a convenir
- otras ventajas sociales.

Interesados, enviar currículum y pretensiones a:
Apartado de Correos número 457 FD.
28080 Madrid. Referencia M.C.

2

Secretario/a Bilingüe de Dirección

Se requiere:
Totalmente bilingüe
INGLÉS–ESPAÑOL

Se valorarán conocimientos de un segundo idioma.
Experiencia en puesto similar.
Conocimientos de informática.
Imprescindible nacionalidad española o permiso de trabajo comunitario.

Se ofrece:
Excelente retribución.
Incorporación inmediata.

Interesados/as enviar URGENTE CV y 2 fotografías a:
LESTER C/Joaquín Costa, 53 bajo izda. 28002 Madrid

3

IMPORTANTE EMPRESA INDUSTRIAL UBICADA EN MADRID precisa

CHÓFER
Se encargará de realizar los repartos de pedidos a los diferentes clientes, así como de realizar labores de carga y descarga.

SE REQUIERE:
Persona que disponga de carnet de conducir tipo C-D

Experiencia con vehículos industriales hasta 24 toneladas
Disponibilidad absoluta
Retribución: salario fijo + primas
Rogamos a las personas interesadas llamen, de 8 a 13 horas, al número de teléfono 91 777 29 40 y pregunten por el señor Raúl.

4

Director(a) Comercial
para importante compañía del sector vinícola

Perfil

Titulación en áreas Comercial – Marketing / Ventas.

Experiencia mínima de tres años en puesto comercial preferentemente en sector vinícola, alimentación, bebidas.

Imprescindible elevado nivel de inglés, valorándose el francés y chino.

Disponibilidad total para viajar tanto en el territorio nacional como internacional.

Residencia en Zaragoza.

Buscamos a una persona dinámica, organizada, con elevada capacidad de negociación.

Puesto

Se responsabilizará de incrementar la cuota de mercado tanto a nivel nacional como internacional.

Siguiendo con su plan de expansión, en el futuro creará y liderará su propio equipo de ventas.

Interesados/as enviar su CV a través de la página www.laagencia.es en la oferta con número de referencia 12398.

5

Líder europeo en la distribución de materiales de construcción necesita
UN/UNA JEFE DE TIENDA

Buscamos a una persona con las siguientes cualidades:

- experiencia en gran distribución como director de tienda;
- se valorará experiencia en el sector de materiales de construcción, fontanería, electricidad, ferretería o cerámica;
- experiencia demostrable en la gestión de equipos humanos;
- orientado/a a resultados; dinámico/a, con iniciativa y capacidad de análisis.

Nuestra oferta:

- incorporación en una compañía en la que encontrará un atractivo reto profesional;
- claras posibilidades de desarrollo y un salario acorde con sus expectativas;
- incorporación inmediata y absoluta reserva durante el proceso de selección.

Interesados enviar CV + fotografía a: FJ SELECCIÓN Apdo. Correos 351, 30201 CARTAGENA o al email: rrhh@fjpublicidad.com

b Contesta las preguntas.

1 ¿En qué trabajo(s) tienes que . . .
  a conducir un camión?
  b ir a otros países?
  c vivir en la capital?
  d dirigir a un grupo de personas?
  e hablar dos idiomas?
  f utilizar el ordenador?
  g cuidar las oficinas?
  h tener experiencia en el sector de vivienda?

2 ¿En qué trabajo(s) . . .
  a puedes empezar inmediatamente?
  b puedes avanzar en tu profesión?
  c depende parte de tu salario de los resultados?
  d ofrecen el salario que tú quieres?

3 ¿Para qué trabajos no tienes que . . .
  a llamar por teléfono?
  b mandar tu CV por correo?
  c mandar fotos?

Actividad 7

Escucha la conversación entre Tessa y su profesor de español que la está ayudando a completar su currículum. Toma notas y completa los datos.

Datos personales	
Formación y estudios	
Experiencia laboral	
Otros datos de interés	

Actividad 8

Lee la carta que Pedro escribió pidiendo un trabajo y completa el cuadro.

Sus estudios	
Su experiencia	
Sus razones para volver a Madrid	

Pedro Navarro Sánchez
Avda. Tenor Fleta, 53 n° 12
50007 ZARAGOZA

APDO. 37.072 de Madrid

Zaragoza, 22 de enero de 2008

Muy señores míos:

Con relación a su anuncio de técnico publicado en el periódico El País, el día 20 de enero, paso a informarles de mis estudios y mi experiencia profesional.

Terminé mis estudios de formación profesional con la especialidad de técnico electrónico en 2006. Trabajé como técnico en el laboratorio fotográfico Fotoplus del Paseo de la Constitución en Madrid durante un año. Actualmente trabajo en un taller de reparaciones de aparatos de televisión en Zaragoza y deseo volver a la capital por circunstancias familiares.

Considero que reúno los requisitos por Vds solicitados para poder optar a este puesto.

Adjunto mi currículum vitae.

En espera de sus noticias les saluda atentamente:

Pedro Navarro Sánchez

¡Atención!

Muy señor(es) mío(s)	= (customary opening of a formal letter ≈ Dear Sir/Madam)
Con relación a . . . paso a informarles de . . .	= With regard to . . . I would like to inform you of . . .
formación profesional	= vocational technical training
Trabajé como técnico . . . durante un año.	= I worked as a technician . . . for a year.
Actualmente trabajo . . .	= I currently work . . .
Adjunto mi currículum vitae.	= I enclose my CV.
En espera de sus noticias	= I look forward to hearing from you. (lit. 'Waiting for your news')
Le(s) saluda atentamente	= (customary way to close a formal letter ≈ Yours faithfully/sincerely)

Actividad 9

a Lee las «Claves para un currículum vitae» y mira si la carta de Pedro (Actividad 8) tiene todos los datos necesarios.

Claves para un "currículum vitae"

nombre y apellidos

estado civil   lugar de nacimiento y nacionalidad

familiares a su cargo

situación respecto a coche y vivienda

plazo
posible
de incorporación

estudios y
experiencia profesional

edad

nivel de remuneración
a que aspira

tiempo
de
permanencia
en anteriores
trabajos

b Prepara tu currículum vitae.

 ## Actividad 10

Elige uno de los trabajos anunciados en Actividad 6 (o inventa un trabajo más adecuado para ti).

Escribe la carta pidiendo el trabajo.

Utiliza la carta de Actividad 8 y las claves de Actividad 9 como modelo.

C | Gramática activa 1: Pronombres personales

 ### ✓ —Gramática—

Estudia los pronombres personales.

Ana **me** llamó por teléfono.	Ana called **me** (on the phone).
Te vi·por la calle.	I saw **you** in the street.
Lo invité al cine.	I invited **him** to the cinema.
Le compré un regalo.	I bought **him / her** a present. / I bought a present for **him / her.**

Mira las páginas 229 y 230 de la Gramática.

 ## Actividad 11

a Lee la historia de Luis y Lolita (página 26) y sustituye las palabras **destacadas** por pronombres.

Ejemplo:

…llamó **a Luis** por teléfono → …**lo** llamó por teléfono.

1 Lolita estaba sola y aburrida en casa; era domingo y no sabía qué hacer.

2 Recordó que era el cumpleaños de Luis y llamó **a Luis** por teléfono.

3 Invitó **a Luis** al cine. Dijo **a Luis**: «Espero **a ti** en el bar Pepe.»

4 Lolita fue al bar, pero antes, como era el cumpleaños de Luis, compró **a Luis** un libro.

5 Fue al bar y esperó **a Luis** más de dos horas.

6 Tomó varias copas que hicieron daño **a Lolita**.

7 Como Luis no venía, Lolita salió del bar, buscó **a Luis**, miró por todas partes pero no vio **a Luis**.

8 Lolita escribió una carta **a Luis**. En la carta dijo **a Luis** que estaba muy enfadada.

9 Luis llegó por fin y pidió perdón **a Lolita**. Pero Lolita no dio el libro **a Luis**, dio la carta **a Luis**.

10 Lolita se levantó y salió sin hablar **a Luis**. Luis llamó **a Lolita**, pero Lolita no contestó **a Luis** y se fue al cine sola.

b Escucha y comprueba.

Actividad 12

a ¿Qué decía la carta? Escribe tu versión.

b Compara con un(a) compañero/a.

 ## Actividad 13

Ahora cambia el personaje. Luis espera a Lolita. Empieza:

Luis estaba solo y aburrido en casa . . . Recordó que era el cumpleaños de Lolita y la llamó por teléfono . . .

D | Gramática activa 2: ¿Cuánto hace que . . .?

 — Gramática —

Hace tres años que vivo aquí.
I've lived here for three years.

También se puede decir:
Vivo aquí hace tres años.
Vivo aquí desde hace tres años.

Vivo aquí desde que nací.
Vivo aquí desde 2001.

- **Hace** + presente:
  Hace un año que **estudio** español.
- **Hace** + pretérito indefinido:
  Hace un año que **empecé** la clase de español.

Ver la página 248.

 ## Actividad 14

a Escucha a Daniel y completa estas frases.

1 ⬭ dos años ⬭ .
2 ⬭ un año ⬭ .
3 ⬭ cuatro años ⬭ .
4 ⬭ cuatro años ⬭ .
5 ⬭ cuarenta años ⬭ .

b Ahora escribe la pregunta para cada respuesta.

c Escucha de nuevo la grabación. ¿Coinciden las preguntas con las tuyas?

  ## Actividad 15

Escucha otra vez. Escucha la pregunta:
¿Cuánto hace que trabajas . . .?

Escucha la respuesta:
Hace dos años.

Mira la página 248 de la Gramática.

 ## Actividad 16

a Practica con un(a) compañero/a. Usa las preguntas de la grabación de Actividad 14.

Ejemplo:

A ¿Dónde vives?
B Vivo en . . .
A ¿Cuánto hace que vives allí?
B Hace . . .

b Continúa con estos verbos:
- vivir en esta ciudad / pueblo
- vivir en su casa
- trabajar / no trabajar
- estudiar español
- estar casado/a
- conducir
- tener coche
- practicar (un deporte) etc.

 — Gramática —

Compara:
Hace tres años que vivo aquí.	*I've lived here for three years.*
Hace tres años que llegué aquí.	*I arrived here three years ago.*
Llegué aquí hace tres años.	

Ahora compara:
Hace cinco años que estoy casado.	*I've been married for five years.*
Hace cinco años que me casé.	*I got married five years ago.*

Actividad 17

Escucha a Daniel, que sigue hablando de otras fechas, y completa las siguientes frases.

1 ⬭⬭⬭⬭⬭⬭⬭ diez años.

2 ⬭⬭⬭⬭⬭⬭⬭ cuatro años ⬭⬭⬭⬭⬭⬭.

3 ⬭⬭⬭⬭⬭⬭⬭ cuatro años ⬭⬭⬭⬭⬭⬭.

Actividad 18

Escribe frases similares sobre ti.

Actividad 19

a ¿Qué sabes de deporte? Escribe las fechas correspondientes.

> **1** Los primeros Juegos Olímpicos modernos tuvieron lugar en Atenas en ⬭⬭⬭⬭.
>
> **2** El fútbol moderno se inventó en ⬭⬭⬭⬭.
>
> **3** El primer partido de tenis profesional tuvo lugar en ⬭⬭⬭⬭.
>
> **4** La primera carrera ciclista tuvo lugar en París en ⬭⬭⬭⬭.
>
> **5** Los primeros Juegos Olímpicos de invierno tuvieron lugar en ⬭⬭⬭⬭.
>
> **6** La primera copa mundial de rugby en Australia y Nueva Zelanda tuvo lugar en ⬭⬭⬭⬭.
>
> **7** La primera copa mundial de fútbol tuvo lugar en Uruguay en ⬭⬭⬭⬭.
>
> **8** El español Miguel Induráin ganó el tour de Francia en ⬭⬭⬭⬭.
>
> **a** 1926   **b** 1995   **c** 1930   **d** 1878
> **e** 1924   **f** 1987   **g** 1896   **h** 1870

b   Escucha y comprueba.

Actividad 20

a Escribe preguntas y respuestas para Actividad 19.

Ejemplo:

¿Cuánto hace que se inventó el fútbol moderno?

Hace ⬭⬭⬭⬭⬭⬭⬭⬭⬭ años.

b Pregunta a tu compañero/a.

E | La entrevista

 Actividad 21

Lee los consejos e indica a qué dibujo se refiere cada uno.

Consejos para la entrevista

1 Debes informarte bien sobre la empresa.

2 Tienes que ser muy puntual.

3 Hay que saludar correctamente a la persona que te hace la entrevista y por su nombre.

4 Debes escuchar con atención.

5 No debes interrumpir.

6 Hay que vestirse correctamente.

7 Tienes que mostrarte positivo/a.

8 Debes demostrar seguridad, relajarte y sonreír de vez en cuando.

9 No debes mentir ni exagerar.

10 Tienes que dar las gracias educadamente al terminar la entrevista.

Actividad 22

Escucha lo que dicen estas personas. Cada frase está relacionada con un punto del artículo de Actividad 21. ¿Cuál es?

Actividad 23

Escucha la entrevista que le hicieron a Tessa en una agencia de viajes para un trabajo de verano. Éstas son algunas de las preguntas que le hicieron. ¿Qué contestó Tessa?

1 Así que estás interesada en trabajar para nuestra agencia de viajes, ¿por qué?
2 ¿Qué estudios has hecho o estás haciendo?
3 ¿Y tienes experiencia en algún tipo de trabajo?
4 ¿Y qué hiciste en ese trabajo?
5 ¿Te gusta trabajar en equipo?
6 ¿Cómo te decribirías a ti misma, desde el punto de vista personal y profesional?
7 ¿Y qué te gustaría hacer después de tus estudios de bachillerato?
8 ¿Y qué aficiones o hobbies tienes?
9 ¿Puedes empezar dentro de dos semanas?
10 ¿Quieres hacerme alguna pregunta?

Actividad 24

Haz una entrevista similar a la de Tessa. Tu compañero/a es el entrevistador o la entrevistadora. Elige un trabajo diferente y cambia la información. Usa las preguntas de Actividad 23.

En casa o en clase

Actividad 25

a Lee el artículo.

Traductora e intérprete

Beatriz, 26 años, es una enamorada de su profesión. Hija de padre español y madre francesa, nacida en Francia y, por lo tanto, bilingüe, llegó a España con 17 años y a los 20 ya trabajaba como traductora en la embajada de Bélgica en Madrid. Habla perfectamente tres lenguas (francés, español e inglés), tiene nociones de catalán y ruso, y es una gran observadora-estudiosa de lo que pasa en el mundo. Así que no dudó un momento en matricularse en la Escuela Universitaria de Traductores e Intérpretes.

Beatriz opina que no se llega a ser buena traductora sólo por dominar una lengua, sino que hay que tener una completa formación cultural sobre los países de los que se estudia la lengua o sobre los temas que se están tratando. «La profesión de intérprete – asegura – dicen que es dura porque exige un alto nivel de estudios. El diploma de intérprete de conferencia internacional – simultánea o consecutiva – lo consiguen muy pocos alumnos. Desde esta perspectiva está considerado como de lujo.»

«El traductor debe tener ante todo vocación (dado lo absorbente que es la materia que tiene entre manos), una excelente cultura general, un conocimiento perfecto de la lengua y la civilización del idioma al que traduce (más que del que se traduce), capacidad para distanciarse de sus problemas y adaptarse a la personalidad del autor, concentración total y gran sensibilidad. Un buen traductor hace también su recreación literaria a partir del texto del autor y siendo lo más fiel posible a aquél.»

La buena intérprete – hasta hace bien poco esta profesión ha sido considerada esencialmente femenina – necesita gran capacidad de concentración, de memoria y de síntesis, buena vocalización, una voz muy bien cuidada, amplitud de lenguaje y control de sí misma: «Hay que dejar a un lado los propios problemas, si no, los nervios te pueden jugar una mala pasada.»

¿Qué es lo más ingrato en esta profesión? «En general, el oficio lo es bastante. Si una traducción está bien hecha, siempre se elogia al autor, nunca al traductor; y si un libro no tiene éxito, no es porque el autor sea malo, sino por culpa del traductor.»

Otro factor en contra es que no está bien pagado. Se tiene un tiempo limitado para traducir y se cobra tarde y mal (depende de la dificultad de la lengua). «El intérprete, en cambio, está mucho mejor pagado. Pero un gran factor en contra es la dificultad para introducirse en este campo profesional. Hay que ser muy brillante y hacerse un nombre.»

Beatriz

Beatriz, finalmente, asegura que para los traductores e intérpretes españoles existe un interesante mercado de trabajo.

¡Atención!

es una enamorada de (su profesión)	=	*she is (someone) who loves (her profession)*
por lo tanto	=	*that's why, for that reason*
lo que pasa en el mundo	=	*things that happen in the world*
no dudó un momento	=	*she had no doubts*

b Habla con tu compañero/a sobre Beatriz. Escribe seis datos personales sobre ella.

c Rellena esta ficha.

	Traductor(a)	Intérprete
Requisitos y deberes		
Cualidades		
Calificaciones y títulos		
Sueldo		
Ventajas / Desventajas		

Vocabulario para la próxima lección

Los muebles

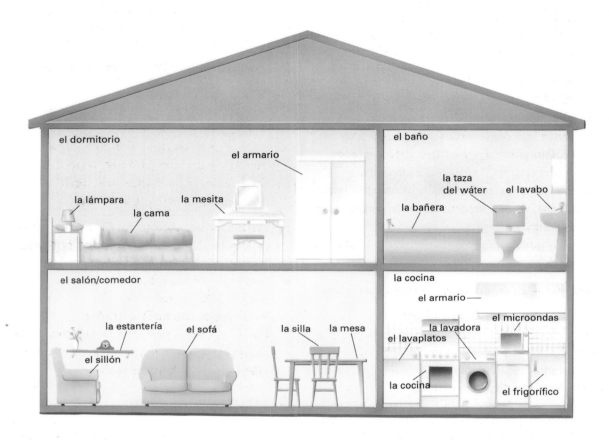

el dormitorio
el armario
la lámpara
la mesita
la cama

el baño
la taza del wáter
el lavabo
la bañera

el salón/comedor
la estantería
el sofá
la silla
la mesa
el sillón

la cocina
el armario
el microondas
la lavadora
el lavaplatos
la cocina
el frigorífico

Autoevaluación

Ya sabes . . .

A   decir cuál es tu profesión y en qué consiste (y otras profesiones).

B   leer y comprender anuncios de trabajo; escribir cartas formales de trabajo.

C   usar los pronombres personales.

D   usar expresiones de tiempo con **hace (que)** y **desde hace** en presente y en pasado.

E   entender y contestar preguntas en una entrevista.

Gramática y ejercicios

Presente   *Present tense*

arreglar: El fontanero **arregla** las tuberías.

repartir: El cartero **reparte** las cartas.

atender: El dependiente **atiende** a los clientes.

hacer: El periodista **hace** reportajes.

Expresiones de obligación   *Expressions of obligation*

● *The verb* tener + que + *infinitive and the verb* deber + *infinitive are used to express obligation:*

El dependiente { tiene que   atender a los
              { debe   clientes.

● hay que + *infinitive can also be used to express obligation more impersonally, without referring to a specific person:*

Hay que atender a   *It is necessary to attend to*
los clientes.   *the clients.*

Pronombres personales   *Personal pronouns*

Objeto directo   *Direct object*

1ª persona   **me**   Juan me llamó ayer.

2ª persona   **te**   Ayer te vi en el cine.

3ª persona   **lo (le), la**

(Use le *only if it refers to a man.)*

Masculino	Veo / Saludo / Llamo a Luis. *I see / greet / call Luis.*	Lo / Le veo / saludo / llamo. *I see / greet / call him.*
Femenino	Veo / Saludo / Llamo a María. *I see / greet / call María.*	La veo / saludo / llamo *I see / greet / call her.*

Objeto indirecto   *Indirect object*

1ª persona   **me**   Luis me trajo un regalo.   *Luis brought me a present.*

2ª persona   **te**   María te dio la carta.   *María gave you the letter.*

3ª persona   **le**

Masculino	Digo a Luis la noticia. *I tell Luis the news.*	Le digo la noticia. *I tell him the news.*
Femenino	Digo a María la noticia. *I tell María the news.*	Le digo la noticia. *I tell her the news.*

See Gramática *page 229 for more on pronouns.*

Hace que

¿Cuánto (tiempo) **hace que** trabaj**as** aquí?
How long have you worked here?

¿Cuántos años **hace que** conoc**es** a Miguel?
How many years have you known Miguel?

¿Cuántos semanas **hace que** viv**es** aquí?
How many weeks have you lived here?

● **Hace . . . que** + presente: *The emphasis is on the duration of the action, not on the beginning:*
Hace tres años **que** trabaj**o** aquí.

● presente + **hace / desde hace**:
Viv**o** aquí **hace** tres años.
Viv**o** aquí **desde hace** tres años.

● **Hace . . . que** + pretérito: *The emphasis is on the beginning of the action, not on the duration.*
Hace tres años **que** empec**é**.

EJERCICIOS

A   Usa las expresiones de obligación (**tener que, deber**) y transforma las frases.

1   (yo) atender a los clientes
Tengo que atender a los clientes. Atiendo a los clientes.

2   (yo) poner la mesa

3   (ella) salir con su hermano

4   (ellos) volver pronto

5   (vosotros) traer leche de la tienda

6   (yo) saber los verbos en español

B   Sustituye las palabras subrayadas por un pronombre.

1   Conté la historia <u>a mi amiga.</u>
Le conté la historia.

2   Llamé <u>a mi hermano</u> por teléfono.

3 Invité <u>a María</u> a mi fiesta.

4 Compré un regalo <u>a Juan</u>.

5 Mi padre visitó <u>a mis hermanos</u>.

6 Di una clase <u>a los estudiantes</u>.

C   Transforma las frases.

1 patinar (8 años)

¿Cuánto hace que patinas?

Hace ocho años que patino.

Patino desde hace ocho años.

2 vivir aquí (10 años)

3 estudiar en este instituto (3 años)

4 tocar el piano (2 años)

5 estudiar español (2 años)

6 tener un gato (1 año)

D   Escribe las preguntas para estas respuestas. Usa **tú** y **usted**.

1 Hace tres años que empecé a esquiar.

2 Hace dos meses que fui a España.

3 Hace una semana que visité a mis abuelos.

4 Compré este reloj hace un año.

5 Conocí a mi amiga María.

E   Escribe las respuestas a estas preguntas.

1 ¿Cuánto hace que empezaste a jugar al fútbol? (5 años)

2 ¿Cuánto hace que volviste de vacaciones? (3 meses)

3 ¿Cuánto tiempo hace que viniste a esta ciudad? (6 años)

4 ¿Cuánto hace que hiciste esta foto? (2 semanas)

5 ¿Cuánto tiempo hace que visitaste Madrid? (2 años)

Vocabulario

A

¿Qué haces en tu trabajo?	**What do you do in your job?**
almacén (m)	warehouse
avería	breakdown
despacho	office
enchufe (m)	plug
grúa	breakdown truck
ladrillo	brick
repartir	to deliver
soler	to usually do
taller (m)	workshop
tinte (m)	(hair) colouring
tubería	water pipes
vigilar	to supervise

B

Buscando trabajo	**Looking for work**
adjuntar	to attach
disponer de	to be in possession of
disponibilidad (f)	availability
estado civil	marital status
ferretería	hardware
formación (f)	training
gestión (f)	management
imprescindible	essential
liderar	to lead
puesto	position
requisito	requirement
reto	challenge
retribución (f)	remuneration
técnico	technician
valorar(se)	to (be) value(d)

C

Pronombres personales	**Personal pronouns**
al cabo de (media hora)	after (half an hour)
guardar	to keep
hacer daño	to do harm, to hurt
recordar	to remember

D

¿Cuánto hace que...?	**How long ...?**
carrera	(sports) race
partido	(sports) match
patinaje (m)	skating
tener lugar	to take place

E

La entrevista	**The interview**
de vez en cuando	from time to time
mostrar(se)	to show (oneself)
punto de vista	point of view
saludar	to greet
tutear	to use the informal tú form

Tres

3 ¿Qué harás?

Temas	Lengua

A   Hablar de los planes que tienes
      Hablar de los planes para el futuro
B   Planear las vacaciones
C   Describir un apartamento
D   Cómo pedir algo y expresar posesión
	El futuro
	Expresiones condicionales:
	   si + presente + futuro
	Expresar sugerencia
	Pronombres posesivos

Prepárate

Escribe tres actividades que harás mañana, tres que harás el fin de semana y tres que harás en tus próximas vacaciones.

	mañana	fin de semana	próximas vacaciones
1			
2			
3			

A | ¿A dónde irás?

  ## Actividad 1

David habla con Ana sobre su futuro viaje a México.

a   Escucha y escribe **Sí, No** o **P** (Posiblemente).

1 Irá a México la semana que viene.
2 Estará allí durante una semana.
3 Visitará a sus tíos.
4 Sus primos podrán enseñarle el campo.
5 Irá a las montañas.
6 Irá a Guatemala.
7 Volverá a España desde Guatemala.

b   Compara con un(a) compañero/a.

c   Ahora escucha otra vez y escribe los verbos que están en el futuro.

d   Lee el diálogo y comprueba.

David	¡Mira! Acabo de sacar los billetes.
Ana	¡Qué bien! ¿Cuándo te vas?
David	Dentro de dos semanas.
Ana	¡Qué suerte! Me gustaría tener parientes en México.
David	Sí, me hace mucha ilusión ir.
Ana	¿Y qué harás allí? ¿Cuánto tiempo estarás?
David	Primero visitaré a mis tíos y me quedaré con ellos unas dos o tres semanas. Tienen una casa muy bonita y son bastante ricos porque tienen varios restaurantes allí. Tengo dos primos que tienen mi edad más o menos y podrán enseñarme la ciudad.
Ana	¿Vas a estar solamente en la ciudad o visitarás más cosas?
David	¡Oh, no! Visitaré las pirámides de Teotihuacan y todos los monumentos y también quiero ir a Acapulco, a bañarme en sus famosas playas. Me hace mucha ilusión. Si tengo tiempo iré a Guatemala porque dicen que es un país bellísimo.
Ana	¿Y desde allí?
David	Pues, si voy a Guatemala, volveré a España directamente, sin volver a casa de mis tíos.
Ana	Bueno, si no te veo antes de irte, que te vaya bien. ¡Hasta pronto!
David	¡Hasta pronto!

 ¡Atención!

Me hace mucha ilusión.	=	I'm looking forward to it.
Acabo de sacar un billete.	=	I've just bought a ticket.
Acabo de llegar.	=	I've just arrived.
si	=	if
sí	=	yes

Formas del futuro: ver la página 238.

Gramática

Oraciones condicionales

presente   futuro

Si **tengo** tiempo **iré** a Guatemala   *If I have time, I'll go to Guatemala.*
Si **estoy** en Guatemala **volveré** desde allí.   *If I'm in Guatemala, I'll return from there.*
¿Irá a Guatemala?   Posiblemente (si tiene tiempo)
¿Volverá a España desde Guatemala?   Posiblemente (si está en Guatemala)

  Actividad 2

Lee este email de David a sus tíos de México. Escribe los verbos en la forma correcta del futuro.

> Queridos tíos,
>
> Me hace mucha ilusión visitaros. Acabo de sacar los billetes. **1** (Llegar) a México a las cinco de la tarde del lunes. ¿**2** (Venir) al aeropuerto a buscarme? Me **3** (quedar) con vosotros dos semanas. Los primos **4** (poder) enseñarme la ciudad, ¿no?
>
>   Luego, si tengo dinero, **5** (ir) a Acapulco. ¿**6** (Querer) venir conmigo? Si tengo tiempo, **7** (ir) a Guatemala porque dicen que es un país bellísimo. Si estoy en Guatemala, **8** (volver) a España directamente desde allí.
>
> Hasta pronto,
>
> un abrazo
>
> David

 Actividad 3

Estudiante A   Hablas a tu amigo/a sobre tu futuro viaje a México.
Estudiante B   Haz preguntas a tu amigo/a sobre su futuro viaje a México.

  Actividad 4

a   Escribe frases sobre tu futuro.

     Incluye lo que es seguro:

     Iré a España el año que viene.

     Incluye lo que es posible:

     Si me gusta España me quedaré más tiempo.

b   Compara tus planes con los de un(a) compañero/a.

Actividad 5

Lee la Guía del Viajero sobre El Petén en Guatemala y contesta las preguntas.

GUÍA DEL VIAJERO

El Petén

Situación

El departamento de El Petén pertenece a Guatemala y tiene una extensión de 35.854 km². Limita al norte y al oeste con México y al este con Belice. La capital es Flores y su población es de unos 205.000 habitantes.

Qué se debe ver

Tikal

La ciudad maya de Tikal no tiene competidora en cuanto a su situación. Situada en medio de la selva, cerca del lago Petén Itzá y la población de Flores, Tikal es uno de los yacimientos mayas más extensos, imposible de visitar en un día. Si duerme en uno de los hoteles cercanos y hay luna llena, podrá visitarlo por la noche, ya que las noches de luna llena se permite el acceso a la Plaza Mayor. Vale la pena probarlo.

Si no tiene una semana entera para explorar Tikal, será conveniente contratar a un guía. En el lugar hay guías oficiales y no son caros. Si quiere conocer los secretos naturales y arqueológicos de Tikal un buen guía le llevará a descubrirlos.

Tikal es una maravilla para los amantes de la arqueología y de la naturaleza. Si tiene suerte verá monos aulladores que viven en las copas de los árboles, escuchará alaridos de cientos de loros mientras pasea por la selva, y verá tucanes volando entre las antiguas construcciones de piedra.

Otras ruinas

Si no tiene mucho tiempo, sólo podrá visitar Tikal. Pero si puede quedarse varios días y desea penetrar más en el interior de la selva de El Petén, deberá hacer una visita a las ruinas de Uaxactún que están mucho más aisladas y menos transitadas.

Uaxactún es una de las ciudades más antiguas del clásico maya, a 25 kilómetros de Tikal y a unos 80 de Flores. El edificio más interesante es la Plaza Central, una pirámide escalonada conocida por E-VII. Es el observatorio astronómico más antiguo de los mayas.

1 ¿En qué país está El Petén?

2 ¿Con qué países tiene frontera?

3 ¿Cuántas personas viven en la capital de la región?

4 ¿Dónde está Tikal?

5 ¿Qué es Tikal?

6 ¿Cuánto tiempo se necesita para visitarlo como mínimo?

7 ¿Qué recomienda el artículo para la visita?

8 Además de las ruinas mayas, ¿qué se puede ver en Tikal?

9 ¿Cómo es Uaxactún?

10 ¿Dónde está?

11 ¿Qué es lo más interesante de Uaxactún?

¡Atención!

aislado / a	=	isolated
en cuanto a	=	with respect to
el loro	=	parrot
el mono (aullador)	=	monkey (howler)
pertenecer	=	to belong to
la selva	=	forest
vale la pena	=	it's worth it
el yacimiento	=	(archeological) site

Actividad 6

a Vas a hacer un viaje. Escribe un email a un amigo explicándole los detalles de tu viaje. Puedes elegir El Petén o un lugar diferente.

Incluye: cuándo llegarás
cómo viajarás
cuánto tiempo te quedarás
qué harás
qué harás posiblemente
cuándo y cómo volverás

Utiliza la forma del futuro y **si** + presente + futuro.
Haz preguntas.

b Cambia tu email con el de un(a) compañero/a. Comprobad los verbos.

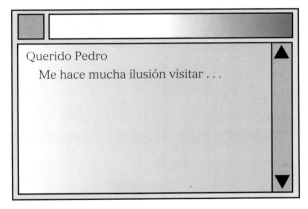

Querido Pedro
Me hace mucha ilusión visitar . . .

 ## Actividad 7

Estudiante A Haz preguntas a tu compañero/a sobre:

1 sus próximas vacaciones
2 vacaciones especiales («¿Qué harás si te toca la lotería?»)

Estudiante B Contesta las preguntas de Estudiante A.
Ahora haz tú las preguntas.

B | ¿A dónde iremos?

  ## Actividad 8

Trabaja con un(a) compañero/a y decidid los pros y los contras de cada tipo de vacaciones.

 — ¡Atención! —

ambiente (m)	=	atmosphere
aunque	=	although
lujoso/a	=	luxurious
mejor	=	better
un crucero	=	(sea) cruise

Actividad 9

En la agencia de viajes

Escucha a dos personas que están eligiendo unas vacaciones. Rellena la ficha con sus opiniones.

	Ventajas	Desventajas
Lugar de moda (una playa con mucha gente)		
Crucero		
Camping: tienda de campaña caravana	*Estás en contacto con la naturaleza.*	*incómodo*
Apartamento		
Lugar tranquilo (un pueblo pequeño en el campo)		
Hotel		

 ## Actividad 10

Estudiante A   Elige un tipo de vacaciones e intenta convencer a tu compañero/a para ir contigo.

Estudiante B   Elige otro e intenta convencer a tu compañero/a para ir contigo. ¿A dónde iréis?

 ## Actividad 11

Al Andalus Expreso

Mira las fotos de este fantástico viaje en tren. Lee el texto y ponlas en orden.

A

B

C Córdoba

D

E

F Sevilla

G

H

En el Al Andalus, lujo y confort están asegurados.

VIAJAR A TODO TREN

Tras la seriedad de la Semana Santa, Sevilla se viste de fiesta para celebrar su Feria de Abril, un espectáculo único que hay que ver al menos una vez en la vida. Y nada mejor que hacer el viaje disfrutando del maravilloso paisaje del campo andaluz, desde la ventanilla de un tren de lujo. El viaje comienza con una cena seguida de baile y espectáculo musical. Tras la llegada a Sevilla, los pasajeros disponen de dos días para recorrer la ciudad y disfrutar del bullicio y la alegría de la Feria. De regreso a Madrid, el tren se detiene en Córdoba con visita opcional a la Mezquita, el Alcázar y el Barrio Judío. El precio por persona, en departamento doble, es de 700 euros. Las visitas turísticas a Sevilla y Córdoba son opcionales y su precio es de 35 euros cada una. Salidas el 14 y el 18 de abril de la estación de Chamartín.

Actividad 12

Prepara un itinerario turístico con la información. Utiliza las fotos de Actividad 11: ¿Qué pasará durante el viaje? Usa el futuro.

Ejemplo: *Foto 1: El tren saldrá de la estación de Chamartín a ...*

Actividad 13

Mira la postal. Escribe una postal a tus amigos/as sobre tu viaje.

Querido José,
Te escribo desde Madrid.
El tren llegará de un
momento a otro.
Me hace ilusión el viaje.
Iremos en el Al
Andalus ...

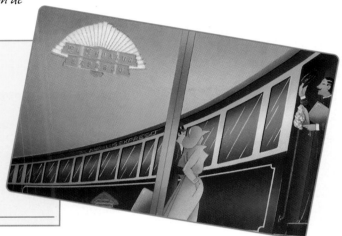

C | Alquilamos un apartamento

Actividad 14

a Primero mira el plano y describe el apartamento.

b Ahora escucha a esta persona que habla de un apartamento que ha comprado. ¿En qué es diferente del plano?

- Aislamientos térmicos y acústicos
- Parket en toda la vivienda, excepto en cocina, baños y terrazas, que cuentan con cerámica de 1ª calidad.
- Carpintería exterior en madera noble barnizada. Vidrio Climalit o similar en fachadas exteriores. Persianas en aluminio.
- Carpintería interior en madera noble con puertas barnizadas. Puertas de entrada a viviendas, blindadas con cerraduras de seguridad. Puertas vidrieras dobles en salones de viviendas.
- Calefacción individual con convectores de baja temperatura, agua caliente individual. Control de temperatura con termostatos.
- Vídeo-portero, antena parabólica, dos tomas de TV / FM, y dos tomas de teléfono.
- Cocina con encimera, muebles altos y bajos, fregadero de acero inoxidable, placa eléctrica, horno empotrado, lavadora automática, lavavajillas y campana extractora.

Actividad 15

a Lee lo que ofrecen los apartamentos de Residencial Olimpiada (Actividad 14). Encuentra y escribe las palabras que corresponden a cada parte del dibujo.

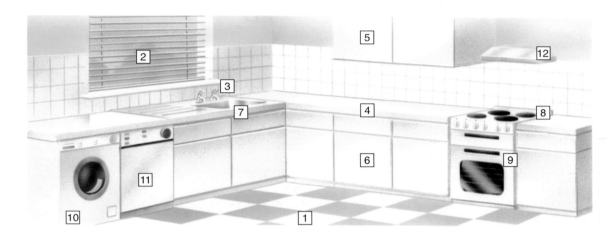

b Haz una lista de todos los materiales mencionados en el texto.

c Escribe las tres cosas que más te atraen de estos apartamentos. Compara tu lista con un(a) compañero/a.

 ## Actividad 16

a Haz un dibujo (un plano) de tu habitación o un cuarto de tu casa.

Estudiante A Describe el cuarto a Estudiante B sin enseñarle el plano. Incluye los materiales de los muebles y electrodomésticos.

Estudiante B Dibuja el cuarto de Estudiante A.

b Compara.

c Cambiad.

D | Gramática activa: Pronombres posesivos: ¿De quién es?

  Actividad 17

a Repasa los posesivos en la página 231.

b Lee el mensaje que Rosa y Pedro enviaron a sus amigos por correo electrónico. Completa el plano del primer piso y del ático utilizando la información del mensaje. ¿Para qué se usa y de quién es cada habitación?

Queridos amigos:

Sentimos mucho no haberos escrito antes, pero, como podéis imaginar, estamos muy ocupados.

Por fin han terminado nuestro ático. Es muy bonito y hay mucha luz. Hemos puesto nuestro dormitorio allí. Pedro tiene su estudio en el primer piso, en el cuarto pequeño.

Las niñas han cambiado también. Ahora su dormitorio está en el cuarto más grande del primer piso, que antes era nuestro dormitorio.

Chus, nuestra au pair, tiene su dormitorio y estudio en el cuarto mediano, que antes era el dormitorio de las niñas. Un poco complicado, ¿no?

Ya hemos ordenado un poco nuestras cosas, aunque yo aún tengo que organizar mis papeles. Mis suegros vendrán a ayudarnos la semana que viene. Esperamos tenerlo todo terminado para Navidad. Os esperamos pues.

Nos hará mucha ilusión pasar las Navidades con vosotros y vuestros hijos.

Un abrazo y hasta pronto,

Rosa y Pedro

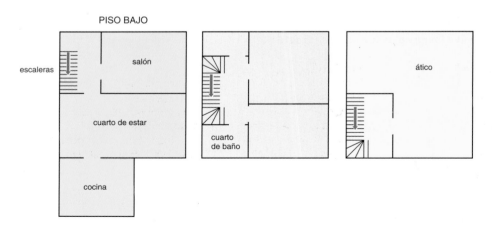

PISO BAJO

escaleras · salón · cuarto de estar · cocina

cuarto de baño

ático

c Marca los posesivos que hay en el mensaje.

Actividad 18

Mira los dibujos y escribe las frases completas con posesivos.

Dígame.

Hola Gustavo. Soy Ana. ¿Puedes traer _____ estéreo a _____ fiesta? _____ _____ está estropeado.

Lo siento pero _____ _____ está estropeado también.

¿Qué puedo hacer?

¿Por qué no llamas a Enrique? _____ estéreo es muy bueno y _____ CDs son buenos también.

✓ ──────── *Gramática* ────────

Masculino	Femenino	
el mío	la mía	*mine (singular)*
los míos	las mías	*mine (plural)*
el tuyo	la tuya	*yours (singular)*
los tuyos	las tuyas	*yours (plural)*
el suyo	la suya	*his / hers / theirs (singular)*
los suyos	las suyas	*his / hers / theirs (plural)*

Ver Gramática página 232.

 ## Actividad 19

Ahora escucha la conversación y comprueba tu diálogo.

Actividad 20

Estudiante A Quieres ir a esquiar pero no tienes esquís. Pide a Estudiante B sus esquís.
Estudiante B Tus esquís están rotos. Di a Estudiante A que llame a otro amigo.

Continúa: ir a la playa / coche
jugar al tenis / raqueta
mi cumpleaños / cámara

Inventa otras situaciones.

Actividad 21

a Esta vez Paco y María llaman a Carlos y Pilar. Completa el diálogo con los posesivos en plural.

Paco   Hola, Pilar, soy Paco. ¿Podéis traer **1** (*vuestro*) estéreo a **2** (   ) fiesta?
             3 (   ) está estropeado.
Pilar   Lo sentimos mucho, pero **4** (   ) está estropeado también.
Paco   ¿Qué podemos hacer?
Pilar   ¿Por qué no llamas a Enrique y Laura? **5** (   ) estéreo es muy bueno y **6** (   )
             CDs son buenos también.

b Escucha y comprueba.

En casa o en clase

Actividad 22

a Lee la introducción del artículo 'Una vivienda inteligente'. Escribe una lista de las cosas que te gustaría hacer más fácilmente, gracias a la tecnología.

b Lee el resto del artículo. ¿Coincidís?

c Contesta estas preguntas.

1 ¿Qué tipo de energía se usa para calentar el agua?
2 ¿Dónde se calientan los alimentos?
3 ¿Cómo nos ahorra dinero el ordenador?
4 Hay dos cosas para las que normalmente sirven las ventanas. ¿Cuáles son y cómo las hace el ordenador?
5 El ordenador también se encarga de la seguridad de la casa. ¿Cómo?

UNA VIVIENDA INTELIGENTE

La tecnología punta puede invadir nuestras casas en un futuro no tan lejano. Como si fuera de ciencia ficción, podremos manejar todo desde un panel informático. Abriremos la puerta con nuestra voz, cocinaremos apretando un botón, la ducha a la hora exacta . . .

Es un ordenador central el que lo hace todo. Absolutamente todo, desde que comienza el día. Nos despierta por la mañana con una agradable música al gusto del usuario. Nos prepara la ducha a la temperatura deseada, gracias a las placas solares instaladas en el tejado del edificio. Mientras tanto, se calienta el desayuno que hemos dejado la noche anterior en el microondas.

La temperatura de la casa está perfectamente regulada a 22 grados centígrados y el ordenador la mantiene constante gracias a un sensible termostato que apaga y enciende según las variaciones del exterior de la vivienda. Enciende por la noche y apaga por la mañana para aprovechar la tarifa nocturna. Apaga los aparatos que sean necesarios cuando se está sobrepasando el límite impuesto para el gasto de la energía eléctrica, y ventila la casa automáticamente, sin que sea necesario abrir las ventanas. Pero, si se quiere, se puede disponer de una instalación de cable de fibra óptica que conduzca la luz natural hasta el interior de cada una de las habitaciones.

Si se produce una fuga de gas o de agua, el sistema cerrará la llave de paso inmediatamente y avisará; si es de noche encenderá la luz del dormitorio para despertarnos.

TEXTO: PATRICIA NIETO

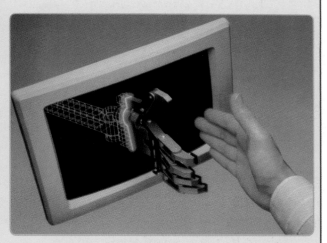

La auténtica ama de casa del futuro será nada menos que un pequeño ordenador capaz de hacer todo ...

Actividad 23

Imagínate que has comprado un ordenador parecido para tu casa. Escribe una carta a un(a) amigo/a explicando lo que hace y cómo te ayuda.

Vocabulario para la próxima lección

Señales de tráfico

Une el texto con la señal que le corresponde.

a Prohibido el paso
b Prohibido aparcar
c Prohibido adelantar
d Obras
e Cruce
f Ceda el paso
g Velocidad limitada
h Peligro

 Autoevaluación

Ya sabes . . .

A hablar del futuro.
   decir lo que harás si pasa algo.
B hacer planes, especialmente para viajar.
   hablar de las ventajas y las desventajas de
   los distintos tipos de vacaciones.
C describir una casa o un apartamento.
D usar los pronombres posesivos.

Gramática y ejercicios

El futuro   *The future*

estar ⎫
volver ⎬ –é –ás –á –emos –éis –án
vivir ⎭

Irregular

decir	dir
haber	habr
hacer	har
poder	podr
poner	pondr
querer	querr
saber	sabr
salir	saldr
tener	tendr
venir	vendr

–é –ás –á –emos –éis –án

si + presente + futuro

Si llueve iré al cine. *If it rains, I'll go to the*
                         cinema.
Si no viene no iremos. *If he doesn't come, we*
                         won't go.

acabar de + infinitivo
Acabo de llegar. *I've just arrived.*

hacer ilusión + infinitivo
Me hace ilusión *I'm looking forward*
viajar a México. *to going to Mexico.*

Adjetivos posesivos   *Possessive adjectives*
These go before the noun.
1st and 2nd person plural possessive adjectives have
a masculine and a feminine form, as well as a singular

and plural form. All the other 'persons' change only for the plural form:

mi / tu / su / nuestro / vuestro / su coche
my / your / his, her, its / our / your / their car

mi / tu / su / nuestra / vuestra / su casa
my / your / his, her, its / our / your / their house

mis / tus / sus / nuestros / vuestros / sus coches
my / your / his, her, its / our / your / their cars

mis / tus / sus / nuestras / vuestras / sus casas
my / your / his, her, its / our / your / their houses

Pronombres posesivos   *Possessive pronouns*
We use these to describe what is ours to replace the noun.

mine / yours / his, hers / ours / yours / theirs
el mío / el tuyo / el suyo / el nuestro / el vuestro / el suyo

la mía / la tuya / la suya / la nuestra / la vuestra / la suya

los míos / los tuyos / los suyos / los nuestros / los vuestros / los suyos

las mías / las tuyas / las suyas / las nuestras / las vuestras / las suyas

«¿Es tu casa?» «Sí, es la mía.»
«¿Éstos son los libros de Juan?» «Sí, son los suyos.»

Note: *we can use the above without the article* (e.g. mío, tuyo, suyo, etc.):
Este libro es mío.   *This book is mine.*

Use of the article places stronger emphasis on ownership:
Este libro es el mío,   *This book is mine, not*
no el tuyo.   *yours.*

EJERCICIOS

A   *Transforma las frases siguientes en el futuro.*

1 Todos los días hago mis deberes. (esta noche)
   Esta noche haré mis deberes.
2 Mis amigos y yo vamos de excursión a la montaña. (mañana)
3 Mi hermana hace un cursillo de windsurf en la playa. (la semana próxima)
4 Mis tíos vienen a mi casa todos los domingos. (el domingo próximo)
5 Juan duerme hasta muy tarde los fines de semana. (este fin de semana)
6 ¿Sales por las noches con tus amigos? (esta noche)

B *Transforma las frases siguientes.*

1 (yo) tener dinero / (yo) ir de vacaciones
   Si tengo dinero iré de vacaciones.
2 (tú) estudiar / (tú) aprobar el examen
3 (ellos) reparar el coche / (nosotros) salir de viaje
4 Juan estar en mi ciudad / (él) venir a mi casa
5 (yo) ir a la montaña / (yo) esquiar
6 (vosotros) comprar la casa / (vosotros) poder pasar el verano allí

C   *Contesta las preguntas.*

1 ¿Éste es tu cuaderno?   *Sí, es el mío.*
2 ¿Éste es el coche de Juan?
3 ¿Éstos son tus libros?
4 ¿Éstas son vuestras bicicletas?
5 ¿Ésta es tu chaqueta?
6 ¿Ésta es la casa de tu abuela?

Vocabulario

A

¿A dónde irás? — *Where will you go?*

acabar — *to finish*

   Acabo de llegar. — *I've just arrived.*

bellísimo — *very beautiful*

dentro de (dos semanas) — *within (two weeks)*

Me hace ilusión. — *I'm looking forward to it.*

pariente — *family, relative*

¡Qué suerte! — *How lucky!*

sacar (billetes) — *to buy / to get (tickets)*

B

¿A dónde iremos? — *Where will we go?*

disfrutar — *to enjoy*

disponer de — *to have at one's disposal*

pasajero — *passenger*

recorrer — *to visit, to go around*

regreso — *return*

tras — *after*

C

Alquilamos un apartamento — *We'll rent an apartment*

acero inoxidable — *stainless steel*

aislamiento — *insulation*

antena parabólica — *satellite dish*

barnizado/a — *varnished*

blindado/a — *reinforced*

cerradura — *(door) lock*

contar con — *to have*

empotrado/a — *built-in, fitted*

encimera — *worktop*

fregadero — *kitchen sink*

horno — *oven*

lavavajillas (m) — *dishwasher*

placa (eléctrica) — *(electric) hotplate*

toma (de corriente) — *(power) point*

D

¿De quién es? — *Whose is it?*

estropeado/a — *broken*

suegro/a — *father-/mother-in-law*

E

En casa o en clase — *At home or in class*

apagar — *to switch off*

apretar — *to press*

aprovechar — *to take advantage of*

encender — *to switch on*

fuga — *leak*

gasto — *consumption*

lejano/a — *distant, far-off*

mientras tanto — *in the meantime*

según — *according to*

4 ¿Qué has hecho?

Temas	Lengua
A Hablar de lo que se prohíbe y lo que se permite	Formas impersonales con *se*: *Se prohíbe aparcar.*
B Reparación y alquiler de coches	Pretérito perfecto: *He dejado mi carnet en el hotel.*
C Hablar de lo que ha pasado hoy	*Aún / Todavía* y *ya*
Dar excusas	
Pedir disculpas	
D Lo que has hecho y lo que tienes que hacer aún	

Prepárate

a Pon la letra que corresponde a cada símbolo.

b Ahora cambia las frases: usa **Está prohibido** en vez de **Se prohíbe.**

estacionar

a Se prohíbe aparcar.

b Se prohíbe pegar carteles.

c Se prohíbe pisar el césped.

d Se prohíbe fumar.

e Se prohíbe el paso, propiedad particular. Privada

A | No se puede aparcar

Actividad 1

¿Qué están haciendo? Escucha y contesta.

1 El guardia pone una multa porque . . .
   a el coche está mal aparcado.
   b el hombre conduce a mucha velocidad.
   c el hombre no tiene su carnet de conducir.

2 El conductor . . .
   a no conoce la ciudad.
   b conoce la ciudad pero no vive allí.
   c vive en la ciudad.

3 El hombre . . .
   a piensa que se puede aparcar.
   b está buscando un parking.
   c sabe que está prohibido aparcar.

> **!** ——— ¡Atención! ———
>
> | aparcar | = to park |
> |---|---|
> | el carnet de conducir | = driving licence |
> | una multa | = a fine |
> | parar | = to stop |
> | una señal | = sign |

Actividad 2

a Organiza la conversación entre el guardia y el conductor.

G = guardia
C = conductor

a C Sí, ya lo sé, pero . . .
b C ¿Qué señal? No, no la he visto. Es que no soy de aquí.

c C Perdone, sólo he parado un momento. Lo siento.
d C Un momento . . . Pues . . . pues . . . no lo encuentro . . .
e C Sí, pero me . . . me lo he dejado en el hotel.
f G ¿No ha visto la señal?
g G Oiga, está prohibido aparcar aquí.
h G ¿Pero no sabe que no se puede ir sin carnet en el coche?
i G Pues tengo que ponerle una multa. Ya le he dicho que está prohibido aparcar.
j G Pues aquí no se puede aparcar. A ver, su carnet de conducir, por favor.

b Escucha y comprueba.

c Practica la conversación con un(a) compañero/a.

Actividad 3

a ¿Hay más cosas que están prohibidas en tu ciudad o tu trabajo? Escríbelas. Compara con un(a) compañero/a.

b ¿Hay cosas que te gustaría prohibir? ¿Hay cosas que te gustaría permitir? Escribe tus ideas.

Ejemplos:

Se prohíbe beber por la calle.
No se puede beber por la calle.
Se permite escuchar música mientras se trabaja.

   Intercambia tus ideas con tu compañero/a.

Actividad 4

a Estudia los dibujos e indica bien (✓) o mal (✗).

1

2

3

4

5

6

b Ahora busca la frase para cada foto.

a transportar a otra persona

b acercarse demasiado al vehículo que circula delante

c parar ante los pasos de peatones, si éstos están cruzando

d ir emparejados o en grupos, sino en «fila india»

e soltar las dos manos del manillar

f adelantar a otro vehículo que vaya muy despacio

c Empieza cada frase con:

Se prohíbe / Está prohibido . . .

Se permite / Está permitido . . .

Se debe . . .

Se puede . . .

No se puede . . .

 ¡Atención!

sino	=	*but*
No ocho sino nueve	=	*Not eight, but nine.*
fila india	=	*single file*

Actividad 5

Elige el verbo adecuado del cuadro para cada frase usando la forma **se** en el tiempo correspondiente.

~~alquilar~~ arreglar atascar celebrar comer confeccionar deber ~~llegar~~ modernizar pedir perder permitir pisar poder poner prohibir recompensar vender

1 *Se alquila* casa en isla paradisíaca para el verano. *Se llega* a ella por helicóptero.
2 ⬡⬡⬡⬡⬡⬡ apartamento en primera línea de playa. ⬡⬡⬡⬡⬡⬡ recientemente.
3 ⬡⬡⬡⬡⬡⬡ pisar el césped del parque. ⬡⬡⬡⬡⬡⬡ una multa de 100 euros si ⬡⬡⬡⬡⬡⬡.
4 En el autobús no ⬡⬡⬡⬡⬡⬡ hablar al conductor.
5 Visitante: en esta catedral ⬡⬡⬡⬡⬡⬡ guardar silencio cuando ⬡⬡⬡⬡⬡⬡ una ceremonia.

6 Ayer ⬡⬡⬡⬡⬡⬡ pulsera en la calle Mayor. ⬡⬡⬡⬡⬡⬡ su devolución.
7 ⬡⬡⬡⬡⬡⬡ trajes de caballero y ⬡⬡⬡⬡⬡⬡ ropa.
8 No ⬡⬡⬡⬡⬡⬡ fumar mientras ⬡⬡⬡⬡⬡⬡.
9 No ⬡⬡⬡⬡⬡⬡ abrir la puerta porque está rota y ⬡⬡⬡⬡⬡⬡.

B | El coche

Actividad 6

Sara quiere aprender a conducir. El profesor le explica cómo se llaman las partes de un coche. Une la palabra con la parte correspondiente que menciona.

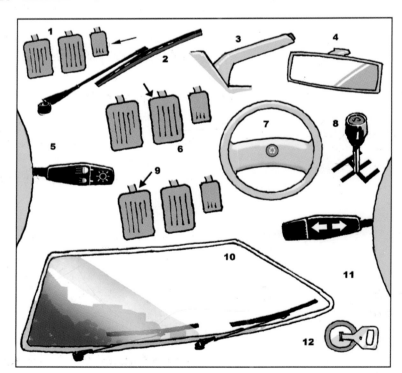

a   los faros
b   el intermitente
c   el volante
d   el embrague

e   el freno
f   el acelerador
g   el motor de arranque
h   el espejo (retrovisor)

i   el parabrisas
j   el limpiaparabrisas
k   el freno de mano
l   la palanca de cambios

Actividad 7

a Ayudo a Sara a poner las frases y los dibujos en el orden correcto.

a Meter la segunda marcha.
b Apretar el embrague.
c Poner la llave de contacto en el motor de arranque.
d Apretar el acelerador.
e Apretar el embrague.
f Meter la primera marcha.
g Apretar el acelerador.
h Mirar el espejo retrovisor.
i Arrancar.

b Escucha las instrucciones del profesor y comprueba si has puesto las frases en el orden correcto. Observa que el profesor usa la forma impersonal con **se**.

c Escribe tú las instrucciones de la misma manera.

Ejemplo:

Meter la segunda marcha. → *Se mete la segunda marcha.*

Actividad 8

a Estas cuatro personas tienen coches que necesitan reparación o revisión. Escucha las conversaciones con el mecánico e indica en los dibujos (Actividad 6) la parte del coche que necesita atención.

b Escucha otra vez y escribe una frase sobre el problema.

Ejemplos:

El coche está estropeado.
Hay que cambiar el aceite.

¡Atención!

estropear(se)	=	*to break down*
tener una avería	=	*to have a breakdown*
arrancar	=	*to start (car)*
tener un pinchazo	=	*to have a puncture*

Actividad 9

Estudiante A

a Estás de vacaciones. Tu coche tiene unos problemas. Decide qué problemas son.

Ejemplos:

No funciona el faro de la derecha.
No arranca el coche.
Está estropeado el/la . . .
Pierde aceite.

Explica al mecánico (Estudiante B) tus problemas. El mecánico te pregunta sobre los problemas. Necesitas el coche pronto. Pregunta: ¿Cuándo estará listo?

Estudiante B

a Eres mecánico/a. Estudiante A está de vacaciones y tiene problemas con su coche. Pide información. ¿Qué le pasa al coche? Decide lo que hay que hacer.

Ejemplos:

Si se puede solucionar.
Si hay dificultades. (No tienes la pieza necesaria, tu ayudante está enfermo, necesita mucho trabajo, etc.)

b Cambiad. Ahora Estudiante B está de vacaciones y Estudiante A es el/la mecánico/a.

Actividad 10

Escribe una postal a tu amigo/a explicando lo que ha pasado con tu coche en tus vacaciones (Actividad 9). Empieza:

Actividad 11

Quiero alquilar un coche.

Escucha y contesta **sí** o **no.**

1 Quiere alquilar el coche durante diez días.
2 Lo quiere hoy.
3 El precio incluye el seguro completo.
4 El precio incluye gasolina.
5 Tiene que recoger el coche el próximo día a las ocho.

Actividad 12

Estudiante A

a Quieres alquilar un coche. Decide para cuánto tiempo, qué tipo de coche, cuándo lo necesitas, etc. Pide lo que quieres a Estudiante B.

Estudiante B

a Tú eres el/la empleado/a. No tienes el coche que elige Estudiante A en primer lugar. Tiene que elegir otro.

b Cambiad.

	2 días	3 días	4 días
Toyota Aigo 2 puertas, aire acondicionado	62€	92€	116€
Seat Ibiza 4 puertas, aire acondicionado	66€	94€	120€
Toyota Corolla 5 puertas, aire acondicionado	79€	104€	133€
Peugeot 307 4 puertas, aire acondicionado	83€	121€	154€

C | ¡Qué día he tenido!

Gramática

El pretérito perfecto

Afirmativo
haber + participio pasado

He / Has / Ha /   dejado el carnet en
Hemos / Habéis /   el hotel.
Han   parado un momento.

Irr. verb - to have.   visto la señal.

Negativo
No ha visto la señal.

Mira la sección de Gramática en la página 239
para formas irregulares del participio.

  Actividad 13 *Track 37*

Juan ha tenido un día malo.

a   Escucha la conversación entre Juan y su amiga
Ana. Juan ha llegado tarde a su trabajo. ¿Por
qué?

b   Con un(a) compañero/a, haz una lista de las
causas por las que se llega tarde.

Ejemplos: *perder el autobús, levantarse tarde*

c   Escucha la conversación otra vez. Señala y
añade a tu lista las causas que menciona Juan.

  Actividad 14 *Track 37*

a   Lee la conversación entre Juan y Ana y escribe
los verbos en los espacios en blanco.

A   ¿Qué te ha pasado? ¡Es muy tarde!
J   Ya lo sé. Lo siento. I _____ (tener)
un día terrible. Todo me ha salido mal. No
es mi día.

A   Pero bueno, ¿qué te ha pasado?
J   Primero **2** _____ (llegar) tarde a
trabajar. Me **3** _____ (despertar) tarde
porque no **4** _____ (oír) el despertador.
5 _____ (salir) con un cuarto de hora
de tiempo y, como el coche está estropeado,
6 _____ (ir) a tomar el tren, que, por
supuesto no **7** _____ (llegar) porque
8 _____ (haber) un accidente y han
interrumpido el servicio. Entonces
9 _____ (decidir) tomar un taxi. Bueno,
pues el taxi se **10** _____ (estropear) a
mitad de camino y **11** _____ (tener) que
andar hasta la oficina. ¿A que es increíble?
¡Estas cosas me pasan sólo a mí!

A   ¡Pues, vaya!
J   **12** _____ (llegar) tarde a una reunión
muy importante, sudando . . . En fin . . . un
desastre.

A   ¿Te **13** _____ (decir) algo tu jefe?
J   No me **14** _____ (decir) nada, pero creo
que no le **15** _____ (gustar). No me **16**
_____ (mirar) con muy buena cara al
verme entrar.

A   ¡Claro! Siempre llegas tarde, con alguna
excusa.

b   Escucha y comprueba.

Actividad 15
Haz preguntas y contesta.

1 levantarse / tarde

¿Por qué se ha levantado tarde?

Porque no ha oído el despertador.

2 no ir / coche

3 no llegar / tren

4 tomar / taxi

5 llegar / sudando

✓ ──── Gramática ────

Pretérito perfecto de los verbos reflexivos

despertarse **Me he despertado** pronto.

levantarse **Juan se ha levantado** tarde.

Actividad 16

a Escribe la historia de Juan en tercera persona. Comienza:

Esta mañana Juan se ha despertado tarde porque no ha oído su despertador…

b Repite la historia utilizando el pretérito indefinido.

La semana pasada Juan se despertó tarde…

Actividad 17

Estudiante A

a Estás en la puerta del teatro. Tu amigo/a está furioso/a porque has llegado tarde. Explica lo que ha pasado. (Tu coche se ha estropeado o inventa otras causas.)

Discusión: Estás apenado/a y lo sientes mucho.

Cambio de planes.

¿Ir al cine? ¿Dónde?

b Estás en la estación. Vas a ir de vacaciones con un(a) amigo/a. Hace dos horas que le esperas y él/ella no viene. El tren ha salido hace media hora … ¡Tu amigo tiene los billetes! Tu amigo/a llega.

Discusión: ¿Cambio de plan/tren …?

Estudiante B

a Estás en la puerta del teatro. Tienes dos entradas para una obra muy popular. Las compraste hace dos meses. Hace una hora que esperas a tu amigo/a. Acaba de llegar. Estás muy enfadado/a.

Discusión: ¿Por qué ha llegado tan tarde?

No tienes ganas de hacer otra cosa.

Quieres volver a casa.

b Vas a ir de vacaciones con tu amigo/a. Yendo hacia la estación te das cuenta de que has dejado los billetes en casa. Vuelves a recogerlos. Tomas un taxi para no llegar tarde pero hay mucho tráfico. Llegas demasiado tarde.

Discusión.

D | Gramática activa: Ya me voy

✓ ──── Gramática ────

aún / todavía	= still
aún no / todavía no	= not yet
ya	= already, now

A ¿Aún estás aquí? — Are you still here?

B Sí, pero ya me voy. — Yes, but I'm going now.

A ¿Has hecho los deberes? — Have you done your homework?

B Sí, ya los he hecho. — Yes, I've done it (already).

Aún no. / Todavía no. — Not yet.

drech 38

Actividad 18

a Completa las frases siguientes con **aún / aún no / todavía / todavía no / ya.**

1 A ¿Cuándo vas a cambiar el coche?
  B ⬭⬭⬭⬭⬭⬭⬭ lo he cambiado.
2 A ¿Quieres venir al cine conmigo?
  B Lo siento, ⬭⬭⬭⬭⬭⬭ he terminado mi trabajo.
3 A ¿⬭⬭⬭⬭⬭⬭ duerme la niña?
  B No, ⬭⬭⬭⬭⬭⬭ se ha levantado.
4 A ¿⬭⬭⬭⬭⬭⬭ está María en casa?
  B No, ⬭⬭⬭⬭⬭⬭ ha salido.
5 A ¿⬭⬭⬭⬭⬭⬭ has encontrado trabajo?
  B Sí, ⬭⬭⬭⬭⬭⬭ he encontrado trabajo.

b Ahora escucha los mismos diálogos y comprueba tus respuestas.

Actividad 19

Pili manda un email a su amiga Carmen. Léelo y contesta las preguntas.

1 ¿Dónde vive cada una?
2 Busca la siguiente información:
  a unos planes
  b unos problemas
  c unos favores
  d una invitación
  e un consejo
3 Busca ejemplos de **aún** y **ya.**
4 Busca una palabra que significa:
  a mucho
  b emocionados
  c estar
  d comprar
  e información

Querida Carmen:

¿Qué tal la vida en Londres? ¿Qué tal estás? Supongo que los niños ya van al colegio, ¿verdad? ¿Cómo va el trabajo? Me dicen que ahora tú trabajas también. Te escribo con buenas noticias. Ya tenemos vacaciones y tenemos la intención de visitaros durante parte del mes de septiembre. ¿Qué te parece? ¡Hace tanto tiempo que no nos vemos! Estamos muy ilusionados. Aún no hemos comprado los billetes. ¿Qué fecha os va mejor, el 15 o el 22 de septiembre?

Ahora te voy a pedir un favor. Tomás no gana mucho dinero y yo tampoco, así que, ¿podemos quedarnos en tu casa unos días? Si no, ¿puedes buscarnos una pensión buena y barata?

Como sabes, nos gusta mucho el teatro y queremos ir a algunos musicales populares. No sé lo que es más interesante. ¿Podrías conseguir unas entradas para dos o tres de los mejores espectáculos? Para vosotros también; podemos ir todos juntos. Queremos ir a museos, galerías de arte, y de compras, claro.

Nunca he ido a Londres y me hace mucha ilusión. Ya he empezado a hacer las maletas pero aún no he decidido si llevar ropa de abrigo o no. ¿Necesitamos impermeables o paraguas? Dicen que llueve mucho, ¿es cierto? ¿Hace frío en septiembre? Aquí en Barcelona aún hace calor en septiembre.

Escribe pronto con más detalles. Aún hay tiempo.
Un abrazo
Tu amiga,
Pili

 ¡Atención!

ropa de abrigo	=	winter clothing
el impermeable	=	raincoat
el paraguas	=	umbrella

En casa o en clase

  Actividad 20

Tú eres Carmen. Tu vida ha cambiado mucho. Con los niños y el trabajo no tienes tiempo, ¡tampoco dinero!

Escribe un email a Pili. Menciona el trabajo, la falta de espacio en casa, los niños, las distancias, los gastos, las diferencias en el tipo de vida. No puedes / No quieres ayudar. Escribe dándole excusas. Pide disculpas. Comienza:

> Querida Pili:
>
> He recibido tu carta con alegría. Hace mucho que no nos escribimos. Estamos muy bien, pero trabajamos mucho. Los niños van al colegio muy contentos. En cuanto a vuestra visita a Londres, nos gustaría mucho veros, pero me temo que habrá muchas dificultades. En primer lugar . . .

Inventa más problemas: *decorar la casa, visitar a tu madre*

Incluye frases con **aún, ya, todavía, aún no . . .**

¡Atención!

en primer lugar	=	*firstly*
luego	=	*then, next*
también	=	*as well, also*

 Actividad 21

Lee el texto sobre los coches del futuro e indica a qué coche se refiere cada frase.

1 En este coche casi se puede vivir.
2 En este coche la visibilidad es fantástica.
3 En este coche puedes cambiar la manera de conducir.
4 Este coche es como una motocicleta modificada.
5 Este coche es ideal para viajes turísticos.
6 No es aconsejable ir muy lejos en este coche.

EN RUTA HACIA EL FUTURO

En el 2020 iremos en coches que ellos, los nuevos diseñadores con talento, no han diseñado aún. Sus ideas sin embargo, ya están tomando forma y flirtean con los cazatalentos de la industria del automóvil.

A Furgoneta «Techno-Hippy»
SEAT CAMP
Carlos Cromeyer
El Salvador, 1975

«El concepto de partida fue conseguir el tipo de vehículo que yo necesitaría para hacer un viaje de una semana por Europa», explica su creador. Eso explica un sistema de asientos abatibles que dejan el interior libre para pasar el tiempo cómodamente, «como una tienda de campaña.» Está pensado para seis plazas y utiliza una plataforma propulsora de hidrógeno.

B Moto urbana triplaza
RENAULT SCOO
Arnau Blanc
Barcelona, 1979

Planteado como una moto familiar 2 + 1 para pequeños trayectos o por ciudad, este «scooter» ha nacido para tentar a jóvenes de 30 años «para salir con su pareja y su hijo a la playa, o ir los tres a la escuela y al trabajo sin necesidad de coger el coche,» precisa Blanc. Es, sin embargo, un obstáculo a su posible homologación, aunque también los tuvo BMW cuando presentó su C1, con capota. El conductor no tiene una posición de relajación, puede desplazarse ligeramente y adoptar distintas posturas. En cuanto a la mecánica, su diseñador destaca que «todo el motor – de dos tiempos y 500cc – va dentro del carenado y la transmisión es por correa.»

El asiento de la Renault Scoo ocupa toda la parte superior, dejando espacio para tres pasajeros.

C Familiar deportivo
SEAT DEL SOL
Ángel Álvarez
Badalona (Barcelona), 1969

«Mezclar deportividad y capacidad, acercar un coche deportivo a una familia pequeña-mediana» ha sido la prioridad de su creador. De ahí una carrocería «tan italiana» – comenta – y un interior luminoso con ventanas grandes y techo transparente, y amplio, en el que el volante «puede estar en cualquier sitio: en un lado para ir por ciudad, o en el centro, para una conducción radical,» explica Álvarez. Las cuatro puertas se abren a cada lado en sentido contrario, dejando un gran espacio de 2,5 m.

Vocabulario para la próxima lección

De excursión y de camping

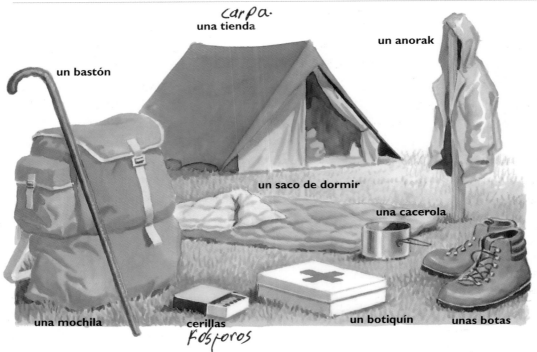

carpa.
una tienda

un anorak

un bastón

un saco de dormir

una cacerola

una mochila

cerillas
fósforos

un botiquín

unas botas

Autoevaluación

Ya sabes . . .

A decir lo que se puede o lo que se prohíbe hacer.

B hablar de las partes del coche.
hablar de poner en marcha un coche.
hablar de coches en el taller de reparaciones.
alquilar un coche.

C hablar de lo que ha pasado (hoy, esta semana, este mes, este año, recientemente).
hablar de lo que has hecho tú y lo que han hecho los demás.
usar el pretérito perfecto en contraste con el pretérito indefinido.

D usar **ya, aún (no), todavía (no)**.

Gramática y ejercicios

Formas impersonales con se   *Impersonal forms with se*

Many Spanish verbs are used with se *to make them impersonal. They are conjugated in the same way as the 3rd person singular of reflexive verbs.*

Se prohíbe aparcar.   *Parking prohibited. (literally: It is prohibited to park.)*

No se permite fumar.   *Smoking not permitted. (literally: It is not permitted to smoke.)*

These examples can also be written as follows:
Está prohibido aparcar.
No está permitido fumar.

Other common examples of this structure:

se debe + infinitivo	*one should . . .*
se puede + infinitivo	*one can . . .*
Se vende	*For sale (literally: It sells itself)*
Se alquila	*For rent / To let*
Se ruega (silencio).	*(Silence), please.*
Se habla (inglés).	*(English) spoken.*

Other expressions with está:

Está estropeado.	*It's broken (down) / spoilt.*
Está arreglado.	*It's repaired / fixed.*

Pretérito perfecto   Present perfect

haber

he
has
ha   +   participio pasado
hemos
habéis
han

participios regulares

lleg**ar**	lleg**ado**
perd**er**	perd**ido**
sal**ir**	sal**ido**

participios irregulares

escribir	escrito
hacer	hecho
poner	puesto
ver	visto
volver	vuelto

ya / aún / todavía

¿Cuándo vas a hacer el trabajo?

Ya lo he hecho.

Aún no lo he hecho.

Todavía no lo he hecho.

Aún / Todavía tengo mucho tiempo para hacerlo.

Note that these adverbs can appear after the verb or at the end of the sentence:

¿Has terminado ya el trabajo?	¿Has terminado el trabajo ya?
No, no he terminado aún el trabajo.	No, no he terminado el trabajo aún / todavía.

Ejercicios

A   *Escribe preguntas y respuestas.*

1 ¿comer?   Sí.
   ¿Se puede comer aquí?
   Sí, aquí se puede comer, está permitido.

2 ¿comer?   No.
   ¿Se puede comer aquí?
   No, aquí no se puede comer, está prohibido.

3 ¿fumar?   No.

4 ¿nadar?   Sí.

5 ¿hacer fotos?   No.

6 ¿entrar?   Sí.

7 ¿tener animales?   No.

B   *Pon los verbos que van entre paréntesis en el pretérito perfecto.*

1 Juan, ¿qué (cenar) ⬭ esta noche?
   (Cenar) ⬭ pescado con ensalada.

2 ¿A qué hora (salir) ⬭ esta mañana vosotros?
   Nosotros (salir) ⬭ a las ocho.

3 ¿(Comprar) ⬭ fruta y verdura tus padres?
   Sí, (comprar) ⬭ mucha fruta.

4 ¿Cuándo (llegar) ⬭ tu hermano?
   (Llegar) ⬭ esta mañana.

5 Y tú, ¿(estudiar) ⬭ ya la lección de español?
   Sí, la (estudiar) ⬭ esta mañana.

C   *Completa las frases añadiendo* **ya** *o* **aún**.

1 ¿ ⬭ has llamado a María?
   Sí, ⬭ he llamado a María.

2 ¿ ⬭ habéis comido?
   No, no hemos comido ⬭.

3 ¿ ⬭ has comprado el regalo para tu hermano?
   No, ⬭ no lo he comprado.

4 ¿ ⬭ has fregado los platos?
   Sí, ⬭ he fregado los platos.

Vocabulario

A

No se puede aparcar	**No parking**
arreglar	*to repair*
atascarse	*to get stuck*
caballero	*gentleman*
confeccionar	*to make, to manufacture*
guardar (silencio)	*to keep (silent)*
pegar	*to stick (with adhesive)*
pisar	*to step (on)*
pulsera	*bracelet*
recompensar	*to pay back, to recompense*

B

El coche	**The car**
a todo riesgo	*fully comprehensive (insurance)*
acelerador (m)	*accelerator*
embrague (m)	*clutch*
espejo retrovisor	*rearview mirror (in a car)*
faro	*headlight*
freno	*brake*
freno de mano	*handbrake*
intermitente (m)	*indicator*
limpiaparabrisas (m)	*windscreen wiper(s)*
motor de arranque (m)	*ignition, starter motor*
palanca de cambios	*gear stick*
parabrisas (m)	*windscreen*
recoger	*to collect*
seguro	*insurance*
volante (m)	*steering wheel*

C

¡Qué día he tenido!	**What a day I've had!**
perder	*to miss (a bus, train, etc.)*
despertador (m)	*alarm clock*
por supuesto	*of course*
Todo me ha salido mal.	*Everything has gone wrong.*

¡Pues vaya!	*Oh dear! / That's terrible!*
reunión (f)	*meeting*
sudar	*to sweat*
lo siento	*I'm sorry*
perdona	*I'm sorry*

D

Ya me voy	**I'm already going**
aún	*still*
aún no	*not yet*
ya	*already, now; OK*
hacer ilusión	*to look forward to (something)*
Me hace ilusión.	*I'm looking forward to it.*
todavía	*still*
todavía no	*not yet*

E

En casa o en clase	**At home or in class**
(asiento) abatible	*reclining, folding (seat)*
capota	*convertible top, canopy*
carenado	*fairing (on a motorbike)*
carrocería	*bodywork*
cazatalentos (m/f)	*talent scout*
conseguir	*to achieve*
correa	*belt*
creador(a) (m/f)	*creator*
desplazarse	*to move about*
destacar	*to point out*
flirtear	*to flirt*
homologación (f)	*endorsement, sanctioning*
mecánica	*mechanics*
partida	*starting point*
sentido	*direction, position*
sin embargo	*nevertheless*
tentar	*to tempt*
tienda de campaña	*tent (camping)*
trayecto	*journey*

5 Ahora y antes

Temas	Lengua
A Nuestra vida ahora y antes	El pretérito imperfecto
B Hablar de nuestra infancia	Contraste entre el presente y el imperfecto
C La vida y rutina diarias en el pasado	Contraste entre el imperfecto y el pretérito indefinido
D De camping y de excursión	Preposición *para*

Prepárate

a Escribe unas frases sobre tu vida actual.

¿Dónde vives?   ¿Con quién vives?   ¿Dónde trabajas?   ¿Qué haces todos los días?
¿Qué haces en tu tiempo libre?

b Habla con tus compañeros/as del tema.

c ¿En qué es diferente tu vida ahora y antes? Piensa algunas diferencias.

Ejemplo:

Ahora vivo en la ciudad, antes vivía en un pueblo.

A | ¿Qué hacías antes?

  Actividad 1

Rosa María habla de su vida: ahora en Londres y antes en Barcelona.

a Antes de escuchar, lee la lista de abajo.

b Escucha la grabación e indica ahora o antes en la lista.

	ahora	antes
vivir / el campo		
vivir / la ciudad		
trabajar / las mañanas		
salir / compras		
comer / restaurantes		
comer / sandwich		
tener / hijos/as		
nadar / piscina		
pasear / campo		
ir / tren		
ir / metro		

c Escribe frases completas.

Ejemplos: *Antes vivía en el campo.*
Ahora vive en la ciudad.

 Gramática

To express what we 'used to do' in the past, we use the imperfect tense in Spanish (el pretérito imperfecto). For forms, see page 241.

We use the imperfect tense . . .

- *when we talk about repeated or habitual actions without saying the number of times:*
  Todos los días **comía** en restaurantes.
- *when we describe an action in the past without specifying the time and without saying when it happened:*
  Antes **vivía** en Barcelona.

¡Atención!

Expresiones y adverbios de tiempo que se usan con el imperfecto

a veces	=	*sometimes*
de vez en cuando	=	*sometimes*
muchas veces	=	*often*
a menudo	=	*often*
diariamente	=	*daily / every day*
siempre	=	*always*
generalmente	=	*generally*
normalmente	=	*normally*
A veces comía en el restaurante universitario.*	=	*I sometimes used to eat in the university restaurant.*
Iba al cine **a menudo**.*	=	*I often used to go to the cinema.*

* Note that these expressions can appear at the beginning or at the end of the sentence.

   ## Actividad 2

track 41

a Lee las frases y rellena el espacio con el verbo correcto en la forma correcta.

1 Cuando yo _____ en Barcelona siempre _____ en restaurantes, pero ahora _____ en Londres y _____ un sandwich en la oficina.

2 Antes Pedro _____ vino cada día, pero ahora sólo _____ zumo y agua.

3 Antes nosotros _____ a la playa de vacaciones cada año, pero ahora _____ a la montaña generalmente.

4 Antes los señores Nogueras _____ generalmente en tren, pero ahora _____ en coche.

5 En la época de exámenes vosotros _____ mucho cada noche, pero ahora _____ la televisión.

6 En Barcelona (yo) _____ un piso muy pequeño, pero ahora _____ una casa grande.

b Ahora escucha las frases completas y comprueba.

 ## Actividad 3

track 42

a Lee lo que dice Rosa María y completa los espacios en blanco con los verbos del cuadro en imperfecto.

comer	estar	estar	estar	haber	hacer	ir
ir	nadar	pasar	pasar	pasear	salir	salir
ser	ser	ser	ser	tener	tener	trabajar
trabajar	vivir	vivir				

Ahora vivo en Londres. Antes **1** _____ en Barcelona y mi vida **2** _____ muy diferente. **3** _____ también como profesora, pero **4** _____ sólo por las mañanas y por la tarde **5** _____ de compras o **6** _____ al centro. **7** _____ en restaurantes con mis amigas, ya que entonces **8** _____ aún bastante barato, y lo **9** _____ bastante bien. Aquí como un sandwich en la oficina y muchas veces ni siquiera paro de trabajar. Como he dicho, lo **10** _____ bastante bien y **11** _____ mucho, pero claro, entonces no **12** _____ hijas y, aunque **13** _____ ya casada, no **14** _____ las responsabilidades que tengo ahora. Ahora tengo dos hijas, una casa donde hay mucho trabajo … y también un trabajo que me gusta, pero que me ocupa muchas horas. Cuando **15** _____ en Barcelona **16** _____ en el campo, a unos catorce kilómetros, en un lugar precioso. En la casa **17** _____ un gran jardín con piscina y cuando **18** _____ buen tiempo, que **19** _____ más a menudo que aquí, **20** _____, antes o después de ir a trabajar, o **21** _____ por el campo todos los días. Entonces **22** _____ en tren a Barcelona a trabajar; **23** _____ un viaje muy bonito, a través de los valles de pinos, y en media hora **24** _____ en el centro de la ciudad. Ahora vivo en Londres, pero como las distancias son tan grandes tardo más en llegar al trabajo y tengo que ir en metro, que lo odio, o en coche, y en las horas punta es horrible, con tanta gente y tanto tráfico.

b Ahora escucha a Rosa María otra vez y comprueba.

Actividad 4

Instituto de Fotografía Profesional

 «El curso IFP de fotografía ha cambiado mi vida. Antes trabajaba en una oficina de viajes. Ahora viajo yo, con mi cámara. Soy un gran profesional, gracias a IFP.»

Alfonso Paz, fotógrafo

Pon las frases que faltan en la forma correcta del pretérito imperfecto.

Ahora	Antes
1 Soy un gran fotógrafo.	1 *Trabajaba en una agencia de viajes.*
2 Conozco a mucha gente.	2 *No conocía a nadie.*
3 Tengo mucho más dinero.	3
4 Viajo mucho a sitios muy interesantes.	4
5 Trabajo cuando quiero.	5
6 Vivo en mi propio apartamento en Madrid.	6
7 No me aburro nunca.	7

 ## Actividad 5
Cambios en tu vida

Escribe sobre ti. ¿Cómo es tu vida ahora y cómo era antes? ¿Qué es diferente ahora de antes?

Actividad 6
Cuenta a un(a) compañero/a lo que has escrito en Actividad 5.

B | Cuando era pequeño/a

 ## Actividad 7
María Jesús, Javier y la señora Rosa Yuste hablan de su infancia
Escucha y contesta las preguntas.

1 María Jesús y Rosa vivían en España. ¿Dónde vivía Javier?
2 ¿A qué jugaba cada uno? Elige los dibujos.
3 ¿Qué otra información dan sobre sus juegos infantiles?
4 ¿Quién no iba de vacaciones?

5 ¿Qué hacían los otros dos en las vacaciones?
6 Una persona habla de los fines de semana. ¿Qué hacía?
7 ¿Quién no habla del colegio?

> ## ¡Atención!
>
> | | | |
> |---|---|---|
> | cuando era pequeño/a | = | *when I was little / a child* |
> | de chico/a | = | *when I was little / a child (Mexico)* |
> | ¿A qué jugabas? | = | *What did you play (at)?* |
> | jugar con / a muñecas | = | *to play with dolls* |
> | No me acuerdo mucho. | = | *I don't remember much.* |

   ## Actividad 8

a   Completa las frases siguientes con los verbos del cuadro.

> buceaba   era   era   estaba   estaba   gustaba   hacía   hacíamos   iba   íbamos   íbamos
> íbamos   jugaba   jugaba   jugaba   salía   salíamos   salíamos   tenía   vivía   vivía   jugábamos

María Jesús

I ⬭ siempre con coches y camiones. **2** ⬭ aquí, en Belchite. **3** ⬭ al colegio y cuando **4** ⬭ del colegio, **5** ⬭ con mis amigos. En vacaciones de verano **6** ⬭ con mis padres a la playa.

Javier

7 ⬭ en México. Yo siempre **8** ⬭ en los árboles. Me **9** ⬭ el peligro. Los fines de semana **10** ⬭ al campo. En las vacaciones largas **11** ⬭ a la playa. **12** ⬭ en la arena, **13** ⬭ castillos, **14** ⬭ en el mar.

Rosa Yuste

Mi padre **15** ⬭ jefe de estación, entonces **16** ⬭ de pueblo en pueblo. Como **17** ⬭ la mayor y mi madre **18** ⬭ un poco enferma, **19** ⬭ que cuidar mucho de mis hermanos. **20** ⬭ a muñecas que nos **21** ⬭ de trapo. En las vacaciones pues no **22** ⬭ de Zaragoza.

b   Escucha y comprueba.

 ## Actividad 9

Habla de tu infancia con un(a) compañero/a.
Habla de lo que hacías cada día; a qué jugabas; lo que hacías durante las vacaciones.

C | ¿Qué hacíais?

Actividad 10

Maribel y Fernando fueron de viaje al Himalaya.

a   Lee lo que hacían cada día.

Nosotros íbamos más ligeros llevando una mochila cada uno con las cosas que podíamos necesitar durante la marcha: ropa de abrigo, botiquín, algo de comida, cámaras de fotos y de cine, dinero y documentos no robables, altímetros, gafas, mapas, libros, linternas, gorro de sol, cartas para jugar en los ratos libres y otras pequeñas cosas.

Cada día nos levantábamos al amanecer. Llevábamos el horario del sol y había que aprovechar el corto día invernal.

Preparábamos un fuerte desayuno y comenzábamos a recoger el campamento. Esta tarea de montar y desmontar el campamento cada día era una de las cosas más pesadas. Aunque ya teníamos práctica, llevaba tiempo organizar todas las cosas en su respectivo bidón o saco.

Caminábamos una media de cuatro horas por la mañana y, siempre que era posible, parábamos a comer un par de horas al mediodía. Ése era el mejor método, porque así descansábamos y a la tarde podíamos andar otras tres o cuatro horas más, aunque no siempre lo pudimos hacer así.

Antes del anochecer teníamos que buscar lugar para acampar. Debía de tener agua y ser relativamente plano, lo que a veces era muy difícil de encontrar.

Tshering se encargaba de organizar la cocina, buscaba leña (a veces la comprábamos en las casas), preparaba el fuego y se ponía a hacer el arroz.

b Une las palabras (1–10) con las definiciones correctas (a–j).

1	amanecer	a	una lata grande
2	anochecer	b	poner
3	aprovechar	c	llano
4	recoger	d	ponerse el sol
5	tarea	e	quitar
6	montar	f	el camino
7	un bidón	g	para encender el fuego
8	plano	h	salir el sol
9	la leña	i	trabajo
10	la marcha	j	utilizar

c Contesta las preguntas.

1 ¿Qué hacían por la mañana?
2   a mediodía?
3   por la tarde?
4   por la noche?
5 ¿Cuándo se levantaban y por qué?
6 ¿Cómo era el desayuno?
7 ¿Qué era lo más pesado?
8 ¿Cuántas horas andaban cada día en general?
9 ¿Qué hacían antes del anochecer?
10 ¿Cómo era el lugar ideal para acampar?
11 ¿Qué hacía Tshering? ¿Cuál era su trabajo?

d Señala los verbos que están en el imperfecto y di cuál es su infinitivo.

Actividad 11

Escribe la historia en la tercera persona plural. Empieza:

Maribel y Fernando cada día se levantaban al amanecer ...

Actividad 12

Un día . . .

Escucha a Maribel y Fernando hablando de lo que ocurrió un día de su aventura.
Algunas cosas son las mismas de cada día.
Algunas cosas son diferentes.
¿Cuáles son las diferencias?
¿Qué diferencias encuentras en los verbos?
Compara las formas de los verbos con las de Actividad 10.

Actividad 13

Lee el email que escribió Pepito sobre sus vacaciones a su amiga, Ana. Rellena los espacios con la forma correcta de los verbos del cuadro.

> alquilar   bañar   cansar   hablar (×2)   ir (×6)   pasar   salir (×2)   tomar   ver
> volver

Querida Ana:

El pasado mes de julio **1** ⬭ de vacaciones con mis amigos y **2** ⬭ un apartamento en la playa. Todas las mañanas **3** ⬭ de casa temprano para coger un buen sitio cerca del mar y nos **4** ⬭ con el agua helada. A eso de las dos, nos **5** ⬭ a comer una paella al bar de la esquina. Después de comer, **6** ⬭ nuestro café en la terraza del bar y **7** ⬭ de todo el mundo. **8** ⬭ de nuestros vecinos y de todos los que **9** ⬭ y cuando nos **10** ⬭, **11** ⬭ a dormir la siesta.

Una tarde, en vez de dormir, **12** ⬭ al cine y **13** ⬭ una película muy mala. Por las noches **14** ⬭ de paseo después de cenar y **15** ⬭ bastante tarde a casa. Dos o tres noches **16** ⬭ a bailar a una discoteca cerca del puerto. A finales de julio **17** ⬭ a casa muy morenos y con ganas de regresar el año próximo.

Pepito

 ## Actividad 14

Ahora escucha lo que dice Pepito sobre sus vacaciones. Hay algunas diferencias con el email, ¿cuáles son?

  ## Actividad 15

Habla con tus compañeros/as y / o escribe:
¿Qué hacías todos los días durante las vacaciones?
¿Qué hiciste un día especial / diferente?

D | Gramática activa: preposición *para:* De camping

 ## Actividad 16

a Mira los dibujos y busca la palabra adecuada de la lista.

1
2
3
4
5
6
7
8
9

una tienda
una mochila
unas botas
un anorak
un saco de dormir
cerillas
comida
una cacerola
un mapa

b ¿Necesitas más cosas para ir de camping o de excursión? Busca las palabras en el diccionario. Trabaja con tu compañero/a.

 ## Actividad 17

a Estudia la frase «…cartas para jugar en los ratos libres» (línea 7 del texto, Actividad 10).

A **¿Para qué llevan cartas?**
B **Para jugar en los ratos libres.**

b Une las frases (a–h) con las preguntas (1–8).

1	¿Para qué llevan ropa de lana?	a	Para llevar las cosas cómodamente.
2	¿Para qué llevan un botiquín?	b	Para hacer fuego para cocinar.
3	¿Para qué llevan un bastón?	c	Para caminar.
4	¿Para qué llevan una mochila?	d	Para saber adónde van.
5	¿Para qué llevan botas fuertes?	e	Para protegerse del frío.
6	¿Para qué llevan cerillas?	f	Para cocinar.
7	¿Para qué llevan un mapa?	g	Para curar las heridas.
8	¿Para qué llevan una cacerola?	h	Para caminar por las montañas.

Actividad 18

a Mira los objetos de Actividad 16. Tienes que dejar cuatro cosas, porque llevas demasiadas.
- ¿Qué cosas son?
- ¿Por qué las dejas?

b Compara con un(a) compañero/a. Antes de salir, debéis poneros de acuerdo en dejar (sólo) cuatro cosas.

En casa o en clase

  Actividad 19

a   Lee la información para el turista y da uno o dos datos, en español, sobre lo siguiente.

1 Situación
2 Población
3 Idioma
4 Horario
5 Documentos
6 Clima
7 Época del año
8 Equipo
9 Comida

SURESTE BOLIVIANO

DATOS GENERALES

- El Salar de Uyuni, el mayor desierto de sal del mundo, y las lagunas del sureste están situados dentro del departamento de Potosí (Bolivia), comprendidos en la región del Altiplano, con una altitud de 3.500 a 4.000 metros.
- Superficie: entre ambas zonas unos 59.000 kms cuadrados.
- Población: aproximadamente 411.500 habitantes, es decir, unos 6,9 por km cuadrado.
- Idioma: las lenguas oficiales son el español, el quechua y el aimasá.
- Horario: cuando en España son las doce del mediodía, allí son las ocho de la mañana.
- Formalidades de entrada: no es necesario visado. Las autoridades bolivianas conceden a los turistas noventa días de estancia.
- Clima: frío y seco, con una temperatura media anual de 10°C, y una pluviosidad de 383 milímetros anuales. Los meses más lluviosos son diciembre, enero, y febrero.

QUÉ ÉPOCA ELEGIR

Cualquier época es buena, ya que la temperatura no varía prácticamente durante todo el año. Sin embargo, las lluvias que caen durante el invierno dan un aspecto muy peculiar al salar que se convierte en un gigantesco espejo.

CÓMO EQUIPARSE

- Además de lo normal en todos los viajes, conviene llevar botas de trekking fuertes y ropa de abrigo para las noches y amaneceres. Es recomendable la chaqueta goretex con forro polar. Las gafas de sol son imprescindibles, así como los protectores solares para la piel.
- Un buen saco de dormir evitará utilizar los de la agencia de viajes, probablemente en dudoso estado.
- También es muy recomendable contar con toallas normales y otras de papel húmedo, pues no siempre hay baños disponibles. Por último, viene bien tener a mano un bañador.

DÓNDE Y QUÉ COMER

- En la ciudad y en Pulacayo hay varios restaurantes donde se pueden tomar platos típicos de la región, aunque la mayoría ofrecen menús al gusto de los turistas, con comidas sencillas pero eficaces a base de ensaladas, carne, pasta y huevos.
- Durante los desplazamientos con las agencias de viajes, las comidas están a cargo de la cocinera de la agencia. Para el desayuno se suele tomar café o mate de coca, fruta, huevos y pan con mantequilla y mermelada. Al mediodía, bocadillos variados en pleno campo, con algún refresco, y por la noche, cena caliente con sopa y algún guiso de carne. El menú se repite, prácticamente cada día que dura el viaje.

---

b   Fuiste de vacaciones al sureste boliviano. Escribe un email a tu amigo/a. Incluye la siguiente información:

cuándo fuiste / qué equipo llevaste / dónde comías / qué comías / lo que hacías cada día / lo que hiciste un día en especial

Vocabulario para
la próxima lección

Nuestro carácter y nuestros cambios de
humor (changes of mood)

¿Cuáles de estos adjetivos describen . . .

- el carácter?
- los estados de ánimo (cambios de humor)?
- ambos?

deprimido/a   enfadado/a   alegre   tímido/a
insoportable   amable   simpático/a   pesimista
contento/a   nervioso/a   tranquilo/a
perezoso/a   optimista   antipático/a

——————Autoevaluación——————

Ya sabes . . .

A   hablar de lo que hacías antes y ahora, y lo
que hacían otros.
usar el pretérito imperfecto (antes) en
contraste con ahora.

B   describir cómo era tu vida y la de los
demás antes comparada con ahora.

C   hablar de lo que hacías regularmente
(todos los días, a menudo) en contraste
con lo que hiciste una vez o un número
determinado de veces.
usar vocabulario relacionado con el
camping y las excursiones.

D   decir para qué se usa o sirve algo y expresar
finalidad (¿*Para qué* . . .? *Para* . . .)

Gramática y
ejercicios

El pretérito imperfecto   *The imperfect*
Ahora **vive** en la ciudad. (presente)
Antes **vivía** en el campo. (imperfecto)

Forma
Verbos −*ar*
trabaj**ar**:   trabaj**aba** / trabaj**abas** / trabaj**aba** /
trabajábamos / trabaj**abais** /
trabaj**aban**

Verbos −*er*, −*ir*
com**er**:   com**ía** / com**ías** / com**ía** / com**íamos** /
com**íais** / com**ían**
viv**ir**:   viv**ía** / viv**ías** / viv**ía** / viv**íamos** / viv**íais** /
viv**ían**

Verbos irregulares
ser: era / eras / era / éramos / erais / eran
ir: iba / ibas / iba / íbamos / ibais / iban

Contraste con el pretérito indefinido
Cada día **nos levantábamos** temprano.
(imperfecto)
Un día **nos levantamos** tarde. (indefinido)

Preposición: *para*   **Preposition: para**
Indica finalidad (*object, purpose, intention*)
¿Para qué llevan ropa de lana?
Para protegerse del frío.

Ejercicios

A   *Escribe los verbos en el tiempo correspondiente*
(pretérito imperfecto o presente).

1   Antes mis hermanos ⬚ (comer)
todos los días en este restaurante, pero ahora
⬚ (comer) en otro diferente.

2   Antes yo siempre ⬚ (ir) en autobús,
pero ahora ⬚ (ir) en tren.

3   Antes María ⬚ (tomar) mucho café,
pero ahora casi no ⬚ (tomar) nada.

4   Antes nosotros ⬚ (ver) mucho la
televisión, pero ahora ⬚ (preferir) ir
al cine.

5   Antes yo ⬚ (leer) el periódico todos
los dias, pero ahora lo ⬚ (leer) sólo
los domingos.

B   *Escribe los verbos en el tiempo correspondiente*
(pretérito imperfecto o pretérito indefinido).

1   Todos los veranos mi familia y yo ⬚
(ir) de vacaciones a la montaña. Pero el verano
pasado ⬚ (ir) a la playa.

2   Mi hermana y yo ⬚ (nadar) y
⬚ (tomar) el sol todos los días, pero
un día ⬚ (hacer) un cursillo de

windsurf y otro día ⬭ (alquilar) un patín y ⬭ (montar) en una lancha.

3 Mis hermanos ⬭ (salir) todas las noches, ⬭ (ir) a la discoteca y ⬭ (volver) a casa muy tarde. Yo solamente ⬭ (salir) dos noches, una noche ⬭ (ir) al cine con mis amigos y ⬭ (ver) una película muy mala, otra noche mis hermanos y yo ⬭ (ir) al restaurante y ⬭ (cenar) muy bien.

4 Los sábados Juan ⬭ (venir) a mi casa a cenar, pero el sábado pasado no ⬭ (venir).

5 Por las tardes María ⬭ (salir) de paseo con sus hijos, pero el mes pasado ⬭ (estar) sola y no ⬭ (salir) a pasear.

C *Escribe las preguntas y las respuestas.*

1 (tú) estudiar / aprobar los exámenes
   ¿Para qué estudias?
   Para aprobar los exámenes.
2 (tú) querer – bolígrafo / dejar un mensaje
3 (ellos) ir a la playa / descansar
4 (vosotros) necesitar – mochila / ir de excursión
5 (tú) comprar – bicicleta / viajar por la ciudad
6 (él) ir a Madrid / cuidar a sus padres

Vocabulario

A
¿Qué hacías antes? — **What did you use to do before?**

hora punta	the rush hour
ni siquiera	not even
pino	pine tree
precioso/a	very pretty
tardar	to take (time)

B
Cuando era pequeño/a . . . — **When I was a child . . .**

bucear	to go diving
castillos (de arena) (mpl)	(sand)castles
cuidar	to look after
jefe de estación (m)	station master
muñeca (de trapo)	a (rag) doll
niñez (f)	childhood

C
¿Qué hacíais? — **What did you use to do?**

botiquín (m)	first-aid box
día invernal (m)	winter's day
ligero/a	light (weight)
linterna	torch
mochila	rucksack

pesado/a	annoying, hard (literally: heavy)
ropa de abrigo	protective / winter clothing

D
De camping — **Camping**

cacerola	saucepan
cerillas (fpl)	matches
saco de dormir	sleeping bag
tienda (de campaña)	tent

E
En casa o en clase — **At home or in class**

amanecer (m)	dawn
(km) cuadrado	square (kilometre)
datos (mpl)	data, information
dudoso/a	doubtful, dubious
época	time (of the year)
Es decir . . .	That's to say . . .
forro	lining
imprescindible	indispensable
lluvioso/a	rainy
piel (f)	skin
sencillo/a	simple, basic
sin embargo	however, nevertheless
visado	visa

6 ¿Cómo era?

> **Temas**
>
> A   Describir lugares, cosas y la rutina en el pasado
> B   Describir a personas en el pasado
> C   Describir cómo ha cambiado una persona
> D   Comparar un lugar ahora y antes
>
> **Lengua**
>
> El pretérito imperfecto: *era / estaba / había / hacía*
> El pretérito perfecto: *Ha cambiado mucho.*
> Contraste entre *ser* y *estar*: *es – está / era – estaba*
> Contraste entre *hay* y *había*

Prepárate

a   ¿Qué significan estas palabras?

generoso	cansado	bajo	triste	sincero
contento	sucio	rubio	envidioso	roto

b   ¿Recuerdas la diferencia entre **ser** y **estar**? Usa **es** o **está** con cada palabra.

Ejemplo: *Es generoso.*

c   Escucha y comprueba.

A| ¿Cuánto tiempo hace?

 Actividad 1

María Jesús trabajó como recepcionista en un hotel.
Escucha y contesta las preguntas.

1 ¿Cuánto tiempo hace?

2 ¿Qué hacía en su trabajo?

3 ¿Por qué prefería trabajar por la mañana?

4 ¿Cómo era el hotel?

5 ¿Qué hacía María Jesús en su tiempo libre?

6 ¿Qué tipo de vida prefiere, la del hotel o la de su pueblo?

 Gramática

El pretérito imperfecto

We use the pretérito imperfecto *to describe things in the past. These are the four most common verbs used:*

(ser) era   (estar) estaba   (haber) había   (tener) tenía

Compare:

¿Cómo **es** el hotel ahora?   ¿Cómo **era** el hotel antes?

¿Cuántas habitaciones **hay**?   ¿Cuántas habitaciones **había**?

El hotel **está** en el Pirineo.   El hotel **estaba** en el Pirineo.

El hotel **tiene** piscina.   El hotel **tenía** piscina.

Actividad 2

a   Lee el email que María Jesús escribió a su amiga sobre su trabajo y rellena los espacios en blanco.

Podía trabajar bien por la mañana o bien por la tarde. Mi trabajo **1** ⬭ en atender a los clientes, darles habitaciones, cuando les **2** ⬭ por teléfono, avisarles, etcétera. Prefería el turno de la mañana porque no soy muy madrugadora, y si **3** ⬭ por la tarde, **4** ⬭ toda la mañana durmiendo.

El hotel **5** ⬭ un hotel muy bonito de montaña, **6** ⬭ hecho de piedra y madera. El suelo era de madera también, **7** ⬭ antiguo pero **8** ⬭ sus comodidades. En el hotel donde yo **9** ⬭ , **10** ⬭ ochenta habitaciones. La mayor parte de las habitaciones **11** ⬭ dobles, dos camas, y **12** ⬭ dos o tres habitaciones individuales más pequeñas. Había restaurante y el cocinero lo **13** ⬭ muy bien. **14** ⬭ de todo: pastas, arroces, sopas, carnes . . .

El hotel **15** ⬭ en el Pirineo de Cataluña, en la zona llamada La Molina. Es una zona muy bonita; está en la confluencia entre la Cerdaña francesa y la española, una zona muy bonita.

Estuve trabajando en verano y en invierno, en invierno **16** ⬭ porque el hotel está en una estación de esquí, y en verano me **17** ⬭ de excursión a los lagos, a Francia, a otros pueblos cercanos.

---

b   Escucha otra vez la conversación de Actividad 1 y comprueba.

 Actividad 3

Escribe un email a tu amigo/a sobre María Jesús y su trabajo en el hotel. Empieza:

María Jesús trabajó de recepcionista . . .

 Actividad 4

Estudiante A: Describe a Estudiante B un hotel o apartamento donde has estado. (Puedes inventar uno si quieres.)

Estudiante B: Haz preguntas sobre el hotel o el apartamento de Estudiante A.
Ejemplos: ¿Dónde estaba? ¿Cómo era?

Cambiad.

Actividad 5

Estuviste en una casa de vacaciones. Mira los dibujos y describe (en el pasado) la casa y las habitaciones.

Ejemplo: *En el salón había un televisor.*

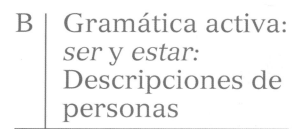

B | Gramática activa: *ser* y *estar*: Descripciones de personas

 Gramática

Recuerda:
ser / estar + adjetivo
ser = permanente
estar = cambio

Carmen normalmente **es** simpática y amable

pero $\left\{\begin{array}{l}\text{hoy}\\\text{estos días}\\\text{este mes}\\\text{esta semana}\\\text{últimamente}\end{array}\right\}$ **está** rara e insoportable (porque tiene muchos problemas con su novio).

La Señora Pérez **es** antipática e insoportable normalmente.

pero $\left\{\begin{array}{l}\text{hoy}\\\text{estos días}\\\text{este mes}\\\text{esta semana}\\\text{últimamente}\end{array}\right\}$ **está** contenta y amable (porque su hijo ha venido a verla).

Actividad 6

Completa las frases con **es** o **está**.

1 Carlos _es_ simpático pero hoy _está_ triste.
2 Carlos ⬭ enfermo.
3 Carlos ⬭ inteligente.
4 Carlos ⬭ deprimido.
5 Carlos ⬭ enfadado.
6 Carlos ⬭ alto.
7 Carlos ⬭ resfriado.
8 Carlos ⬭ tímido.

Actividad 7

a   Lee los ejemplos.

1 La actriz **es** elegante y **es** guapa.

2 María va a una fiesta. Hoy **está** muy elegante y muy guapa.

3 Ana **es** joven.

4 Isabel Preysler **es** mayor, pero **está** muy joven para su edad.

b   Completa con **es** o **está**.

1 Juan ⬭ muy tranquilo. (Nunca se enfada.)
   Pero hoy ⬭ muy nervioso (porque tiene exámenes).
2 Isabel ⬭ muy alta. (Mide 1m 80.)
   La niña ⬭ muy alta (para su edad; ha crecido mucho).
3 Pedro ⬭ muy perezoso. (Nunca estudia.)
   Mario ⬭ muy perezoso. (Hoy no ha estudiado nada.)
4 Antonio ⬭ muy raro. (Nadie le comprende.)
   Javier ⬭ muy raro estos días. (No sé qué le pasa.)
5 El coche sólo tiene un año, pero ⬭ muy viejo.
   El coche ⬭ muy viejo. (Tiene quince años.)

c   Ahora completa estas frases.

Juan es alegre …	El libro es viejo …
Juan está alegre …	El libro está viejo …
María es morena …	El cuarto es oscuro …
María está morena …	El cuarto está oscuro …
La verdura es buena …	
La verdura está buena …	

 Gramática

Note the difference:
A es elegante.   *A is elegant / smart.*
A está elegante. *A looks smart at the moment.*

ser /estar nervioso
Ana **es** nerviosa (de carácter).
María **está** nerviosa hoy porque tiene un examen.

C | ¿Cómo ha cambiado?

Actividad 8

a Escucha a María Jesús que habla de su amiga Carmen. Le ha pasado algo a Carmen y ha cambiado mucho.

1 ¿Cómo era su carácter antes?

2 ¿Cómo era su relación con María Jesús y sus amigos?

b Escucha otra vez.

1 ¿Cómo ha cambiado Carmen?

2 ¿Por qué?

3 ¿Cuál es la relación actual con sus amigos?

> **!** ——— *¡Atención!* ———
>
> (Puedes) contar con = *(You can) depend*
> ella (para algo). *on her (for something).*

Actividad 9

a Lee el texto de los anuncios y completa con los verbos **ser** o **estar**.

Calmante Nervosín: Excelente para los nervios

Julito ⬭ muy tranquilo normalmente, pero antes, en los exámenes, siempre ⬭ muy nervioso. Un día su amigo le dio Nervosín y . . . Julito ahora nunca ⬭ nervioso en los exámenes.

Unas gotas de calmante Nervosín en un vaso de agua y verá cómo se calma. Antes de un examen, antes de su boda . . . Nervosín . . . para relax total.

2

Poción Jovial *Elixir de juventud y belleza*

El señor M. usó la Poción Jovial y ahora podemos ver los resultados.
Antes su nariz ⬭ grande, ahora ⬭ pequeña.
Antes sus ojos ⬭ pequeños y ahora ⬭ grandes.
Antes su cara ⬭ llena de arrugas y ahora ⬭ lisa y suave.
Antes su pelo ⬭ graso y sucio, ahora ⬭ brillante y limpio.
Poción Jovial – ¡mejor que la cirugía!

3

Pastillas Delgatín para su gato

Minino ⬭(estab) muy gordo, comía demasiado. Un día su dueña le dio Delgatín. Y . . . ¡Oh, sorpresa! Ahora Minino ⬭(está) muy delgado y esbelto. Gatos delgados con Delgatín.

b Une cada anuncio con el dibujo correspondiente.

a    b

c

c Escucha los anuncios y comprueba.

Actividad 10

Prepara más anuncios similares con tus compañeros/as y representadlos para la clase.

Actividad 11

Mira estos dibujos del señor Marqués. Describe cómo era y estaba antes y cómo es y está ahora. Usa las siguientes palabras:

alegre	antipático	deprimido	elegante
enfermo	limpio	melancólico	nervioso
optimista	pesimista	simpático	sucio
tranquilo	triste		

a   b

Actividad 12

a Mira estos dibujos de la vida de Mario Marqués. ¿Cómo cambió su vida? ¿Por qué cambió su vida? Mira los dibujos, escribe la historia y piensa un final.

Antes

Ahora

b Escucha el reportaje radiofónico y compara con tu historia.

Actividad 13

Escribe un párrafo sobre una persona que conoces desde hace tiempo.
Describe cómo era y qué hacía antes, y cómo es y qué hace ahora.

Actividad 14

Juego: 20 preguntas

En grupo. Un(a) estudiante piensa un personaje famoso del pasado. Tiene que ser una persona famosa que ha muerto. Los demás estudiantes le hacen un máximo de 20 preguntas para adivinar quién es. Contesta **Sí** o **No**.

D | Descripciones de lugares

 Gramática

hay y **había**
Ahora **hay** muchos coches en el mundo.
Antes **había** pocos coches en el mundo.
Antes **había** campos al lado de mi casa.
Ahora **hay** una fábrica.

 ## Actividad 16

La Señora Rosa Yuste habla del lugar donde
    vive: Zaragoza.
Estudia las fotos de la ciudad.
¿Cómo era antes?
¿Cómo es ahora?

  ## Actividad 17

a Completa la conversación con los verbos del
cuadro en la forma correcta.

cuidar	estar	gustar	haber	jugar
ser	ser	tener	verse	vivir

Rosa María ¿Y cómo era Zaragoza, la ciudad,
entonces?

Rosa Yuste Zaragoza **1** ⬭ bastante
distinta. **2** ⬭ menos
coches, menos tráfico, las calles,
muchas, no **3** ⬭ salida,
donde **4** ⬭ yo, por
ejemplo, **5** ⬭ una calle
sin salida, entonces los chicos
6 ⬭ en la calle sin
ningún peligro.

Rosa María ¿Cómo ha cambiado el lugar
donde vive en Zaragoza?

Rosa Yuste El lugar donde vivo ha cambiado
bastante; desde mi terraza **7**
⬭ antes un paisaje
precioso, todo verde, una casa de
campo, unos abueletes por allí
que **8** ⬭ un huerto, y
9 ⬭ bastante bien.
Ahora no es que esté mal, pero
han construido una avenida, hay
mucho ruido, pasan muchos
coches, está muy bonito, pero me
10 ⬭ más antes.

b Escucha y comprueba.

 Actividad 18

Escucha a la guía que nos lleva a visitar la ciudad en el «bus turístico». Mira el plano de la ciudad como es ahora. Indica el itinerario y escribe lo que había antes en su lugar.

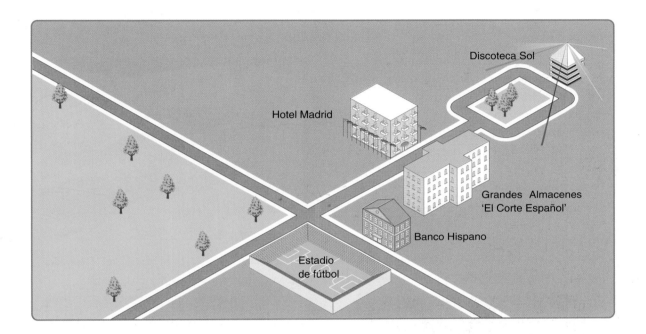

 Actividad 19

Ahora tú. Mira el dibujo de la ciudad con los edificios modernos de Actividad 18. Escribe debajo el nombre de lo que eran antes y explica los cambios a tu compañero/a.

Ejemplo: *Antes aquí había una biblioteca, ahora hay una discoteca.*

Actividad 20

a   Lee el texto.

ZARAGOZA
– LA CIUDAD DE LOS CAFÉS

Zaragoza fue siempre una ciudad muy callejera y cafetera. Hubo una época en que la llamaban la ciudad de los cafés porque tenía muchísimos establecimientos de este tipo.

El primer café se conoció en Zaragoza el año 1850. El café era un centro de reunión y de descanso. Se sentaban los clientes en confortables divanes de terciopelo rojo frente a mesas de mármol y rodeados de grandes espejos charlaban y meditaban. El café sustituía al club, a la oficina, al hogar. En él se concertaban negocios, se escribían cartas y hasta novelas, se leían periódicos, se jugaba al billar, al dominó, a las cartas …

También había conciertos en los cafés de cierta categoría. Los más famosos fueron: el Café «Suizo», donde ahora se encuentra la sucursal de un banco. En su amplio recinto existía un departamento de billares. Muy cerca, en el mismo paseo, estuvo el Café «Aragonés», donde ahora hay un cine. Más tarde, en 1871, y

en la calle Alfonso I, se fundó el Café del «Comercio», donde hoy hay una joyería.

Un café de grandes dimensiones y con jardín fue el de «París», de público popular, abierto en los bajos del palacio de los Condes de Sástago. Se clausuró en 1873 para dar paso a un banco. Junto al hotel Universo duró muchos años el Café «Universo» hasta que en 1944 se convirtió en un bar y luego en el actual comercio de tejidos.

Uno de los cafés más populares era el Café de «Iberia», muy espacioso, que tenía en la parte posterior amplios jardines donde se daban en verano selectos conciertos. También tenía un picadero para el deporte de equitación. En este lugar se construyó en 1938 un teatro.

En 1863 se inauguró el Café «Europa», donde también hoy hay un banco. Allí se reunían escritores, periodistas y cómicos. Éste fue el primer café que introdujo el 23 de julio de 1869 la novedad de sacar veladores a la calle, novedad bien pronto imitada por muchos otros, lo que daba extraordinaria animación a las calles céntricas de la ciudad.

El día 4 de octubre de 1881 se abrió el Café «Ambos Mundos», llamado así por su amplitud, y duró hasta el 2 de septiembre de 1955. No se conocía otro café mayor ni en Zaragoza, ni en España . . . ¡Ni en Europa! Después se convirtió en una lujosa sala de fiestas, pero perdió su popularidad.

¿A qué fue debida tanta desaparición? En ese siglo de las prisas se introdujo el bar. El bar es la prisa, el café la lentitud. Con la «barra» del bar se introdujo el «café exprés», hasta el nombre denota rapidez. También las modernas cafeterías con su aparición causaron la muerte de los cafés.

b ¿Qué ocurrió en estas fechas?

1 1850 **2** 1863 **3** 1869 **4** 1871 **5** 1873 **6** 1881
7 1938 **8** 1944 **9** 1955

c Éstos son nombres de cafés que ya no existen. ¿Qué establecimientos hay en su lugar actualmente? Menciona alguna característica de cada café si la hay.

Café	Actualmente
Suizo	*un banco*
Aragonés	
Comercio	
París	
Universo	
Iberia	
Europa	
Ambos Mundos	

 ¡Atención!

un velador	=	pavement café table
un recinto	=	enclosure, area
los billares	=	billiards

Actividad 21

Escribe cómo era tu ciudad / pueblo / barrio, cómo ha cambiado en los últimos años y por qué.

Recuerda: era
              estaba
              había
              tenía

Actividad 22

¿Cómo ha cambiado la vida en general durante los últimos cien años? Haz una lista y compara tu lista con la de un(a) compañero/a. Haz frases así:

No había televisores en color.
No había tantos coches.
La gente no viajaba tanto.

Actividad 23

Escucha a este señor mayor, Francisco, comparando la vida de hoy con la de su juventud. Añade lo que dice a tu lista.

Actividad 24

Trabaja con tus compañeros/as. Escribe dos listas: Ventajas y desventajas de la época de las fotos.

Compara y discute.
¿Te gustaría vivir entonces?
¿Prefieres vivir ahora?

En casa o en clase

Actividad 25

Lee el artículo «El mundo Maya» y contesta las preguntas.

El Mundo Maya

El Mundo Maya comprende una superficie de casi 500.000 kilómetros cuadrados, repartidos en cinco países: México, Guatemala, Honduras, El Salvador y Belice. Situado entre el océano Pacífico y el mar Caribe, lagos, montañas y selvas han ayudado a dispersar a los distintos grupos y a multiplicar sus lenguajes. Sin embargo, las costumbres y creencias permiten mantener unidad de toda el área.

Existen veintitrés grupos diferentes de origen maya, que hablan en total veintiocho lenguas.

Los mayas formaron un gran imperio. Desarrollaron las matemáticas hasta la perfección, eran muy religiosos y estaban obsesionados con el tiempo. Su vida estaba organizada por un calendario más exacto que los que existen actualmente. No conocieron la rueda, sin embargo sus pirámides y monumentos son de una gran belleza y perfección.

En la actualidad desgraciadamente siguen sufriendo mucho y la mayor parte de ellos vive en la pobreza y la marginación. Han debido soportar violencia y abusos, pero mantienen su vida y costumbres con orgullo y dignidad. El mundo maya es un mundo inmortal.

1 ¿Cuántos kilómetros ocupa el territorio de los mayas?
2 ¿En cuántos países hay mayas?
3 ¿Por qué hay muchos grupos de mayas?
4 ¿Qué tienen en común?
5 ¿Cuántos grupos de mayas existen en la actualidad?
6 ¿Cuántas lenguas hablan?
7 ¿Qué fue lo más importante de su cultura?
8 ¿Cómo son sus monumentos?
9 ¿Qué invento muy importante no conocieron?
10 ¿Cómo viven en la actualidad?

Actividad 26

Lee el artículo sobre un deporte que practicaba los mayas y di si las frases son verdaderas o falsas.

El Juego de Pelota

Los mayas jugaban a un juego similar al baloncesto. Había unos anillos y el equipo que pasaba la pelota por el anillo ganaba el partido. Era un hecho excepcional ya que los dos, pelota y anillo, tenían casi el mismo diámetro. El número exacto de jugadores no se sabe con exactitud, pero se cree que eran muchos. Debían pasarse el pesado balón de caucho con las nalgas, caderas y rodillas. El juego tenía

un fuerte carácter simbólico y religioso y, en algunos casos, los vencidos eran sacrificados y la cancha se regaba después con su sangre.

1 Los mayas jugaban un juego similar al balonmano.
2 Había que pasar la pelota por un anillo.
3 El anillo era mucho más grande que la pelota.
4 Participaban muchos jugadores.
5 No podían tocar la pelota con las manos.
6 No podían pasarse la pelota con las piernas.
7 El juego era religioso.
8 A veces los juegos terminaban de forma violenta.

Autoevaluación

Ya sabes . . .

A describir algo – un objeto, un lugar – en el pasado.
B describir a una persona – cómo es normalmente / cómo está últimamente.
C describir cómo ha cambiado una persona; cómo era antes y cómo es ahora.
D describir un lugar y cómo ha cambiado: lo que hay ahora; lo que había antes.

Vocabulario para la próxima lección

El mundo del trabajo

Usa tu diccionario.

un(a) albañil
un andamio
los cacharros
las cañerías
una carretilla
las herramientas
INEM: Instituto Nacional de Empleo
un plan de formación laboral
el paro

Gramática y ejercicios

El pretérito imperfecto   *The imperfect tense*

Descripción en el pasado

	ser	**estar**	**hacer**
yo	era	estaba	hacía
tú	eras	estabas	hacías
él, ella, usted	era	estaba	hacía
nosotros/as	éramos	estábamos	hacíamos
vosotros/as	erais	estabais	hacíais
ellos/ellas/ ustedes	eran	estaban	hacían

haber: hay → había

¿Cómo **era** el hotel?   **Era** muy bonito.
¿Dónde **estaba**?   **Estaba** en el Pirineo.

El pretérito perfecto   *The perfect tense*

he
has
ha
hemos
habéis
han

} cambiado (mucho)

Contraste entre   Contrasting ser and
ser y estar   estar

estar   to look, to feel   (en este momento)
ser   to be   (permanente)

Carlos **es** simpático pero hoy **está** triste.

Contraste entre   Contrasting hay and
hay y había   había

Hoy **hay** un supermercado.
Antes **había** muchos árboles.

EJERCICIOS

A   *Escribe el verbo adecuado en el imperfecto.*

1 El pueblo _____ muy bonito.
2 Las calles _____ limpias y las casas
_____ grandes.

3 Nuestro apartamento _____ tres
habitaciones.
4 En el pueblo _____ una playa muy
bonita.
5 En el pueblo _____ un museo que
_____ muy interesante y
_____ muchos objetos de valor.

B   *Completa las frases con **ser** o **estar**.*

1 Juan _____ muy tranquilo, nunca se
enfada.
2 Este cuarto _____ muy oscuro, no
tiene ventanas.
3 Las cosas _____ muy baratas ahora
porque es época de rebajas.
4 Su hija _____ muy pequeña, sólo
tiene cinco años.
5 El apartamento _____ muy limpio.
6 La casa _____ muy sucia, hay que
limpiarla.
7 Este cuarto _____ muy oscuro, abre
la ventana.

C   *Completa las frases con **era** o **estaba**.*

1 Mi hermana _____ muy traviesa de
pequeña.
2 Juan antes _____ enfermo, pero
ahora ya está bien.
3 Elena _____ muy nerviosa cuando la
vi ayer, porque tenía un examen.
4 María _____ muy nerviosa y activa
de pequeña y en la escuela se aburría porque
_____ muy inteligente.
5 Ayer Pepe _____ muy triste porque
su gato se perdió.
6 Pedro no _____ muy guapo, pero
_____ muy elegante.

D   *¿Cómo era tu ciudad antes? Completa los espacios en blanco.*

Mi ciudad **1** ⬭⬭⬭⬭⬭⬭⬭ mucho más pequeña. **2** ⬭⬭⬭⬭⬭⬭⬭ menos tráfico. No **3** ⬭⬭⬭⬭⬭⬭⬭ tantos edificios altos. **4** ⬭⬭⬭⬭⬭⬭⬭ muchas plazas y parques.

5 ⬭⬭⬭⬭⬭⬭⬭ rodeada de un bosque y el río **6** ⬭⬭⬭⬭⬭⬭⬭ muy limpio. Mis amigos y yo jugábamos en la calle porque no **7** ⬭⬭⬭⬭⬭⬭⬭ peligro.

Vocabulario

A

¿Cuánto tiempo hace?	*How long has it been?*
comodidades (fpl)	*comforts, mod cons*
en concreto	*specifically*
madrugador(a) (m/f)	*early riser*
la mayor parte	*most*
suelo	*floor*
turno	*shift*

B

Descripciones de personas	*Descriptions of people*
deprimido/a	*depressed*
elegante	*smart (smartly dressed)*
(estar) resfriado/a	*(to have) a cold*
últimamente	*recently*

C

¿Cómo ha cambiado?	*How has he/she/it changed?*
arruga	*wrinkle*
calmante (m)	*painkiller, sedative*
cirugía	*surgery*
esbelto/a	*slender*
gota	*small drop*
graso/a	*greasy*
suave	*soft, smooth*

D

Descripciones de lugares	*Descriptions of places*
huerto	*orchard*
sin salida	*dead end*

E

En casa o en clase	*At home or in class*
cancha	*(basketball) court*
caucho	*rubber*
creencia	*belief*
nalgas (fpl)	*buttocks*
repartir	*to divide into*

7 Repaso y ampliación

Prepárate

  Vas a escuchar a Gloria que habla de su vida. Antes de escucharla describe sus fotos.

1 Gloria

2 Belchite, su pueblo, en España

3 Su restaurante en Guatemala

4 Su casa en Guatemala

5 Ciudad de Guatemala

A | Así somos y así vivimos

Actividad 1

Escucha a Gloria. ¿Qué dice de . . .

1 su vida?
2 su profesión?
3 su familia?
4 sus intereses?
5 su casa?
6 su futuro?

Actividad 2

Habla con un(a) compañero/a de los mismos temas de Actividad 1.

Actividad 3

a   Lee el texto.

HISPANOS EN AMÉRICA

En el área metropolitana de Nueva York, la mitad de los anuncios están ahora en español o son bilingües. Aproximadamente un 33 por ciento de la población es hispano. En Chicago, un millón de residentes son de origen latinoamericano. En Los Ángeles más de la mitad de los residentes urbanos habla español. En todo el suroeste – Texas, Colorado, Arizona y Nuevo México – los hispanos son la mayoría dominante. En Miami hay más millonarios de origen cubano que anglosajón y para ser elegido alcalde es preciso ser bilingüe. Sin hablar español es difícil conseguir un puesto de trabajo.

Hoy residen en los Estados Unidos entre 22 y 25 millones de hispanos. Aproximadamente un tercio de ellos vive en California y un tercio de éstos son de origen mexicano y residen en el área de Los Ángeles. Tras la población negra, son la principal minoría. También constituyen el grupo étnico más joven de la nación, con una media de edad de 25 años, frente a los 32 de los no hispanos. Por diversas razones, nadie conoce su verdadero tamaño. En parte ello se debe a la dificultad de determinar el número de ilegales que se han colado en el país a través de los 3.218 km. de frontera con México.

El noventa por ciento de los hispanos residen en once Estados. Nueva York ha sido, tradicionalmente, el polo de atracción de los puertorriqueños. Los mexicanos viven sobre todo en el suroeste, y en el sur de Florida se asientan los cubanos que salieron de la isla tras la llegada al poder de Castro. En los últimos veinte años el número de hispanos procedentes de América Central y del sur ha aumentado extraordinariamente. Hay más de 100.000 salvadoreños en Los Ángeles y más de 200.000 nicaragüenses viven en Nueva York. Los dominicanos dominan un barrio de la Gran Manzana, Washington Heights, mientras que los ecuatorianos y los colombianos se han instalado sobre todo en Jackson Heights. Washington D.C. ha sido testigo de la llegada de unos 300.000 chilenos, peruanos, colombianos, guatemaltecos, salvadoreños y nicaragüenses.

Los cubanos son más de un millón en total, tres cuartas partes de los cuales residen en Miami a la que han transformado en una pujante metrópoli. Miami es una de las ciudades más importantes de los Estados Unidos.

b Haz una lista de las nacionalidades mencionadas y otra lista de los países que les corresponden. Búscalos en el mapa.

c Contesta las preguntas.

1 ¿Qué áreas de Estados Unidos se mencionan?
2 ¿Qué nacionalidades predominan en cada área?

  Actividad 4

Un, Dos, Tres

Vas a escuchar un trozo de un concurso de televisión. Los concursantes tienen que hacer tres listas de palabras referentes a:

1 nacionalidades **2** trabajos **3** muebles

a Antes de escuchar ¿cuántas palabras puedes escribir tú? Tienes un minuto para cada lista. (Trabajad en tres grupos, uno para cada lista, si lo preferís.)

b Ahora escucha a los concursantes. Comprueba tu lista con las palabras que dicen.

 Actividad 5

a Lee el titular. ¿De qué trata el artículo?

En Parla (Madrid), se ha creado un plan de formación laboral para combatir el paro. Y, sorprendentemente, el 70 por 100 de los asistentes son mujeres, que quieren trabajar como albañiles o fontaneras.

LAS HERRAMIENTAS TAMBIÉN SON PARA LAS MUJERES

Inmaculada

«Cambié los libros por los ladrillos»

A Inmaculada, de 19 años, la llamaron del paro para notificarle que había plazas de albañil. Acababa de terminar el bachillerato y, como no tenía nada mejor que hacer, cambió los libros por los ladrillos. Desde ese momento comenzó a construir su futuro en lo alto de un andamio. En un primer momento, sus amigos, incrédulos, le decían: «¡Cómo vas a ser albañil!», pero ella se mostró perseverante en el oficio y finalmente no han tenido más remedio que creerla. «La carretilla es muy dura – reconoce Inmaculada –, pero pienso que una mujer puede hacer esto tan bien como cualquier hombre.»

→

Chelo

«No sólo valemos para fregar»

Para Chelo, otra fontanera de Parla, de 24 años y casada, «lo que pasa es que en este país hay mucho machismo y en cuanto ven a una mujer trabajando en estas cosas se ríen; es muy cómodo dejarnos la limpieza de cacharros». A pesar de sus reivindicaciones, Chelo se ocupa a diario de las tareas domésticas. «¡Qué remedio! Mi marido trabaja hasta las nueve y llega a casa destrozado».

María Jesús

Aunque al principio pensó que esto sería un paso fugaz por el mundo de las cañerías, ahora su deseo es convertirse en una fontanera profesional: «Comencé en un cursillo del INEM que duró cuatro meses, y al concluirlo el Ayuntamiento de Parla contrató mis servicios temporalmente». Ahora, María Jesús, de 20 años, espera la llamada mágica de alguna empresa que le permita resolver su futuro profesional.

«Espero ser una profesional de las tuberías»

María

«Tenemos la oportunidad y no defraudaremos»

Tiene 23 años y ha pasado del paro al torno: «Me encanta trabajar la madera, un material que ofrece muchas posibilidades plásticas». Como muchas otras chicas, opina que las mujeres están bien capacitadas para realizar trabajos tradicional-mente considerados masculinos: «lo que ocurre es que a nosotras nunca nos habían dado la posibilidad de demostrarlo».

Isabel

«Se acabarán las diferencias de sexos»

Tiene 22 años y es electricista. «Decidí meterme en esto porque se puede ganar dinero», dice Isabel, que opina que próximamente se acabarán las diferencias laborales por sexos. «Dentro de poco será normal ver chicas electricistas; en mi pueblo, se han acostumbrado».

b Lee el artículo. ¿Quién piensa / dice que …

1 las mujeres no han tenido las oportunidades de hacer los trabajos de «hombres»?

2 el problema es que los hombres reaccionan mal cuando ven a una mujer trabajando en un puesto tradicionalmente masculino?

3 además de trabajar tiene que hacer la limpieza en su casa?

4 dejó sus estudios académicos para hacerse albañil?

5 pronto la mayoría de la gente aceptará que las mujeres hagan los trabajos tradicionales de los hombres?

6 está esperando trabajar para una compañía en su especialidad?

Actividad 6

Formad grupos para hablar de los tema siguientes.

1 ¿Qué profesiones han sido tradicionalmente consideradas femeninas y masculinas?

2 ¿Qué trabajos tradicionalmente masculinos pueden hacer las mujeres? ¿Cuál es vuestra opinión?

Actividad 7

El humor de Teo

PAPA, NORMALMENTE, PARA TERMINAR EL BACHILLERATO ¿CUANTOS AÑOS HAY QUE ESTUDIAR?

YO HE PASADO 20 AÑOS ESTUDIANDO, TEO.

SI, PERO YO HE DICHO NORMALMENTE.

Actividad 8

Los gestos son muy importantes. Une cada gesto con la actitud que crees que indica.

1 aburrimiento
2 actitud defensiva
3 confianza
4 actitud crítica
5 sinceridad
6 mucha atención
7 nerviosismo

Actividad 9

a Lee esta sección de una revista y une cada punto con el dibujo correspondiente de Actividad 8. Comprueba tus respuestas anteriores.

Por tus gestos te conocerán

1 Entrelazar los dedos de las dos manos indica confianza.

2 Acariciar la barbilla muestra actitud crítica.

3 Enseñar las palmas de las manos expresa sinceridad.

4 La mirada perdida, la cabeza apoyada sobre el brazo indican aburrimiento.

5 La cabeza inclinada hacia un lado y los ojos fijos en el interlocutor demuestran mucha atención.

6 Moverte en la silla, carraspear, darle vueltas al anillo . . . significa nerviosismo.

7 Mantener los brazos cruzados expresa actitud defensiva.

b Lee otra vez el artículo y haz los gestos positivos que se indican en él. Después haz los negativos.

B | Tu futuro y tu pasado

 ## Actividad 10

a Estas tres personas hablan de su futuro. Marca en el cuadro lo que mencionan.

	Mari Mar	María Jesús	Javier
el dinero			
casarse / hijos			
una vida cómoda			
el trabajo			
un viaje a otro país			

b Escucha otra vez y decide S (Seguro), P (Probablemente) o Q (Quizás). ¿Qué frases utilizan para expresar **Seguro**, **Probablemente**, **Quizás**? Trabaja con un(a) compañero/a.

Actividad 11

Con un(a) compañero/a estudia la lista y ponla en orden. Decidid de «más seguro» a «menos seguro».

Quizás iré.
Probablemente iré.
Estoy pensando en ir.
Supongo que iré.
Tengo (la) intención de ir.
Pienso ir.
Iré.
Seguramente iré.
Creo que iré.
Posiblemente iré.
A lo mejor iré.

 ## Actividad 12

Habla de tu futuro con tus compañeros/as. ¿Qué harás seguramente, probablemente, quizás? Utiliza las frases de Actividad 11.

  ## Actividad 13

Aragón en el nuevo siglo

a Lee los textos sobre el futuro de una Comunidad autónoma española, Aragón, y elige un título para cada uno. En algunas frases no hay verbo. Escríbelo tú.

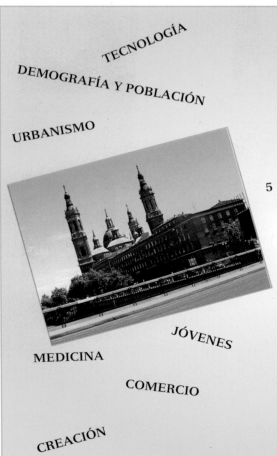

TECNOLOGÍA

DEMOGRAFÍA Y POBLACIÓN

URBANISMO

MEDICINA

JÓVENES

COMERCIO

CREACIÓN

1 En Aragón – menos jóvenes

2 Alarmante envejecimiento de la población aragonesa

3 La talla media de los jóvenes del nuevo siglo: más de 1,75

4 Pintores y escritores: gran futuro en la Comunidad

5 Sólo sobrevivirán las empresas que exporten

6 Las tiendas especializadas, el éxito asegurado

7 Aparecerá una formidable generación de actores

8 La informática conquistará el hogar

9 La expansión de la ciudad seguirá

10 Nuevas técnicas de diagnosis

11 Varios nuevos Centros de Salud

12 En Zaragoza se abrirán nuevos centros comerciales

b Escribe tus predicciones sobre el futuro de tu país o región.

Actividad 14

María Jesús y Paco hablan de cómo han sido los últimos años para ellos y su familia. En los últimos años . . .

1 ¿Quién ha nacido?

2 ¿Quién ha muerto?

3 Para Paco, ¿cómo ha mejorado la vida en general?

Actividad 15

Los últimos años de los famosos

a   Seis personas famosas hablan de los cambios en su vida. Lee cada texto y busca la persona a que corresponde. Compara con un(a) compañero/a.

1 Luis: periodista y escritor

3 Ignacio: futbolista

5 Nuria: actriz

2 Milagros: parlamentaria

4 Marta: cantante

6 Javi: humorista

a

«Los últimos diez años han sido primero una alegría, después un escepticismo, y ahora un aburrimiento. El futuro inmediato lo veo agotador. En estos años he intentado decir muchas cosas, pero me temo que no ha servido para nada.»

b

«He pasado de la época juvenil a convertirme en hombre en lo personal y en lo profesional; he encontrado en el fútbol – esperando que dure diez años más – mi mejor medio de vida, y en ese caso he conseguido mi objetivo. Prefiero no plantearme el futuro porque dependo de una profesión en la que no se puede aventurar nada.»

c

«Los últimos diez años han sido más estables que los diez años anteriores, tanto en la situación política como en la propia vida. El movimiento feminista también se ha estabilizado. En cuanto al futuro, creo que continuará la falta de instituciones adecuadas para el amparo de los más desprotegidos y marginados. Por parte del movimiento feminista, el pronóstico sigue siendo optimista, puesto que se están recogiendo los frutos del trabajo de muchos años.»

d

«Me preocupa mucho el aumento de la delincuencia y droga, y eso me pone muy triste . . . como el hambre en el mundo; hace diez años yo no veía que pasaran estas cosas. La juventud debería luchar por un futuro mejor, y antes que gastar dinero en armas, hay que arreglar la tierra . . .»

e

«Pasar de los 30 a los 40, el impacto de la tecnología sobre el periodismo, el nacimiento de dos hijos, un divorcio, la publicación de cuatro libros, ocho kilos más de peso y una nueva compañera. El futuro para el mundo en general, lo veo preocupante. En estos años me sitúo como me sitúen los demás. Todos desempeñamos el papel que nos dan y no el que escogemos. Yo lo he hecho lo mejor que he sabido.»

f

«Los últimos años han sido unos años de consolidación después de unos años de cambio enorme. El futuro inmediato lo veo difícil, el futuro a más largo plazo lo veo esperanzador. Yo creo que el papel del teatro ha estado inmerso en el papel de la cultura, y se proyecta como toda la sociedad hacia adelante, hacia el futuro. Mi papel es gris, como el de una persona más.»

b ¿Quién es?

1 Ahora pesa más que antes.
2 Su vida ha cambiado mucho.
3 Está en una profesión incierta.
4 Ha luchado por los derechos de las mujeres.
5 Cree que no ha tenido mucho éxito.
6 Piensa que la situación de los jóvenes es peor ahora que hace diez años

c Cada persona habla del pasado, del presente y del futuro. ¿Qué dice cada una? Compara.

d Discusión: Haced una encuesta en la clase.
¿Cómo ves el pasado y el futuro?
¿Cómo han sido los últimos años para ti / tu familia / tu país?
¿Cómo serán los próximos años?

C | Así fue

  Actividad 16

¿Qué pasó en esta fecha hace años?

«Las Efemérides» de los periódicos te lo dicen.

a Lee esta selección de Efemérides para el 13 de agosto y decide qué ocurrió en estos años. Escribe las frases en el pasado.

1 1899
2 1958
3 1987
4 1940
5 1905
6 1946
7 1908
8 1910

En 1899 nació Alfred Hitchcock.

- Nace en Londres Alfred Hitchcock, director de cine, maestro del «suspense».
- Plebiscito que decide la separación de Suecia y Noruega. Las manifestaciones revolucionarias causan numerosos muertos en Rusia.
- Comienza la ofensiva aérea alemana contra Gran Bretaña.
- Se entrevistan en Ischl el emperador de Austria, Francisco José, y el rey de Inglaterra, Eduardo VII.

- Muerte de la enfermera británica Florence Nightingale, conocida como «el ángel de los heridos» por su labor humanitaria especialmente en la guerra de Crimea.
- Muere en Londres el escritor británico Herbert George Wells.
- El pintor Dalí se casa con Gala.
- El presidente de E.E. U.U., Ronald Reagan, asume la responsabilidad del escándalo «Irangate».

b Este programa de radio da la información. Escucha y comprueba.

Actividad 17

a Frida Kahlo era una pintora mexicana. Lee la cronología de su vida y escríbela en frases completas en el pasado.

CRONOLOGÍA

1907	Nace, el 6 de julio, en Coyoacán, México.
1916	Sufre una caída y le diagnostican poliomielitis.
1922	Entra en la Escuela Preparatoria Nacional.
1925	Sufre un terrible accidente que cambia su vida.
1926	Empieza a pintar durante la convalecencia.
1929	Se casa con Diego Rivera.
1932.	Primero de sus tres abortos.
1937–38	Relación amorosa con Trotski. Empieza a ser reconocida como pintora.
1939	Visita París, donde expone. Se divorcia de Diego.
1940	Presenta *Las 2 Fridas* en la Exposición Internacional del Surrealismo.
1943–53	Sufre un progresivo deterioro físico.
1954	Muere el 13 de julio.

b Escucha la grabación y comprueba con tu texto.

  Actividad 18

Mira un cuadro de Frida Kahlo y otro de Diego Rivera y descríbelos.

Autorretrato en la frontera entre México y los Estados Unidos

La cena del capitalista

D | Así éramos y así vivíamos

Actividad 19

Amanda Gutiérrez habla de su familia, su infancia y su adolescencia.

a   Lee el texto y apunta algo interesante de cada sección.

AMANDA GUTIÉRREZ

Amanda Gutiérrez, una de las grandes actrices de la televisión venezolana y protagonista de Inés Duarte, secretaria y Paraíso, que se emiten en Tele 5 y Canal Sur, respectivamente, cuenta en exclusiva para TELE-INDISCRETA su vida.

Tengo ascendencia española porque uno de mis abuelos era de origen español, pero yo nací en Caracas, Venezuela, como el resto de mi familia, donde vivimos ahora. Los recuerdos que tengo de mi infancia son muy bonitos. Yo soy la menor de catorce hermanos, nueve hembras y cinco varones, y mis padres estuvieron casados cincuenta años, hasta que papá murió. Con tantos niños en casa aquello parecía un colegio. A mí me tenían muy consentida, pero también, al ser la más pequeña, todos me mandaban cosas. Me divertía muchísimo, por ejemplo, cuando nos íbamos a jugar al béisbol y entre los catorce teníamos un equipo completo. También jugábamos muchas veces al teatro en la casa. A mi mamá le daba terror salir, pues cuando regresaba a casa estaban todas las sábanas y mantas colgando como cortinas, o cualquier otra cosa para representar una obra. Yo tenía la vena de actriz desde muy pequeña. Me maquillaba y me ponía delante de un espejo a cantar, a llorar y a poner mil caras. Además me inventaba las obras que representaba y en la escuela, siempre que montaban actos teatrales o algo por el estilo, era la primera en apuntarme. Recuerdo que mi juguete favorito era la muñeca Mariquita Pérez, de la que tenía un mueble grande con todas las ropas y los zapatos imaginables. También me encantaba subirme a los árboles a recoger mangos y jugar con los chicos.

«Cuando empecé a dejar a un lado las muñecas, ya adolescente, era tremenda. Me gustaba muchísimo salir con mis amigas y cuando no me daban permiso me escapaba sin importarme las consecuencias. Mi habitación estaba en la segunda planta de la casa, mientras que en la parte de abajo se encontraban el comedor y la cocina. Como la ventana de mi cuarto daba al garaje, yo saltaba por ella y me iba de fiestas.»

«A los quince o dieciséis años empecé a trabajar en los anuncios de televisión como modelo por una casualidad. Yo acompañé a una amiga que trabajaba en comerciales y me dijeron que hiciera una prueba. Así comenzó mi carrera.»

b Lee con más detalle y contesta.

1 Amanda es la última de catorce hijos. Busca dos frases que dan esta información.
2 ¿Cuántos chicos y cuántas chicas?
3 Amanda habla de tres aspectos interesantes de tener una familia numerosa. ¿Cuáles son?
4 A su madre «le daba terror salir» de casa. ¿Por qué?
5 ¿Cómo empezó a interesarse en ser actriz?
6 ¿Qué era interesante de sus juegos?
7 «. . . cuando no me daban permiso (para salir) me escapaba . . .» ¿Cómo? Haz un dibujo de la casa.
8 ¿Cómo empezó su carrera?

c Busca las frases que corresponden.

Ejemplo: *1f*

1 tengo ascendencia española	a me ordenaban
2 me tenían muy consentida	b similar
3 me mandaban	c cambiar la expresión
4 le daba terror	d aceptar, decir que sí
5 representar una obra	e tenía miedo
6 poner mil caras	f mi familia procede de España
7 por el estilo	g hacer teatro
8 apuntarse	h una coincidencia
9 una casualidad	i me dejaban hacer lo que quería

   Actividad 20

Pretérito imperfecto de **ser** *y* **estar**

a Mira en la página 241 de la Gramática. Rellena los espacios con la forma correcta de **ser** o **estar**.

Antes Pedro **1** (⎯⎯⎯⎯⎯) camarero en un bar de Madrid. **2** (⎯⎯⎯⎯⎯) muy simpático y nunca **3** (⎯⎯⎯⎯⎯) triste y, aunque trabajaba mucho, **4** (⎯⎯⎯⎯⎯) contento con su situación. Su novia, Carmen, **5** (⎯⎯⎯⎯⎯) seria pero también **6** (⎯⎯⎯⎯⎯) amable. Los dos **7** (⎯⎯⎯⎯⎯) muy enamorados. Pedro **8** (⎯⎯⎯⎯⎯) inteligente y estudiaba en su tiempo libre. Para ganar más dinero fue a trabajar a Alemania. Ahora vive allí y no puede viajar a España a ver a su novia. **9** (⎯⎯⎯⎯⎯) cansado y deprimido siempre. Se acuerda mucho de su familia y de Carmen. Vive en una habitación pequeña que no le gusta porque **10** (⎯⎯⎯⎯⎯) muy oscura. Sólo piensa en volver a España.

b Escucha y comprueba.

 Actividad 21

Pablo Neruda era un gran poeta chileno. En su libro de memorias, *Confieso que he vivido*, habla de un viaje que hizo en la selva chilena cuando era estudiante. Pasó una noche en una casa misteriosa.

→

–¿Quién es usted y qué desea?– dijo una voz suave de fantasma.

–Me he perdido en la selva. Soy estudiante. Me convidaron a la trilla de los Hernández. Vengo muy cansado. Me dijeron que usted y sus hermanas son muy bondadosas. Sólo deseo dormir en cualquier rincón y seguir al alba mi camino hacia la cosecha de los Hernández.

–Adelante –me contestó–. Está usted en su casa.

Me llevó a un salón oscuro y ella misma encendió dos o tres lámparas de parafina. Observé que eran bellas lámparas art nouveau, de opalina y bronces dorados. El salón olía a húmedo. Grandes cortinas rojas resguardaban las altas ventanas. Los sillones estaban cubiertos por una camisa blanca que los preservaba. ¿De qué?

Aquél era un salón de otro siglo, indefinible e inquietante como un sueño. La nostálgica dama de cabellera blanca, vestida de luto, se movía sin que yo viera sus pies, sin que se oyeran sus pasos, tocando sus manos una cosa u otra, un álbum, un abanico, de aquí para allá, dentro del silencio.

Entró una empleada indígena y susurró algo al oído de la señora mayor. Salimos entonces, a través de corredores helados, para llegar al comedor. Me quedé atónito. En el centro de la estancia, una mesa redonda de largos manteles blancos se iluminaba con dos candelabros de plata llenos de velas encendidas. La plata y el cristal brillaban al par en aquella mesa sorprendente.

Pocas veces he comido tan bien. Mis anfitrionas eran maestras de cocina y habían heredado de sus abuelos las recetas de la dulce Francia. Cada guiso era inesperado, sabroso y oloroso. De sus bodegas trajeron vinos viejos, conservados por ellas según las leyes del vino de Francia.

a Dibuja el salón y el comedor de la casa.

b Busca estos adjetivos en el texto. ¿Qué objetos o personas describen?

altas	bellas	blanca	blancos	cubiertos	encendidas
inquietante	oscuro	redonda	rojas	sabroso	viejos

¡Atención!

el alba	=	dawn
la anfitriona	=	host
atónito/a	=	astonished, surprised
bondadoso/a	=	generous, welcoming
el camino	=	road, way
convidar	=	to invite
la cosecha	=	harvest
heredar	=	to inherit
luto	=	mourning
resguardar	=	to cover
susurrar	=	to whisper
la trilla	=	threshing

  ## Actividad 22

Habla con un(a) compañero/a sobre un lugar y / o personas del pasado importantes para ti. Después escribe un texto sobre el tema.

En casa y en clase

 ## Actividad 23
Haz el test de conocimientos sobre el traje de baño.

Test: El bañador

I La costumbre de bañarse en el mar empezó en . . .

   a España.

   b Francia.

   c Inglaterra.

2 La primera mujer que se bañó fue . . .

   a una francesa.

   b una italiana.

   c una inglesa.

3 El primer bañador nació en . . .

   a 1930.

   b 1890.

   c 1910.

4 El bikini se inventó en . . .

   a 1966.

   b 1946.

   c 1956.

5 Lo inventó . . .

   a un windsurfista.

   b un ingeniero.

   c un profesor de natación.

6 El «topless» (o «monokini») apareció en . . .

   a 1984.

   b 1964.

   c 1924.

7 El tanga nació en . . .

   a Brasil.

   b Argentina.

   c Escocia.

Actividad 24

Escucha y lee el artículo y comprueba si tus respuestas al test son correctas.

Dos siglos de la moda de baño

La costumbre de bañarse en la playa comenzó en 1750 más o menos con el rey Jorge III de Inglaterra, que se bañó varias veces en Weymouth.

1822 Una mujer se bañó en la playa por primera vez. La duquesa de Berry, francesa, se bañó, vestida, en Dieppe (Francia).

1890 Nació el primer bañador: camisa, pantalón y calcetines para el hombre y la mujer.

1915 Los calcetines desaparecieron. Los hombres empezaron a bañarse con pantalones cortos, pero las mujeres aún se bañaron durante varios años con camisas largas y faldas.

1930 Apareció el primer bañador femenino «moderno». Era de lana y con pantalones para cubrir las piernas. Mojado pesaba más de tres kilos.

1946 El ingeniero Louis Réard inventó el bikini. Lo llamó como el atolón del Pacífico donde explotó la primera bomba de plutonio. Pero el bikini se usó muy poco hasta los años sesenta.

1960 Se inventó la Lycra y con ella se hicieron los primeros bañadores elásticos.

1964 El californiano Rudi Genreich inventó el monokini o topless.

1974 El italiano Carlo Ficcardi inventó el tanga en Brasil.

Test

I Escribe cuatro frases sobre tus gustos e intereses usando los verbos **gustar**, **encantar**, **interesar** y **divertir**.

(4 puntos)

2 Ahora haz lo mismo sobre los siguientes miembros de tu familia. Usa los verbos que hay entre paréntesis.

I hermano (gustar) *A mi hermano ...*
2 padres (encantar)
3 abuelo (interesar)
4 tía (divertir)

(4 puntos)

3 Completa estas frases con los verbos indicados.
I A mis amigos ⬭ (gustar) el deporte.
2 A mi hermano y a mí ⬭ (encantar) el teatro.
3 A ti y a tu novia ⬭ (divertir) los juegos de cartas.
4 A mi abuelo ⬭ (interesar) los museos.

(4 puntos)

4 a Escribe cuatro cosas que hiciste ayer. Usa cuatro verbos distintos.
   b Ahora escribe las mismas frases en tercera persona singular.

(4 puntos)

5 ¿Cuál es la profesión? ¿A quién vas si ...
I necesitas cortarte el pelo?
2 quieres estudiar?
3 quieres arreglar las luces en tu casa?
4 tienes un problema con el coche?

(4 puntos)

6 Escribe frases sobre las personas que hacen los siguientes trabajos. Usa **tener que** y **deber**.
I un bombero
2 un dependiente
3 un jefe de personal
4 un programador

(4 puntos)

7 Sustituye las palabras destacadas con pronombres.
I Mandé el libro a **Juan**.
2 Vi a **mis amigos** ayer en la calle.
3 Quieren mucho a **sus dos hijas**.
4 Invitaron a **mi hermano y a mí** al cine.

(5 puntos)

8 Contesta las preguntas usando el verbo **desde hace**.
¿Cuánto hace que ...
I estudias español?
2 vives en tu casa?
3 no vas de vacaciones?

(3 puntos)

9 Escribe los verbos en la forma correcta.
No estoy seguro si (poder) (ir) al baile esta noche. Si (ir) te (ver) dentro de la discoteca. Después nosotros (tomar) una copa en un bar cerca de allí. Si (llamar) a Juan, pregúntale si (venir) también.

(7 puntos)

10 Escribe las palabras en la forma correcta. Son cuatro cosas que hay en una cocina.
I MEARINCE
2 GORDEEFAR
3 SLAIJAVAVALL
4 DROAVALA

(4 puntos)

11 Completa las frases con pronombres posesivos.
I la casa en que vivo → la casa es *mía*
2 el coche de mis padres → el coche es ⬭
3 los hijos de María y Javier → los hijos son ⬭
4 las toallas (de Juana y yo) → las toallas son ⬭
5 el bolígrafo es para ti → el bolígrafo es ⬭

(4 puntos)

12 Usa las frases de Actividad 11 y contesta según el ejemplo.
I ¿Qué casa? → *La mía.*
2 ¿Qué coche?
3 ¿Qué hijos?
4 ¿Qué toallas?
5 ¿Qué bolígrafo?

(4 puntos)

13 Escribe las frases de otra manera usando **(no) poderse**.
I Prohibido fumar dentro del teatro.
2 ¿Está permitido entrar por esta puerta?
3 Prohibido parar el coche en esta zona.
4 ¿Está permitido tocar la escultura?

(4 puntos)

14 Escribe las palabras en la forma correcta. Son cuatro partes de un coche.
I CLEAREDARO
2 VANETOL
3 TONEMUCAI
4 GRABEUME

(4 puntos)

15 Escribe estas frases cambiando el pretérito indefinido del verbo destacado, al pretérito perfecto.

1 Le **dijo** a Juan que no puede asistir a su boda.
2 **Fui** a Londres a ver el palacio de Buckingham.
3 **Hice** los deberes rápidamente.
4 **Pusieron** los libros encima de la mesa.

(4 puntos)

16 Completa las frases siguientes con **ya**, **aún** o **todavía**.

1 ¡ ⬭ estás en casa! ¡Vas a perder el tren!
2 He trabajado todo el día en este proyecto y ⬭ no he terminado.
3 **A** ¿Cuándo vas a arreglar el coche?
 B ⬭ lo he arreglado.
4 Bueno, estoy preparado. ⬭ podemos salir.

(4 puntos)

17 Completa las frases siguientes con el verbo adecuado.

1 Se ⬭ aquella casa. Es muy cara, ¿verdad?
2 Mira. Se ⬭ una habitación en una casa. El alquiler no es caro.
3 Por favor, ¿aquí se ⬭ inglés?
4 Oiga. No se ⬭ fumar en el museo.

(4 puntos)

18 Usa los verbos en el cuadro en la forma correcta para completar las frases.

| arreglar estropear permitir prohibir |

1 No podemos ver la tele. Está ⬭ .
2 Señor, su coche está ⬭ . Puede llevárselo ahora mismo.
3 Está ⬭ circular por esta calle; es una zona peatonal.
4 Por favor. ¿Está ⬭ usar un diccionario en el examen?

(4 puntos)

19 Ahora y antes. Lee el texto sobre la vida de Carmen ahora. Escribe el mismo texto en el pasado, cambiando los verbos destacados al pretérito imperfecto.

Empieza: *Me gustaba la vida que tenía antes. Cada día iba . . .*

Me **gusta** la vida que **tengo** ahora. Cada día **voy** a mi trabajo en el centro de la ciudad. **Es** un buen trabajo y me **pagan** bien.

Normalmente **como** con mis compañeros de trabajo. **Tenemos** un restaurante bueno en la empresa. **Vivo** en una zona de la ciudad muy tranquila y **hay** muchas cosas que hacer. **Salgo** con mis amigos y **estudio** por la tarde. Mis vecinos **son** muy simpáticos también y a veces **tomamos** un café en un bar cerca de mi casa. Los fines de semana **voy** a la piscina y **nado** durante una hora para mantenerme en forma.

(6 puntos)

20 Contesta estas preguntas utilizando las palabras y las frases del cuadro.

| a la fiesta frío ganarme ir llegar mojarme no no tener a tiempo la vida |

1 ¿Para qué trabajas?
2 ¿Para qué vas tan de prisa?
3 ¿Para qué llevas un abrigo?
4 ¿Para qué llevas un paraguas?
5 ¿Para qué quieres este vestido?

(5 puntos)

21 Completa estas frases utilizando **ser** y **estar**.

1 El restaurante ⬭ bueno pero hoy la sopa ⬭ mala.
2 Normalmente Juan ⬭ muy simpático pero estos días ⬭ insoportable.
3 La señora Díaz ⬭ muy amable hoy porque ha ganado la lotería, pero normalmente ⬭ antipática.
4 Últimamente mi padre ⬭ muy deprimido aunque habitualmente ⬭ una persona optimista.
5 ¡Qué elegante ⬭ ! ¿Vas a la fiesta?

(5 puntos)

22 Completa las frases con la forma correcta de **ser** o **estar**.

María 1 ⬭ contenta con su vida de antes.
2 ⬭ secretaria en una empresa muy importante de Madrid. Tenía un novio que se llamaba Javier y los dos 3 ⬭ enamorados. Él 4 ⬭ programador de ordenadores y también 5 ⬭ estudiante de informática los fines de semana.

(5 puntos)

23 Completa estas frases sobre cómo ha cambiado un pueblo. Utiliza la forma correcta de los verbos del cuadro.

| estar haber (hay) ser tener |

1 Ahora ⬭⬭⬭⬭ mucho tráfico. Antes no ⬭⬭⬭⬭ tráfico.

2 La zona ⬭⬭⬭⬭ muy ruidosa ahora. Antes ⬭⬭⬭⬭ muy tranquila.

3 Antes las tiendas ⬭⬭⬭⬭ abiertas por la mañana y por la tarde. Ahora ⬭⬭⬭⬭ abiertas todo el día.

4 Antes el pueblo no ⬭⬭⬭⬭ piscina, pero ahora ⬭⬭⬭⬭ una piscina municipal.

(4 puntos)

Total: ⬭⬭⬭⬭ / 100 puntos

🎧 Vocabulario para la próxima lección

Usa tu diccionario.

Derechos del consumidor

un contrato   una factura   una garantía
un presupuesto   una reclamación   un resguardo

Vocabulario

A

Así somos y así vivimos

That's how we are and that's how we live

aburrimiento	boredom
acariciar	to stroke, to caress
albañil (m/f)	building worker, bricklayer
el alcalde / la alcaldesa	mayor
anciano/a (m/f)	elderly person
andamio	scaffolding
anuncio	advertisment
cacharros (mpl)	pots and pans
carraspear	to clear one's throat
carretilla	wheelbarrow
confianza	confidence
Derecho	Law
entrelazar	to entwine, to interlock
fugaz	brief
hostelería	catering
una media (de edad)	an average (age)
paro	unemployment
posguerra	postwar period
pujante	booming, thriving
¡Qué remedio!	What else can you do? (exclamation)
razón (f)	reason
terremoto	earthquake
torno	(carpenter's) lathe

B

Tu futuro y tu pasado

Your future and your past

agotador(a)	exhausting
alcanzar	to achieve, to obtain
amparo	protection, shelter
envejecimiento	ageing
expectativa	expectation
hogar (m)	home
sobrevivir	to survive
en cuanto a	with regard to / as far as . . . is concerned
desempeñar	to hold, to occupy
largo plazo	long-term
marginado	poor person, dropout
papel (m)	role
plantearse	to think about
temerse	to be afraid, to fear

C

Así fue

That's how it was

aborto	miscarriage
exponer	to exhibit
herido/a	wounded / injured person

D

Así éramos y así vivíamos

That's how we were and that's how we lived

hembra	female
varón (m)	male
consentido/a	spoilt, pampered
colgar	to hang
maquillarse	to put make-up on

OCHO
8   ¿Qué les regalo?

Prepárate

  a Une estos objetos con sus nombres.

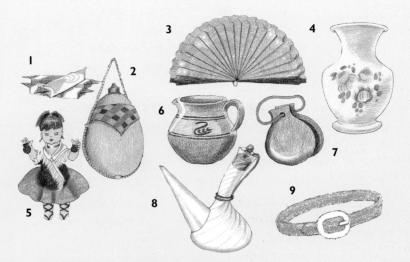

a   bota
b   caramelos
c   castañuelas
d   porrón
e   abanico
f   muñeca
g   jarra
h   jarrón
i   cinturón

b Escucha y comprueba.

A | Recuerdos de España

Actividad 1

Une estas descripciones con los objetos de **Prepárate**. Dos de los objetos no se describen, ¿cuáles son? ¿Puedes describirlos?

i Está hecho de cerámica, tiene una asa y sirve para poner agua dentro.

ii Está hecho de cerámica pero no tiene asas y sirve para poner flores dentro.

iii Está hecho de cuero y sirve para poner vino dentro.

iv Está hecho de cristal y sirve para poner vino dentro.

v Son unos caramelos que son de diferentes tamaños, con sabor de limón y naranja.

vi Son un instrumento que utilizan las baturras para el baile regional.

vii Está vestida con el traje regional.

Actividad 2   23 truck

John quiere comprar regalos para su madre, su padre y su sobrina. Escucha la conversación entre John y María Jesús (Chus) y di para quién elige cada objeto de Actividad 1.

Gramática

Pronombres relativos

These are used to link two pieces of information.

que

Unos caramelos. Se llaman adoquines. → Unos caramelos **que** se llaman adoquines.

Una jarra es un objeto. Está hecho de cerámica → Una jarra es un objeto **que** está hecho de cerámica.

el que, la que, los que, las que

el bolso	Es **el que** he comprado para mi madre.
la camiseta	Es **la que** compré ayer.
los libros	Son **los que** compré para ti.
las sandalias	Son **las que** compré el verano pasado.

Actividad 3

Estudiante A

a Describe los seis objetos (sin nombrarlos) a Estudiante B, que adivina qué son. (Los tres primeros están descritos, como ayuda.)

a una prenda de vestir que se lleva en la cabeza

b un instrumento de hierro con mango que sirve para cortar

c un instrumento musical de madera que se toca con las dos manos

d

e

f

b Ahora cambiad. Estudiante B describirá unos objetos.

¿Qué son?

¿Cómo se llaman?

Estudiante B

a Estudiante A describirá unos objetos.

¿Qué son?

¿Cómo se llaman?

b Ahora cambiad. Describe los cinco objetos (sin nombrarlos) a Estudiante A, que adivina qué son. (Los dos primeros están descritos, como ayuda.)

a una prenda de vestir que se lleva en la mano en el tiempo frío

b un instrumento de metal que sirve para comer sopa

c

d

e

Actividad 6

a Lee este artículo y haz las actividades b y c.

  ## Actividad 4

Piensa en unos objetos típicos de tu país o región y descríbelos.

 ## Actividad 5

a Lee y escucha el diálogo.

A ¡Qué bonito es este jarrón! ¿Es de México?

B No, este jarrón es el que compré en Perú.

A ¿Y esta pulsera?

B Esta pulsera es la que me regaló mi tía de Guatemala.

b Haz diálogos similares con un(a) compañero/a. Usa la siguiente información:

1	bolsa:	comprar / Argentina
2	llavero:	encontrar / Brasil
3	bufanda:	regalar / madre
4	corbata:	comprar / Madrid
5	zapatos:	comprar / Barcelona

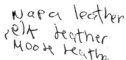

Napa leather
elk leather
Moose leather

DE COMPRAS

En España puede adquirir artículos de gran calidad y excelente precio, tanto en grandes capitales como en pequeñas ciudades. En Madrid no deje de visitar el Rastro en las mañanas del domingo. Es un mercado de acusada personalidad situado junto a la castiza plaza de Cascorro, mitad al aire libre, mitad en galerías de profundo sabor popular. En el Rastro se puede encontrar de todo, especialmente antigüedades a precio asequible.

La confección textil gozan de gran prestigio, existiendo, importantes fábricas, principalmente en Cataluña, y marcas famosas. Otro tanto puede decirse de los artículos de piel, entre los que destacan los mundialmente conocidos abrigos y chaquetas de ante y napa. Los trabajos artísticos de cuero, especialmente el repujado de Andalucía, son de gran calidad.

En España se construye gran variedad de modelos de muebles en madera. Destacan por su importancia Valencia, capital en la que anualmente se celebra una Feria Internacional del Mueble, y Menorca, en Baleares. Alicante destaca en la fabricación de juguetes. Las muñecas, de exquisita factura, los juguetes mecánicos y los educativos se exportan a todos los países del mundo.

La industria del calzado sobresale por su calidad y gran lujo. Alicante y Baleares son las provincias de mayor producción. Las alfombras son de excelente calidad y gran variedad en casi todas las provincias españolas, ofreciendo peculiaridades más interesantes las de Cáceres, Granada y Murcia.

En joyería y bisutería se consiguen auténticas creaciones. En Barcelona, Madrid, Oviedo, Salamanca y Toledo, entre otras provincias, se montan las más delicadas joyas, con modelos que han merecido importantes premios en numerosos certámenes internacionales. Tampoco deben olvidarse las perlas de Manacor, de gran prestigio.

En artículos deportivos, España le ofrece toda una gama de ellos. Las embarcaciones se construyen en Barcelona, Canarias y Tarragona. La Coruña, Lérida, Santander, Vizcaya y Guipúzcoa fabrican todo tipo de artículos deportivos.

Las bebidas representan un capítulo importante. Son mundialmente conocidos los vinos de Jerez, en sus diversas especialidades. En Moriles y en Montilla, en la provincia de Córdoba, se producen vinos de excelente calidad. Para la mesa son indicados los de Rioja, Cariñena, Ribera del Duero, Priorato y Valdepeñas. Los vinos espumosos de Cataluña, los de Ribeiro, en Galicia, y el chacolí, del País Vasco, son asimismo de alta calidad.

b Une las palabras del texto (1–6) con las definiciones (a–f).

1 asequible
2 confección
3 destacar
4 ante, napa, cuero
5 calzado
6 bisutería

a los zapatos
b joyas de imitación
c artículos de piel
d la fabricación de ropa
e razonable
f sobresalir

c Completa las frases y termínalas con el lugar apropiado.

1 Esta botella de vino es ⬭ ⬭ compré en ⬭.

2 Esta falda es ⬭ ⬭ compré en ⬭.

3 Este bolso de cuero es ⬭ ⬭ ⬭ en ⬭.

4 ⬭ muñeca es ⬭ ⬭ compré en ⬭.

5 Aquel espejo antiguo es ⬭ ⬭ compré en ⬭.

6 ⬭ collar y ⬭ pulsera de perlas son ⬭ ⬭ ⬭ en ⬭.

7 ⬭ sandalias ⬭ ⬭ ⬭ compré en ⬭.

8 ⬭ mesa es ⬭ ⬭ en ⬭.

! ¡Atención!

tanto en grandes capitales como en pequeñas ciudades = whether in big capitals or in small towns

B | Gramática activa 1: pronombres personales: Un día de compras

 Actividad 7

a Goreti, Leticia y Tessa fueron de compras el fin de semana. Escucha lo que dicen y di a qué foto corresponde cada diálogo.

b Pon las fotos y los diálogos en el orden en que ocurrieron.

✓ ──── *Gramática* ────

Pronombres personales: *me / te / le / nos / os / les*

¿Los pantalones **me** quedan bien?	*Do the trousers suit me?*
Sí, **te** quedan muy bien.	*Yes, they suit you very well.*
A Tessa **le** quedan bien los pantalones.	*The trousers suit Tessa well.*
¿Qué tal **nos** quedan los pantalones?	*How do the trousers suit us?*
Os quedan muy bien.	*They suit you well.*
Les quedan bien, ¿verdad?	*They suit them, don't they?*
Nota: **Me** los voy a comprar.	*I'm going to buy them (for me).*

! ──── *¡Atención!* ────

¡Qué hambre (tengo)!	=	I'm so hungry!
¡Qué sed (tengo)!	=	I'm so thirsty!
¡Menos mal!	=	Thank goodness!
el probador	=	changing room (in a clothes shop)
Estoy muerto/a.	=	I'm exhausted.
el cansancio	=	fatigue, exhaustion
Ya salimos.	=	We're leaving now.

Actividad 8

Lee el email que Tessa escribió a su amiga Tatiana, contándole lo que hicieron. Marca la foto de Actividad 7 que corresponde a cada frase del email. Hay dos sitios que no aparecen en las fotos y diálogos; ¿cuáles son?

¡Hola Tatiana!

El sábado fui de compras con Goreti y Leticia y lo pasamos muy bien. Fuimos a comprar ropa y otras cosas. Me compré unos pantalones muy bonitos. Gasté bastante y tuve que ir al banco a cambiar dinero. También fuimos a la peluquería y me corté el pelo, pero sólo las puntas. Por la tarde estábamos cansadísimas y fuimos a tomar un refresco y a comer un bocadillo. Lo pasamos fenomenal.

Un abrazo

Tessa

 Gramática

Pronombres personales (objeto)
para **mí, ti, él/ella, nosotros(as), vosotros(as), ellos/ellas**

He comprado una pulsera para **mí** y una camisa para **él**.

I've bought a bracelet for me and a shirt for him.

Note that mí *and* él *carry accents.*

 ## Actividad 9

Con un(a) compañero/a haz diálogos similares a los de Actividad 7.

 ## Actividad 10

Cuando vas de vacaciones te gusta comprar regalos. Cuando vuelves le enseñas a tu amigo/a los objetos que has comprado. Aquí tienes una lista con los objetos. Di qué objeto de la foto corresponde a cada frase.

1 Para mi hermana: pañuelo de seda.
2 Para ti: bolso de terciopelo.
3 Para mi padre: zapatillas para estar en casa.
4 Para mi novio: cartera de piel estrecha.
5 Para mí: pulsera de plata.
6 Para mi madre: guantes clásicos de color camel.
7 Para mi hermano: camisa de algodón.

 ## Actividad 11

a Escucha y lee el diálogo. Observa el uso de los pronombres.

A ¡Qué cinturón tan bonito! ¿Vas a comprar el cinturón para tu hermano?

B Sí, **se lo** voy a comprar.

A ¿Y qué vas a comprar para **ti**?

B Pues, no sé qué comprar para **mí**.

A Mira, estos guantes son muy bonitos. ¿**Te** gustan?

B Sí, **me** gustan mucho.

A ¿**Te los** vas a comprar?

B Sí, son muy bonitos, **me los** voy a comprar.

b Escribe diálogos similares. Usa las claves.

I padre / zapatillas; tú / gafas de sol

2 madre / guantes; tú / anillo

3 novio / cartera; tú / pendientes

4 amiga / bolso; tú / bufanda

5 hermana / pañuelo; tú / zapatos

6 hermano / camisa; tú / chaqueta

c Escucha y comprueba.

C | Gramática activa 2: demostrativos: De compras

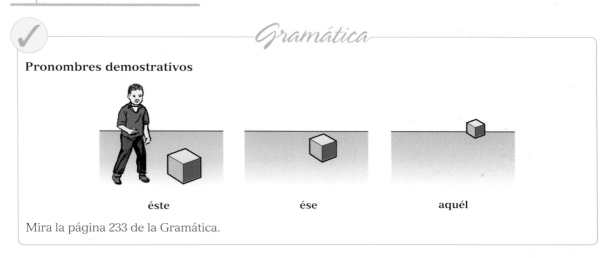

Gramática

Pronombres demostrativos

éste   ése   aquél

Mira la página 233 de la Gramática.

  ## Actividad 12

a Escucha y lee los diálogos en dos tiendas. ¿Qué compran los clientes?

A

Dependiente	Buenos días, ¿le atienden?
Cliente	No, no . . . ¿Puede enseñarme un bolso que hay en el escaparate, por favor?
Dependiente	Venga conmigo. Vamos a ver . . . ¿Es I ⬭ ?
Cliente	No, 2 ⬭ , el marrón.
Dependiente	¿3 ⬭ de ahí?
Cliente	No, el grande no, quiero el pequeño, el que está detrás del grande.
Dependiente	¡Ah, sí! Espere un momento, ahora lo saco.
Cliente	¿Podría envolverlo para regalo?
Dependiente	Sí, por supuesto.

B

Dependiente	Buenas tardes, ¿qué desea?
Cliente	Quiero un jarrón o algo parecido para un regalo.
Dependiente	Mire, los jarrones y vajillas están allá al fondo. ¿Le gusta 4 ⬭ ?
Cliente	No, es demasiado caro. Póngame 5 ⬭ , el de treinta euros.
Dependiente	¿6 ⬭ ?
Cliente	Pues . . . no, no me gusta, prefiero 7 ⬭ , el amarillo. ¿También vale treinta euros?
Dependiente	No, es un poco más caro, 8 ⬭ cuesta cuarenta euros.
Cliente	Bueno … no es mucho más … me lo quedo.

b Completa los dos diálogos con los pronombres correspondientes.

c Escucha y comprueba.

Actividad 13

Estudiante A

a Ésta es la lista de cosas que quieres comprar. Estudiante B es el / la dependiente/a. ¿Tiene lo que quieres?

1 un jarrón de cerámica pequeño azul, precio aproximado: 30 euros
2 un bolso de piel negro grande, precio aproximado: 18 euros
3 un jersey rojo de lana gruesa, grande, precio aproximado: 21 euros

b Estudiante B quiere comprar algunas cosas. En tus tiendas tienes estos objetos:

1 zapatos en negro y gris, número 39, 40, 42, 43 con lazos: 45 euros
2 una pluma fina, de plástico negro o metálica: 18 euros
3 una agenda de piel roja de tamaño mediano: 28 euros

Estudiante B

a Estudiante A quiere comprar algunas cosas. En tus tiendas tienes estos objetos:

1 un jarrón de cerámica mediano, azul: 40 euros
2 un bolso de piel gris, grande: 21 euros
3 un jersey rojo de lana gruesa, grande: 30 euros

b Ahora tú quieres comprar algunas cosas de la tienda de Estudiante A. ¿Tiene lo que quieres? Si no lo tiene, ¿tiene algo parecido?

1 zapatos en marrón, número 42, con lazos, precio aproximado: 42 euros
2 una pluma fina, de plástico azul marino, precio aproximado: 27 euros
3 una agenda de piel roja de tamaño grande, precio aproximado: 36 euros

D | Problemas

Actividad 14

Quejas, reclamaciones y cambios

a Estudia la lista de cosas que puedes comprar (1–5) e indica los posibles problemas que pueden tener (a–e).

Ejemplo: _1 d_

1 un jersey
2 un libro
3 una radio
4 una chaqueta
5 una vajilla

a páginas en blanco
b no funciona
c piezas rotas
d agujero
e mal cosida

b Inventa más con un(a) compañero/a.

Actividad 15

Escucha estos tres diálogos y rellena el cuadro.

	Diálogo 1	Diálogo 2	Diálogo 3
Objeto			
Problema			
¿Cuándo lo compró?			
Solución			

¡Atención!

el ticket de compra	=	receipt
un par de veces	=	a couple of times
por supuesto	=	of course
El reloj se adelanta.	=	The watch is fast.
darse cuenta	=	to realise, to become aware of
el agujero	=	hole
rebajas	=	sales (reduced prices)
rebajado/a	=	reduced
de todos modos	=	anyway, anyhow
el/la encargado/a	=	the person in charge, the manager

Gramática

Pronombres personales

Note the order of the pronouns in these questions:

¿Puede cambiar**los**?	*Can you change them?*
¿**Me los** puede cambiar?	*Can you change them for me?*
¿Puede cambiár**melos**?	*Can you change them for me?*

Actividad 16

Escucha otra vez. Escribe los verbos en dos listas: una lista de los verbos en pretérito perfecto y otra lista de los verbos en pretérito indefinido.

Pretérito perfecto

se ha roto

Pretérito indefinido

Compré estos zapatos ayer

Actividad 17

Estudiante A

a Estudia los detalles de algo que quieres devolver.
Habla con el / la dependiente/a (Estudiante B).
Estudiante B te pide información y te explica si lo
puede cambiar.

Información:
reloj roto
caído de la mesilla
no antichoque
completamente destrozado
garantía
buena marca

Actitud:
muy enfadado
amenazante
queja a Consumo
hablar con el / la gerente

Empieza: *Este/a lo / la compré y…*

b Ahora Estudiante B es el / la cliente. Quiere
devolver una cosa. Lee la información del / de
la dependiente/a y habla con el / la cliente.

Información:
enviar a la fábrica otra vez
no cambios
arreglar
no devolución de dinero
no es posible ver al director

Actitud:
no puede hacer nada
triste
pide perdón

Estudiante B

a Tú eres el / la dependiente/a de una tienda.
Estudiante A es el / la cliente. Quiere devolver
algo. Lee la información y habla con el / la
cliente.

Información:
enviar a la fábrica
arreglar
cambiar por otro
no devolución de dinero
eres el / la dueño/a

Actitud:
no puedes hacer nada
enfadado/a
agresivo/a

b Ahora tú eres el / la cliente. Estudia los detalles
de algo que quieres devolver.

Información: radio no funciona
no se puede oír bien ninguna emisora
hace muchos ruidos
no funciona ni con pilas ni con enchufe

Actitud:
amistoso/a, simpático/a
preocupado/a
enfadado/a

Actividad 18

Escribe una carta de queja al gerente de la tienda o
la compañía. Explica exactamente lo que ha pasado
y lo que pasó en la tienda cuando pediste la
devolución. Empieza:

Muy señores míos:

Les escribo como cliente de su tienda situada en
_____ *y tengo que quejarme del trato que*
recibí allí al hacer una reclamación.

El día _____ *compré…*

Actividad 19

Lee el email y escribe en la agenda, en orden cronológico, las tiendas que visitó Eva y lo que compró o cambió.

Sábado
mañana
tarde

Querido Gustavo:

¿Qué tal estás? Yo estoy muy cansada porque fui de compras el sábado y compré muchas cosas. Por la mañana fui a una joyería a comprar un regalo para mi madre porque era su cumpleaños. Quería comprar una pulsera y un collar de plata pero eran muy caros, así que decidí comprarle unos pendientes. Me costaron 43 euros y son muy bonitos. Pero cuando los di a mi madre por la tarde, nos dimos cuenta de que el cierre de uno de los pendientes estaba roto. Por lo tanto, volví a la tienda para cambiar los pendientes.

Antes de comprar el regalo en la joyería por la mañana fui a unos grandes almacenes y me compré una falda muy bonita. Lo primero que hice al salir de casa por la mañana fue comprar una revista en el estanco. Después de comprar mi falda fui a una cafetería a tomar un café y leer mi revista. Más tarde volví a los grandes almacenes para comer, pero antes, fui a comprar pilas para mi despertador, pero al llegar a casa me di cuenta de que no tenía las pilas – probablemente estaban todavía en la tienda, así que tuve que volver a la tienda antes de ir a la joyería porque cierran antes. Después de comprar las pilas (por la mañana) pero antes de comer, compré unos zapatos en un puesto de un mercadillo que había cerca de los grandes almacenes.

También compré unas gafas de sol en el mismo sitio. En la joyería por la tarde vi una pulsera preciosa para mí y la compré. Al volver a casa me encontré con unos amigos y tomamos un refresco en un bar. Luego, volví a casa; estaba muy cansada.

Un abrazo

Eva

  Actividad 20

Escribe una carta sobre tus compras usando la agenda. Empieza:

Querido amigo. El sábado pasado fui de compras . . .

SÁBADO
mañana
estanco – periódico
perfumería – perfume para amiga
grandes almacenes – pantalón y regalo para padre
farmacia – pastillas para la tos
mercado – pescado / lechuga / pan
tarde
tienda de fotografía – recoger fotos vacaciones
grandes almacenes – cambiar pantalón: muy pequeño
un bar – café con hermano

En casa o en clase

Actividad 21

Lee las descripciones del artículo (1–10) y di a qué cosas (a–i) se refieren.

Descubrimientos que han cambiado nuestra vida.

1 Algo que nos ayuda a no escuchar los ruidos cotidianos, se usa especialmente en los viajes.
2 Para jugar, para aprender, para ordenar, para comer, para despertar, para ganar tiempo o perderlo.
3 Muchos hogares corren el peligro de transmutarse en salas de cine de sesiones continuas.
4 No tiene manecillas y nos ayuda a no llegar tarde.
5 Gracias a él, hablamos en todas partes a distancia.
6 Económico, ligero, resistente a golpes, ha conseguido dejar de atormentar a más de una columna vertebral a la hora de cargar con la compra.
7 Algo que nos da información de todo y para todos y solamente necesitamos apretar un botón.
8 Algo que es perfecto para preparar una comida rápida.
9 Desde cualquier esquina nos mira, silenciosa y electrónicamente.

a

b

c

d

e

f

g

h

i

Actividad 22

a   Lee este artículo.

El Mercado de Bolivia

Bolivia es un mercado. Cuando todavía no ha amanecido, en las empinadas calles de La Paz, la capital, ya se registra una frenética actividad. Hombres, mujeres y niños tienen una misma misión, un trabajo común: instalar el mercado de cada día, en las aceras, haga frío o calor. Luego, apenas salga el sol, vendrán horas de comercio, de pequeños negocios, de oferta y demanda, de cotilleo y charla política. En La Paz cada día hay mercado. También lo hay en las otras ciudades del país: Potosí, Sucre, Cochabamba, Oruro . . .

La jornada ha empezado de madrugada, lejos de la gran ciudad. En cualquier pueblo del altiplano, sinónimo de casas de barro y poca luz, la familia carga sus mercancías en sacos. Ahí dentro se meten patatas, cebollas, alguna naranja o quizás telas, unas latas de conserva o los quesos de cabra que artesanalmente fabrica la abuela.

Después, La Paz. Una impresionante ciudad enclavada en un cañón a 3.700 metros de altitud. Para quienes no están habituados a la altura, el aire, pese a su límpida transparencia, parece que no llega a los pulmones.

Los campesinos buscan en las aceras un lugar estratégico donde instalar su tenderete comercial. La familia se mueve rápido: hay que descargar la mercancía, colocarla.

Cuando el sol brilla todo está listo para empezar. No hay precios marcados, ni envoltorios ni escaparates. Lo que sí existe es mucho color, también olor, regateo, oferta y demanda, ruido, orden y desorden.

Las ofertas varían según las calles: en unas se ofrece verduras y en otras, pescados recién llegados del lago Titicaca. En aquella cuesta es donde se venden las telas, cerca del cementerio están los bombines y en las calles que bajan hacia la iglesia de San Francisco es donde se puede adquirir la artesanía. Se come a todas horas y los puestos de sopas, verduras, arroces y pastas sirven rápido y barato. De lunes a domingo, en verano o invierno.

Existen mercados dedicados a los electrodomésticos, llamados artefactos. También los hay consagrados a la hechicería: en pequeños puestos atendidos por veteranas brujas, se ofrecen todo tipo de remedios contra el mal de ojo, la envidia, los amores imposibles, o la mala suerte.

En el mercado boliviano se vende hoja de coca y helados de mil colores desconocidos. Se puede comprar chocolate suizo junto a las salteñas, típicas empanadas de una carne misteriosa. También todo tipo de disfraces para toda clase de fiestas y verbenas callejeras o los poco atractivos falsos conejos, pequeños roedores que dicen son muy sabrosos. Los niños te ofrecen pasta de dientes o chicle con coca y, si eres más atrevido, cartuchos de dinamita para trabajar en las minas.

Cuando cae la tarde y el frío del altiplano empieza a dominar las aceras, todo vuelve a repetirse. Los hombres y mujeres recogen la mercancía expuesta sobre las aceras. Todo se carga, todos se suben al viejo y desvencijado camión y muy apretados iniciarán el regreso hacia el pueblo, al extrarradio. Mañana todo volverá a comenzar a la misma hora, con idéntica rutina y se oirán las mismas voces que no se cansan de repetir: ¿Es que no va a llevar . . .?

b   Mira esta lista de palabras y expresiones. ¿Qué significan? ¿A qué se refiere cada una en el texto?

1 a todas horas
2 mañana
3 cuando todavía no ha amanecido
4 cuando el sol brilla
5 de lunes a domingo
6 apenas salga el sol
7 cada día
8 cuando cae la tarde
9 madrugada
10 en verano o invierno

c   Busca frases que describen:

1 Bolivia
2 los pueblos
3 La Paz
4 los mercados

d   ¿Qué se vende en los mercados de Bolivia?

Autoevaluación

Ya sabes . . .

A   describir objetos y expresar opiniones sobre ellos.
usar varios tipos de pronombres en las situaciones anteriores: relativos (*el que compré ayer*).

B   hablar y escribir sobre compras
usar pronombres personales (*¿Me quedan bien?*).
para mí, para él, etc.

C   usar demostrativos (*Quiero aquél*).

D   hablar y escribir sobre problemas con productos: devoluciones y quejas en tiendas.
usar pronombres personales (*¿Puede cambiármelos?*).
usar los tiempos del pasado, especialmente contraste entre pretérito indefinido y pretérito perfecto.

Vocabulario para la próxima lección

a **Sucesos.** Usa el diccionario.

Las armas

un hacha	un ladrón
una pistola	un atracador
un cuchillo	disparar
un fusil	denunciar
una escopeta (de cañones recortados)	detener
	atracar
	amenazar

b Escucha más preposiciones.

Gramática y ejercicios

Pronombres relativos

que

unos caramelos **que** se llaman adoquines
Es una cerámica **que** es especial de la región.
Esto se llama porrón, **que** se utiliza para beber agua y vino.
Esto es un abanico, **que** se utiliza para darse aire cuando hace calor.

el que, la que, los que, las que

Masculino singular:	Este jarrón es **el que** compré en Perú.
Femenino singular:	Esta pulsera es **la que** me regaló mi tía de Guatemala.
Masculino plural:	Estos zapatos son **los que** compré en Italia.
Femenino plural:	Estas joyas son **las que** me regaló mi novio.

Contraste:
el jarrón que compré
Este jarrón es el que compré.

Pronombres demostrativos

éste / ésta éstos / éstas esto	*this one* *these* *this*
ése / ésa aquél / aquélla	*that one*
eso aquello	*that*
ésos / ésas aquéllos / aquéllas	*those*

Éste es el bolso que compré.
Ésta es la pulsera que me regaló.
Quiero comprar todo **esto**.
Quiero **éstos**.

Pronombres personales: objeto directo

Lo quiero.	*I'd like it.*
La quiero.	
¿**Lo / La** tiene en rojo?	*Do you have it in red?*
¿Como **lo / la** quiere?	*How would you like it?*
¿Puede envolver**lo/ la/los/las**?	*Could you wrap it / them?*
Cómpra**lo / la**.	*Buy it.*

Pronombres personales: objeto indirecto

me / te / le / nos / os / les

Me		
Te		
Le	va(n) bien.	*It suits you / They suit you.*
Nos	queda(n) bien.	*It suits you / They suit you.*
Os		
Les		

para **mí, ti, él/ella, nosotros(as), vosotros(as), ellos/ellas**

He comprado una pulsera para **mí** y una camisa para **él**.
Note that mí *and* él *carry accents.*

EJERCICIOS

A   *Contesta las preguntas.*

1   ¿Es éste el anillo que compraste en México?
Sí, éste es el que compré en México.
2   ¿Es éste el libro que has traído para mí?
3   ¿Es ésta la película que vamos a ver mañana?
4   ¿Es éste el amigo que trabaja en un banco?
5   ¿Son éstas las gafas que te regalaron tus padres?
6   ¿Es éste el vestido que llevaste a la fiesta?
7   ¿Son éstos los regalos que compraste para Navidad?

B   *Rellena los espacios en blanco.*

A   ¿Cómo **1** [_____] queda la camisa?
B   **2** [_____] queda muy bien.
A   ¿**3** [_____] [_____] quieres probar?
B   Sí, **4** [_____] [_____] quiero probrar.

C   *Transforma las frases.*

1   ¿Quieres la maleta que está allí?
Sí, quiero ésa.

2   ¿Quieres el libro que está aquí?
3   ¿Quieres los vasos que están allí?
4   ¿Quieres las copas que están ahí?
5   ¿Quieres la jarra que está aquí?
6   ¿Quieres el bolso que está ahí?
7   ¿Quieres los pantalones que están ahí?

D   *Transforma las frases usando los pronombres adecuados.*

1   Compré estos zapatos ayer. ¿Puede cambiar los zapatos (para mí)?
¿Me los puede cambiar? / ¿Puede cambiármelos?
2   Compré esta camisa la semana pasada. ¿Puede cambiar la camisa (para mí)?
3   Compré este traje esta mañana. ¿Puede cambiar el traje (para mí)?
4   Compré estas zapatillas esta mañana. ¿Puede cambiar las zapatillas (para mí)?
5   Compré estos pantalones ayer. ¿Puede cambiar los pantalones (para mí)?
6   Compré esta pulsera esta mañana. ¿Puede cambiar la pulsera (para mí)?

Vocabulario

A

Recuerdos de España	*Souvenirs of Spain*
alfombra	carpet
certamen (m)	competition, contest
gama	range
gozar	to enjoy
mitad (f)	half
sobresalir	to stand out

B

Un día de compras	*A day out shopping*
gastar	to spend
pasarlo bien	to have a good time
probador (m)	changing room
probar	to try on
puntas (fpl)	ends of hair
Me queda bien.	It suits / fits me.
Me va bien.	It suits / fits me.
talla	size

C

De compras	*Shopping*
envolver	to wrap
escaparate (m)	(shop) window
al fondo	at the back / end
sacar	to take out
vajillas (fpl)	crockery

D

Problemas	*Problems*
devolver	to refund
en primer lugar	firstly

E

En casa o en clase	*At home or in class*
atormentar	to torment
correr el peligro	to run the risk
cotidiano/a	daily, everyday
manecilla	hand (of a clock or watch)

9

¿Qué te pasó?

Temas	Lengua

A Narrar lo que pasó y lo que pasaba
   Noticias de la prensa
B Contar una historia
C Historias de misterio
D Denuncias
	El pretérito imperfecto en contraste con el
	   pretérito indefinido
	Preposiciones
	Conjunciones

Prepárate

La historia de Luis y Marisol

Describe la escena. ¿Dónde estaban Luis y Marisol? ¿Qué hacían? ¿Qué había en la calle? ¿Qué tiempo hacía? ¿Cuántas personas había? ¿Qué hacían? ¿Cómo eran? ¿Qué ropa llevaban?

A | Lo que pasó y lo que pasaba

  Actividad 1

Mira la continuación de la historia de Luis y Marisol y cuenta lo que pasó. Trabaja con un(a) compañero/a: habla y escribe. Utiliza estos verbos:

acercarse	coger	denunciar (x2)	encontrar	estar	hacer (x3)	ir
irse	pasear	poder	preguntar	ser (x2)	tener	

 Actividad 2

Escucha la historia. Compara la historia con la tuya. ¿Qué diferencias hay?

   Actividad 3

a   Lee y completa el texto de la historia. Usa los verbos de la lista de Actividad 1. Utiliza la forma correcta, principalmente:

  • pretérito indefinido
  • pretérito imperfecto

A El otro día **1** ________ por las Ramblas de Barcelona y había muchísima gente porque **2** ________ fiesta y **3** ________ un día espléndido. De repente **4** ________ dos chicos y nos **5** ________ la hora, entonces cuando **6** ________ mirando el reloj **7** ________ mi bolso y **8** ________ corriendo.

B ¿Qué **9** ________?

A Pues no **10** ________ hacer nada; grité pero **11** ________ muy rápidos y además nadie **12** ________ nada.

B ¿Qué **13** ________ en el bolso?

A Muchas cosas; mi pasaporte, la cámara, mi cartera con bastante dinero, las gafas y las llaves del coche.

B ¿Los **14** ________?

A Sí; **15** ________ a la comisaría y los **16** ________.

B ¿Crees que **17** ________ la bolsa?

A La policía dice que es muy difícil, esto pasa todos los días.

b Ahora escucha otra vez. Compara. Indica con «A» las acciones y con «D» la descripción de las circunstancias que rodean la acción principal.

Ejemplo: había muchísima gente *D*

Gramática

Note the different use of the imperfect (pretérito imperfecto) *and simple past* (pretérito indefinido) *tenses.*

[light grey] = description

[dark grey] = action

Paseábamos por la Rambla; hacía sol, había mucha gente, los niños jugaban, la gente tomaba café, cuando dos chicos se acercaron y nos quitaron la bolsa.

Actividad 4

Pon los verbos de las frases siguientes en el imperfecto o el pretérito indefinido.

1 Cuando yo (ir) a la playa, (hacer) mucho calor.
Cuando yo fui a la playa, hacía mucho calor.
2 Yo (perder) el dinero que (tener) en la cartera.
3 Cuando nosotros (llegar) a la autopista (estar) cerrada a causa de un accidente.
4 Antonio no (estar) en la oficina cuando (llegar) su jefe.
5 Cuando María y yo (salir) a la calle (haber) mucha gente.
6 Cuando Fernando (empezar) el examen (estar) muy nervioso.
7 Ana (perder) un reloj que (ser) un regalo de su madre.

Actividad 5

Los siguientes párrafos corresponden a cuatro noticias de un periódico (A–D). Busca los tres párrafos que corresponden a cada una y ponlos en el orden correcto. Observa el uso del imperfecto y el pretérito indefinido.

1 La Policía Local se personó en el lugar de los hechos pero no pudieron detener a los dos jóvenes.

2 Un chico de cuatro años se perdió en las calles de Zaragoza. Una patrulla de la Policía Local recogió al niño y lo llevó al Albergue Municipal.

3 Un soldado de 19 años, tras quitar el arma a un compañero de guardia, disparó contra las instalaciones de la base de helicópteros de Vetera (Valencia). Los hechos sucedieron a primera hora de la madrugada.

4 El atracador amenazó al director de la oficina con una pistola y se llevó dos mil euros.

5 A media tarde de ayer dos atracadores entraron en una farmacia situada en las inmediaciones del Parque Miraflores. Robaron una cantidad cercana a los 240 euros y algunos medicamentos.

6 El joven se levantó y amenazó con un cuchillo al soldado de guardia, quitándole el fusil.

7 Se cubría la cabeza con una media.

8 El joven hacía el servicio militar y se encontraba en una fase depresiva ya que no mantenía buenas relaciones con sus padres.

9 En la tarde de ayer un funcionario de la Diputación General de Aragón entregó el muchacho a sus padres.

10 Eran dos muchachos de unos 18 años, que vestían pantalón vaquero. Uno de ellos llevaba una escopeta de cañones recortados.

11 Un joven atracó la sede de Correos y Telégrafos de Alcorisa, a la una y media de ayer.

12 El niño tenía mucha hambre y estaba muy asustado.

Actividad 6

Habla con un(a) compañero/a. Cuenta una historia similar a la de Actividad 1.

B | Estaba paseando . . .

Gramática

1 Paseábamos
2 Estábamos paseando } cuando ellos cogieron mi bolsa.

1 Se forma con el pretérito imperfecto del verbo principal (**pasear – paseábamos**).
2 Se forma con el pretérito imperfecto del verbo **estar** + el gerundio del verbo principal (**estába/ estábamos paseando**).

Las dos formas significan lo mismo en este contexto.

Actividad 7

Habla con un(a) compañero/a de lo que ocurría en este edificio cuando empezó el incendio.

A *¿Qué hacía Manuel cuando empezó el incendio?*

B *Manuel estaba hablando por teléfono.*

Actividad 8

Forma las frases con las dos formas.

1 (Yo) lavar / coche / empezar / llover
Lavaba el coche cuando empezó a llover.
Estaba lavando el coche cuando empezó a llover.

2 (Ellos) vivir / Sevilla / morir / mi marido

3 (Nosotros) viajar / México / ocurrir / terremoto

4 (Ella) estudiar / la universidad / tener / accidente

5 ¿(Tú) conducir / coche / chocar / camión?

6 (Él) correr / sufrir / infarto

Actividad 9

Estudiante A

a Lee los principios de estas frases a Estudiante B. Estudiante B tiene que terminar la frase.

1 Estaba duchándome cuando . . .
2 Leía una novela de terror cuando . . .
3 Me estaba cambiando la ropa cuando . . .
4 Me estaba bañando en el mar cuando . . .
5 Cenaba en un restaurante cuando . . .

b Cambiad. Estudiante B te lee los principios de unas frases. Termínalas.

Estudiante B

a Estudiante A te dará los principios de unas frases. Termínalas.

b Ahora lee los principios de estas frases a Estudiante A. Él / Ella tiene que terminarlas.

1 Estaba comprando un periódico cuando . . .
2 Escribía una carta a mi novio/a cuando . . .
3 Estaba corriendo en el parque cuando . . .
4 Estaba preparando la comida cuando . . .
5 Conducía por el centro cuando . . .

 Actividad 10

a Tres personas (María Jesús, Rosa, Mari Mar) describen una historia que les pasó. Escucha y contesta.

1 ¿Cuándo ocurrió?

2 ¿Cuáles eran las circunstancias? (descripción)

3 ¿Qué ocurrió? (acción)

4 ¿Cómo terminó?

5 Añade otros detalles.

b   Escucha la historia de Mari Mar otra vez y contesta.

1 ¿Dónde iban Mari Mar y sus amigos?

2 Casi tuvieron un accidente. ¿Por qué?

3 ¿Qué hizo el señor del otro coche?

4 ¿Dónde tenían que estar a las nueve?

5 ¿Dónde estaban a las nueve?

6 ¿Qué hicieron sus amigos en la boda?

c   ¿Qué significan estas frases?

1 ir en dirección prohibida

2 por supuesto

3 llevar un susto

4 debido a este conflicto

5 hasta que llegamos

¡Atención!

tomar el fresco	=	to get some fresh air (outside)
los tejanos	=	jeans
un(a) sonámbulo/a	=	a sleepwalker
por hacer gracia	=	to do something for fun
cierto	=	true, real
pegarse un susto	=	to have a shock (colloquial)

Actividad 11

a   Lee lo que cuenta Mari Mar y completa los espacios en blanco usando las palabras del cuadro.

amenazó	boda (x2)	celebrar	cena	ciudad
comisaría	hacha	iglesia	invitados	nervios
novia	policía	prohibida	susto	

«Bueno, pues los hechos ocurrieron un quince de abril de mil novecientos ochenta y nueve. Se casaba una amiga mía, yo estaba invitada a la **1** ⏺ y, después de que se celebrara el casamiento en la **2** ⏺, pues nos fuimos a tomar algo por ahí. Íbamos por la **3** ⏺ y, bueno pues, estuvimos a punto de chocar con un coche; el coche en sí iba en dirección **4** ⏺, el señor del coche bajó, nos **5** ⏺ con un hacha, ya que el señor no iba en muy buenas condiciones, nosotros, por supuesto, llevamos un **6** ⏺ tremendo, vino la **7** ⏺ y, debido a este conflicto, la **8** ⏺ en la que íbamos a **9** ⏺ el acontecimiento de mi amiga, se celebraba a las nueve, nosotros a las nueve estábamos en **10** ⏺ declarando que este señor nos había amenazado con un **11** ⏺, y bueno, dentro de que en aquellos momentos hubo muchos **12** ⏺, después fue muy divertido, ya que la **13** ⏺, al ver que no estaban sus amigas, paró la **14** ⏺. Todos los **15** ⏺ tuvieron que estar esperando una hora hasta que llegamos nosotros, y bueno la cosa acabó feliz y ahora lo recuerdo con mucha risa.»

b   Escucha a Mari Mar otra vez y comprueba.

 Actividad 12

Piensa en una historia que te pasó a ti. Cuéntala a un(a) compañero/a.

C | Gramática activa: preposiciones: Historias de misterio

   ## Actividad 13

a Los dibujos siguientes describen una historia. Pon las frases en el orden de los dibujos.

a pero no vio a nadie

b entonces una mujer abrió una puerta y miró a su alrededor

c era una noche de diciembre, sin estrellas; llovía un poco y, por supuesto, hacía frío

d cuando una sombra corrió hacia la casa

e eran las diez de la noche en el reloj de la torre de la iglesia

f se oyeron de repente unos pasos rápidos y un ruido fuerte

g los gatos paseaban silenciosos también por las calles oscuras y estrechas

h la mujer, que estaba aún en la puerta, la cerró

i y se oyó un grito

j no se veía a nadie por las calles, todo estaba tranquilo

k la noche era oscura y el silencio era intenso

l sólo se veían luces amarillas detrás de las ventanas y las puertas

b Compara tu historia con la de un(a) compañero/a.

c Escucha y comprueba.

d La historia no tiene final. Ponle tú un final interesante. Compara el final con el de tu compañero/a.

 ## Actividad 14

Lee la historia una vez más e indica las preposiciones.

Ejemplos: *las diez de la noche*
el reloj de la torre
paseaban por las calles

Actividad 15

Estudia las preposiciones y los ejemplos en la página 236 de la sección de Gramática. Rellena los espacios de estas frases con la preposición adecuada del cuadro.

ante	contra	desde	entre (×2)	hacia
hasta	según	sin	sobre	

1 El coche chocó ( ) una pared.

2 En la televisión había un debate ( ) política.

3 En el verano le gustaba pasear ( ) los árboles del bosque.

4 Estaré aquí ( ) la una ( ) las cuatro.

5 Organizaste el viaje ( ) informarnos de los detalles.

6 ( ) las noticias de la televisión va a haber elecciones próximamente.

7 Normalmente Carlos hace el trabajo bien pero ( ) una crisis no sabe tomar decisiones.

8 La moto se dirigía ( ) el muro pero el motociclista pudo pararla antes de chocar.

9 El chico que me robó tenía ( ) quince y diecisiete años.

✓ *Gramática*

por *and* para
For por, *try using the loose translation 'because of'.*
Está triste **por** la muerte de su padre.

For para, *try using the loose translation 'in order to' and adding a verb if there isn't one.*
Tengo poco dinero **para** divertirme.
Tengo poco dinero **para** (ir a) la ópera.

  ## Actividad 16

Mira los dibujos y cuenta o escribe la historia del espía Pepe.

Actividad 17

a Lee las frases que cuentan la historia del espía Pepe. ¿Qué frase corresponde a cada dibujo?

1 Ayer ⬭ las siete ⬭ la tarde, el espía Pepe llamó ⬭ teléfono ⬭ alguien.

2 Llegó ⬭ la casa, entró ⬭ la puerta ⬭ atrás y mató ⬭ presidente.

3 No bajó ⬭ el ascensor.

4 ⬭ una tienda había comprado flores y una pistola.

5 Después cenó y salió ⬭ casa ⬭ una maleta.

6 Pero antes dijo: «Lo hago ⬭ tus crímenes y ⬭ la revolución. Estas flores son ⬭ tu tumba.» Y disparó,

7 y paseó ⬭ el centro ⬭ la ciudad ⬭ las doce.

8 Bajó ⬭ las escaleras ⬭ no ver ⬭ nadie.

9 Fue ⬭ la calle ⬭ el parque.

b Rellena los espacios con las preposiciones adecuadas.

D | ¿Qué pasó?

   Actividad 18

Fernando fue testigo de un robo.

a Lee y escucha lo que cuenta Fernando y escribe las preguntas que le hizo la policía.

Ejemplo: *¿Dónde estaba usted exactamente cuando ocurrió el robo?*

Yo estaba sentado en una mesa en la terraza de un bar. Estaba tomando un refresco. Era por la tarde, eran las seis de la tarde aproximadamente, y hacía calor y sol. En la calle había bastante tráfico. Al lado de mi mesa había dos mesas más. En una mesa había un hombre y una mujer que estaban tomando café. En la otra mesa había un padre con dos niños, los niños estaban comiendo helado y el padre estaba comiendo un bocadillo y bebía una naranjada. Enfrente del bar había un banco y al lado de la puerta del banco había un cajero automático. En el cajero había una fila de personas, la fila era muy larga. Estaban esperando para sacar dinero. Una mujer que sacó su dinero del cajero, lo estaba metiendo en su bolso. Entonces un hombre y una mujer de unos cincuenta años, que iban en una moto, pasaron muy despacio al lado de la mujer y le cogieron el bolso. Los ladrones llevaban vaqueros y camisetas blancas, pero no pude verles bien la cara porque llevaban gafas oscuras. La mujer tenía pelo largo y castaño y el hombre tenía el pelo rizado y rubio. No llevaban casco. Algunos vieron el robo, pero muchos no, porque había mucha gente y mucho ruido. Nadie hizo nada y los ladrones escaparon con el bolso. La mujer estaba llorando y gritando y creo que le dio un ataque de nervios. Entonces yo fui a ayudarla y llamé a la policía.

b Ahora sin mirar lo que dice Fernando, escribe de memoria las respuestas a las preguntas.

c Lee el texto y comprueba si tus respuestas son correctas.

 Actividad 19

Trabaja con un(a) compañero/a.

Estudiante A   Eres policía. Haz las preguntas que has preparado en Actividad 18.
Estudiante B   Eres Fernando. Contesta las preguntas de la policía.

En casa o en clase

     Actividad 20

Los ladrones que se cayeron a un cine

a   Lee y completa el texto con las frases del cuadro.

la gente	de repente	a mitad de	según parece	el caso es que	esta semana	se trataba de

1 (   ) en un cine de Barcelona los espectadores que se encontraban asistiendo a la proyección de *Robocop 2* tuvieron emociones extras; **2** (   ) la película se oyó un estrépito terrible, **3** (   ) creía que se estaba produciendo un terremoto y **4** (   ) dos hombres caen del techo. ¿Efectos especiales? No. **5** (   ) dos ladrones que andaban merodeando por el techo del cine a ver si podían entrar en una de las casas de alrededor. No se sabe qué teja en falso pisaron, **6** (   ) cayeron en medio del patio de butacas. **7** (   ) el impacto entre la audiencia fue tan grande, que los responsables de este cine, el cine Tívoli de Barcelona, han pensado incluir la caída de los ladrones en la proyección de *Robocop 2*.

b   Escucha y comprueba.

c   Contesta.

1 ¿Qué hacía la gente?
2 ¿Qué hacían los dos hombres?
3 ¿Qué hicieron los dos hombres?
4 ¿Qué hizo la gente?

Actividad 21

Lee el texto y escribe las preguntas de estas respuestas.

1 Gijón
2 La Oficina Municipal de Información al Consumidor
3 Una marca de patatas fritas
4 Un ratón frito
5 Mientras tomaba un aperitivo
6 Perfectamente conservado

Un ratón en la bolsa de patatas fritas

Un vecino de Gijón ha presentado una denuncia en la Oficina Municipal de Información al Consumidor contra una marca de patatas fritas en cuyo interior encontró un ratón, que también estaba frito. El hecho se produjo el pasado miércoles, cuando el joven denunciante se encontraba tomando un aperitivo en un merendero de la zona de El Piles. Al abrir una bolsa de patatas, se encontró en su interior un ratón frito, al igual que las patatas, pero perfectamente conservado, con patas, rabo y cabeza, y de unos diez centímetros de largo.

 ## Gramática

Note how the verbs encontrarse *and* producirse *are used in the two texts in this section.*
. . . los espectadores que **se encontraron** asistiendo a la proyección de *Robocop 2* . . .
El hecho **se produjo** el pasado miércoles.

Study the expression Al abrir . . . *in Actividad 21.*

  ## Actividad 22

a Busca una historia en un periódico y tradúcela al español.

b Escribe un artículo para tu periódico local sobre alguna historia real o inventada.

 ## Autoevaluación

Ya sabes . . .

A   contar lo que te pasó, describiendo los detalles (lo que pasaba), oralmente y por escrito.
comprender noticias y artículos de periódicos y revistas.

B   contar qué estabas haciendo cuando algo ocurrió.

C   usar los diferentes tiempos y las preposiciones en la narración.

D   hacer preguntas sobre una historia.

 # Vocabulario para la próxima lección

Las artes

¿Qué significan estas palabras y frases?

1 **Un lector** lee **una novela** o **un artículo** en un periódico o **una revista**.
2 **Un(a) presentador(a)** presenta **un programa** de televisión o **un concurso**.
3 **Un televidente** ve estos programas y también **las telenovelas**.
4 En el cine, las películas extranjeras están en **versión original** con **subtítulos** o en **versión doblada**.
5 Antes de hacer una **película** necesitas un buen **guión**, escrito por un **guionista**.
6 Quizás prefieres el teatro con **obras** clásicas de Lope de Vega.

Gramática y ejercicios

Uso del pretérito indefinido y del pretérito imperfecto para describir el pasado

Use of the preterite and the imperfect to describe actions in the past

Describing the events surrounding an action that took place in the past uses a combination of the imperfect tense and the preterite.

Era la semana pasada. **Paseaba** por la calle. **Tenía** el bolso en el hombro. Un chico me **golpeó** y me **robó** el bolso. **Era** joven. **Había** dinero en el bolso.

It was last week. I was walking along the street. I had the bag on my shoulder. A boy hit me and stole my bag. He was young. There was money in the bag.

Notice that the preterite is used to describe the single actions: golpeó (he hit), robó (he stole). Everything else is in the imperfect tense:

- *description of when it happened*   era la semana pasada
- *what she was doing at the time*   paseaba por la calle
- *description of where the bag was*   tenía el bolso en el hombro
- *description of the boy*   era joven
- *description of what was in the bag*   había dinero

We can also use estar *with a verb to add to the sense of continuity in the past:*

Estaba comiendo cuando llamaron a la puerta.
He was eating when they knocked at the door.

EJERCICIOS

A   *Pon los verbos en el tiempo adecuado: imperfecto o pretérito indefinido.*

1 Cuando tú (llamar) a la puerta, yo (estar) en la ducha.

2 Cuando (salir) los niños del colegio, (empezar) a llover.

3 Cuando mi hermana (cruzar) la calle, (venir) un coche con mucha velocidad y la (atropellar).

4 Javier (perder) su teléfono cuando (volver) a casa en el autobús.

5 Luis (estar) muy nervioso y preocupado cuando lo (ver) ayer.

B   *Elige el verbo correspondiente del cuadro para completar las frases con la forma* **estar** *+ gerundio.*

> dormir   ducharse   escribir   hablar   jugar
> leer   preparar   ver

Cuando llegué a casa . . .

1 mi madre ⬭ por teléfono.
2 mi padre ⬭ un email.
3 mi hermana pequeña ⬭ en el cuarto de baño.
4 mi hermana mayor ⬭ el desayuno.
5 mis hermanos pequeños ⬭ en su habitación.
6 mis abuelos ⬭ en la cama.
7 mi hermano ⬭ la televisión.
8 mi prima ⬭ el periódico.

C   *Escribe las preposiciones correspondientes.*

1 No vi ⬭ Begoña ⬭ la fiesta.
2 Mi trabajo consiste ⬭ enseñar la ciudad ⬭ los turistas.
3 Fui ⬭ la playa ⬭ un grupo ⬭ amigos.
4 La película trata ⬭ un joven que quiere hacerse rico ⬭ ningún esfuerzo.
5 El jefe habló ⬭ los empleados ⬭ todos los problemas que tiene la empresa.

D   *Escribe las preposiciones* **por** *o* **para.**

1 Estamos muy enfadados ⬭ el mal comportamiento de nuestro hijo.
2 Este regalo es ⬭ mi sobrina.
3 Estaré aquí unos días ⬭ descansar.

4 Cometió el crimen (   ) venganza.

5 Estudia arte (   ) placer.

6 Mi padre tuvo que trabajar de niño (   ) ayudar a su familia.

E *Rellena los espacios en blanco con la forma correcta de los verbos en paréntesis. Usa el pretérito indefinido y el imperfecto.*

1 Un día mi hermana (ir) (   ) por la calle y un hombre le (robar) (   ) la mochila.

2 Ayer unos ladrones (entrar) (   ) en casa de mi vecino. Yo los (ver) (   ), pero (yo) no (poder) (   ) ver sus caras porque (llevar) (   ) máscaras.

3 Mis padres (pasear) (   ) por la calle tranquilamente cuando un hombre los (atacar) (   ) con un cuchillo.

4 María (ir) (   ) en el autobús y (tener) (   ) su cámara en el bolso. El bolso (estar) (   ) cerrado, pero alguien lo (abrir) (   ) y (coger) (   ) la cámara.

5 Un día mis amigos y yo (volver) (   ) de la discoteca cuando (ver) (   ) a unos hombres que (salir) (   ) de un banco y (escapar) (   ) en un coche rápidamente.

Vocabulario

A

Lo que pasó y lo que pasaba	**What happened and what was happening**
acercarse	*to approach, to go up to*
atracador (m)	*attacker*
denunciar	*to report (a crime to the police)*
disparar	*to shoot (a gun)*
entregar	*to hand over*
escopeta (de cañones recortados)	*(sawn off) shotgun*
funcionario	*staff member, employee*
fusil (m)	*gun, rifle*
media	*stocking*
patrulla	*patrol*
suceder	*to occur*

B

Estaba paseando . . .	**I was walking . . .**
a punto de	*about to*
casamiento	*marriage*
debido a	*as a result of*
(en) dirección contraria	*the wrong way (in a one-way street)*

hacha (f)	*axe*
hecho	*event*
infarto	*heart attack*
terremoto	*earthquake*

C

Historias de misterio	**Mystery stories**
alrededor (m)	*surroundings*
chocar	*to crash*
de repente	*suddenly*
estrecho/a	*narrow*
estrella	*star*
sombra	*shadow*
torre (f)	*tower*

D

¿Qué pasó?	**What happened?**
cajero automático	*cashpoint ('hole in the wall')*
casco	*helmet*
castaño/a	*chestnut-brown (hair colour)*
fila	*queue*
meter	*to put in*

DIEZ
10 ¿Qué te parece?

Temas

A Narración
B Tiempo libre: la televisión, la literatura, el cine, el teatro
C El cine

Lengua

Pluscuamperfecto: *Cuando Jorge llegó, el restaurante había cerrado.*
Cuando llegaron a la estación, el tren había salido.
ya: *Los croissants ya se habían terminado.*
aún: *La película aún no había empezado.*

Prepárate

Estudia las cuatro secciones y escribe las palabras relacionadas con cada sección. Algunas de las palabras corresponden a más de una.

1 televisión

2 literatura

3 cine

4 teatro

actor / actriz argumento artículo autor(a) columnista concurso coreografía dirección (f)
drama (m) escenografía guión (m) lector(a) novela obra película presentador(a) programa (m)
protagonista revista sonido telenovelas televidente versión doblada (f)

A | Ya había salido

  ## Actividad 1

Jorge en París: primera parte

Hace cinco años, Jorge pasó un año en París.

Escucha lo que hacía cada día.

Escribe una lista de lo que hacía.

  ## Actividad 2

Jorge en París: segunda parte

a Un día a Jorge le ocurrieron varias cosas extrañas. ¿Qué le pasó? Escucha y termina las frases.

1 Fue al bar a desayunar y los croissants . . .
2 El restaurante universitario . . .
3 Fue al cine pero la película . . .
4 Cuando fue a buscar a su mujer, ella . . .
5 El último tren . . .

> Recuerda los verbos:
> cerrar   empezar   irse   salir   terminarse

b Escucha otra vez y compara tus frases con las de Jorge.

  ## Actividad 3

Jorge en París: tercera parte

a ¿Por qué le pasaron estas cosas a Jorge? Decide con un(a) compañero/a una explicación para los problemas de Jorge.

b Escucha la tercera parte. ¿Lo has adivinado?

 ## Gramática

Pluscuamperfecto

Fui al restaurante pero **había cerrado**.

Llegué a la estación pero el tren **había salido**.

Para poner énfasis

ya   Los croissants **ya** se habían terminado.

aún   La película **aún** no había empezado.

Actividad 4

Une las frases.

1 Cuando su madre llegó a casa
2 Cuando llegamos al club
3 Cuando llegó la policía
4 Cuando empezó a ponerse enfermo
5 Cuando llamaron a su casa

a ya se había terminado la música.
b los ladrones aún no habían escapado.
c aún no había terminado su trabajo.
d ya se habían marchado.
e el niño ya había terminado sus deberes.

Actividad 5

Estudiante A

a Éstas son tus frases. Estudiante B tiene que terminar cada frase.

1 Cuando empezó la tormenta . . .
2 Cuando encontraron al gato . . .
3 Cuando terminó la novela . . .
4 Cuando nos casamos . . .
5 Cuando sacaste el coche . . .

b Ahora Estudiante B te dirá los principios de unas frases. Termínalas. Usa **ya** o **aún** si quieres.

Estudiante B

a Estudiante A te dirá los principios de unas frases. Termínalas.
Usa **ya** o **aún** si quieres.

b Ahora empieza tú las frases. Estudiante A las terminará.

1 Cuando llamó la policía . . .
2 Cuando llegué al aeropuerto . . .
3 Cuando llegaron al teatro . . .
4 Cuando empezó a cantar . . .
5 Cuando terminaron la cena . . .

Actividad 6

a   Lee esta historia y contesta las preguntas.

1   ¿Quién perdió qué y dónde?
2   ¿Cómo desapareció?
3   ¿Cómo apareció?

LA CARTERA DE JOSÉ

El otro día José perdió su cartera con todos sus libros y papeles. La había comprado la semana anterior. Fue a comer una hamburguesa a un bar y cuando salió, se olvidó la cartera debajo de la mesa. Al cabo de unos minutos se dio cuenta y volvió a recogerla, pero no la encontró. Una camarera había visto a alguien salir con su cartera. José se enfadó mucho porque todo sucedió en cinco minutos.

   Al día siguiente volvió a preguntar en el mismo bar por si alguien la había devuelto. Imagínate su alegría cuando le dijeron que la tenían allí. Resulta que . . .

b   Haz una lista de todas las acciones en el orden en que aparecen en la historia.

Ejemplo: *a   José / perder / cartera*
           b   comprar / cartera
           etc.

c   Ahora pon tu lista de acciones en el orden cronológico. Compara con un(a) compañero/a.

 ¡*Atención!*

Expresiones

al cabo de unos minutos	=	*a few minutes later*
al día siguiente	=	*the next day*
darse cuenta	=	*to realise*
resulta que . . .	=	*what had happened was . . .*

«¿Por qué no me saludaste?»
«Porque no me di cuenta de que estabas allí.»

 ## Actividad 7

a   ¿Cómo terminó la historia de Actividad 6? Trabaja con tu compañero/a. Compara con la grabación. ¿Es similar a tu versión?

b   Escucha toda la historia otra vez. Escribe un resumen.

  ## Actividad 8
Inventa una historia similar. Cuéntala a tu compañero/a.

B | Tiempo libre

  ## Actividad 9

Rosa, Javier y Mari Mar hablan de lo que prefieren: la televisión, el cine, la lectura, o el teatro. Escucha la grabación y completa un cuadro para cada persona con la información que dan sobre estos temas.

	le gusta	frecuencia	clase que prefiere / no prefiere
TV			
cine			
teatro			
lectura			

  ## Actividad 10

a Lee algunas frases que dicen Rosa, Javier y Mari Mar. ¿Quién dice cada frase?

1 (Voy al cine) menos de lo que quisiera.
2 (Voy al teatro) siempre que puedo.
3 El cine, si es bueno, también me gusta.
4 Los detesto los dos.
5 Los programas de humor me distraen.
6 Los que más me gustan son las novelas con fondo histórico.
7 Me gustan las que me dejan pensando.
8 No muy a menudo pero vamos, sí leo.
9 No, en concreto no suelo leer ninguno.

10 Suelo leer las cartas que mandan al director.
11 También me gusta ir de cuando en cuando al cine.
12 Tampoco dispongo de mucho tiempo.

b Escucha y comprueba.

  ## Actividad 11

a Usa las mismas preguntas de las entrevistas de Actividad 10 y haz una entrevista similar a un(a) compañero/a. Usa el cuadro de la Actividad 9 para escribir las respuestas.

b Intercambia con otros compañeros/as para hacer una encuesta de toda la clase.

Actividad 12

Mira las imágenes de cinco programas que se emiten en televisión (1–5). Pon las fotos con los textos a los que corresponden (a–e). Compara con un(a) compañero/a.

1

2

3

4

5

a

9.55 / TVE-1   Una ciudad para vivir

Esta serie de documentales se acerca hasta la ciudad holandesa de Amsterdam. Las costumbres del lugar, además de los aspectos culturales, serán objeto de un interesante análisis.

b

20.31 / Canal+   Los primeros de la clase

Serie juvenil que narra las peripecias de los alumnos del Instituto Monroe de Manhattan. El empollón Arvid, el visionario Jaweaharlal y Janice, un genio de 12 años, son algunos de sus protagonistas.

c

14.35 / Canal+ Peter Pan

Los pequeños telespectadores pueden contemplar las divertidas aventuras de este pequeño ser que se negó a crecer. La fiel Campanilla, Wendy y el temible capitán Garfio son otros de los personajes de la serie que el canal privado emite en codificado.

e

22.00 / El regreso de Martin Guerre (Le retour de Martin Guerre)

De Daniel Vigne. Con Gérard Dépardieu y Nathalie Baye. Color. 121 minutos. Francia. 1982.

Durante el siglo XVI en Francia, dos poderosas familias campesinas casan a sus hijos, Bertrande de Rois, de 12 años, y Martín Guerre, de 13. Él se enrola en diversas guerras y cuando regresa, ocho años después, nadie sabe si es él o un impostor.

d

10.15 / Telemadrid Tendencias

En el programa de hoy se analizará la relación de Gabriel García Márquez con el cine. El Premio Nobel colombiano ha mantenido siempre una estrecha, aunque conflictiva, relación con el mundo del celuloide. El cine y él son como un matrimonio mal avenido.

C | El cine

  Actividad 14

Tres personas hablan del famoso director de cine, Luis Buñuel (1900–1983) y de sus películas. Escucha y contesta.

 ¡Atención!

una peripecia	=	*adventure*
el empollón	=	*class swot*
el / la protagonista	=	*protagonist*

 Actividad 13

Escribe una carta a un(a) amigo/a sobre tus preferencias de cine, TV, etc. También habla de cómo es el teatro, el cine, la televisión en tu país.

1 ¿Cuáles son las opiniones de cada persona (A = mujer 1, B = hombre, C = mujer 2) sobre Buñuel? Escríbelas.

2 ¿Quién   • ha visto todas sus películas?
            • no lo conoce?
            • no vio la película en la tele?

Actividad 15

a Lee la conversación de la Actividad 14 y rellena los espacios en blanco con las palabras del cuadro.

> difíciles   entendí   estupenda   extrañas   interesantes   mejores
> protagonista   raras   sentido   tanto   trata

A   ¿Has visto alguna película de Buñuel?

B   Sí, he visto alguna, bueno, dos o tres.

A   ¿Y qué te parecen?

B   La verdad es que muy **1** _rara_, me resultan **2** _DIFICIL_ de comprender. ¿Tú qué opinas?

A   No sé . . . es que a mí me gustan mucho sus películas. Las he visto todas. Algunas son más **3** _ESTRAN_ que otras, pero todas son muy **4** _interesan_, bueno, creo yo.

C   Yo, en realidad, prácticamente no lo conozco, no he visto más que una o dos de sus películas, no puedo opinar.

B   Pues yo no les veo . . . no les encuentro ningún **5** _sentido_. ¿Viste *Viridiana* el otro día en la tele?

A   Yo sí. Yo ya la había visto tres veces. ¡Qué película tan **6** _Estupend_! ¡Fabulosa! Creo que es una de las **7** _mejores_, a mí es la que más me gusta.

B   Bueno, no sé si es para **8** _tanto_. Algunas cosas están bien. Yo no la había visto antes y no **9** _Entendi_ todo pero, quizás si la veo otra vez . . . Lo que sí me gustó fue la **10** _Protagoni_.

C   Yo no la vi. ¿De qué se **11** _trata_?

A   Pues de una mujer que es novicia y se va a meter monja. Pero antes, va a visitar a su tío y . . .

b Subraya las frases que se usan para pedir y dar opinión.

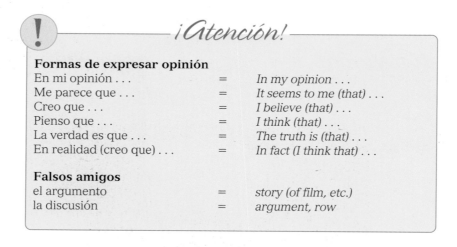

> **!**
>
> —————— *¡Atención!* ——————
>
> **Formas de expresar opinión**
>
> | | | |
> |---|---|---|
> | En mi opinión . . . | = | In my opinion . . . |
> | Me parece que . . . | = | It seems to me (that) . . . |
> | Creo que . . . | = | I believe (that) . . . |
> | Pienso que . . . | = | I think (that) . . . |
> | La verdad es que . . . | = | The truth is (that) . . . |
> | En realidad (creo que) . . . | = | In fact (I think that) . . . |
>
> **Falsos amigos**
>
> | | | |
> |---|---|---|
> | el argumento | = | story (of film, etc.) |
> | la discusión | = | argument, row |

Actividad 16

Estudiante A

Invita a tu amigo/a a ver una película. Descríbela e intenta convencer a tu amigo/a para ir a verla. Te han dicho de esta película:

- excelente
- fácil de comprender
- actores extraordinarios
- original
- tema bien tratado
- imaginación

Explica el argumento de la película.

Estudiante B

Estudiante A te invita a ver una película. No quieres ir a ver esta película. Te han dicho que es:
- aburrida
- incomprensible
- pesada
- actores malísimos
- demasiado larga
- no pasa nada.

Actividad 17

Mari Mar cuenta el argumento de una película, *El Novato*. Escucha y contesta.

1 ¿Quién es Marlon Brando en la película?
2 El adolescente se introduce en el mundo de la Mafia. ¿Por qué?
3 ¿Cuál es el problema cuando empieza su «carrera» en la Mafia?
4 ¿Cómo termina la película?

  ## Actividad 18

Lee el argumento de la película que ha contado Mari Mar en la Actividad 17 y escríbelo en el pasado. Empieza:

La última (película) que vi se titulaba «El Novato». El protagonista de la película era Marlon Brando . . .

La última película que vi se titulaba *El Novato*. El protagonista de la película es Marlon Brando y el argumento de ella pues va de un niño, ya adolescente, muy ambicioso, quiere ganar dinero rápido y se introduce en el mundo de la Mafia sin tener idea de ello. Conoce a Marlon Brando, que es un mafioso importante de la ciudad donde se basa la película, y él le va introduciendo en el campo de la Mafia, le va enseñando los trucos hasta que él ya se . . . hace el jefe de toda la banda y bueno, ya ahí, ya ha acabado el argumento de la película ya que se titula *El Novato* y se hace ya el jefe de toda la ciudad.

Actividad 19

a Ahora escucha a María Jesús que cuenta el argumento de otra película, *Érase una vez en América*. Hay similaridades entre esta película y la de Mari Mar. ¿Cuáles son? Contesta **Sí** o **No**.

1 También trata de un joven sin dinero.
2 También trata del mundo del crimen.
3 También trata de un joven ambicioso.
4 También pasa su juventud aprendiendo a ser mafioso.
5 También termina la película con mucho dinero y poder.

b Si has respondido **No**, escribe la respuesta verdadera.

¡Atención!

una pandilla	=	*group*
un raterillo	=	*pickpocket*
la cárcel	=	*prison*
la ley seca	=	*prohibition (literally: the dry law)*
coger (a alguien) preso	=	*to take (someone) prisoner*

Actividad 20

a Estudia las escenas de esta película española llamada *La Comunidad* e inventa el argumento de la película.

b Cuenta el argumento de «tu» película a un(a) compañero/a.

c Ahora lee el argumento de *La Comunidad* y compáralo con tu argumento.

LA COMUNIDAD

Director: Alex de la Iglesia
Intérpretes: Carmen Maura, Emilio Gutiérrez Caba,
Terele Pávez, Kiy Manver

Julia (Carmen Maura) es una mujer casada de unos cuarenta años, que trabaja como vendedora de pisos para una agencia inmobiliaria. Un día, su vida cambia cuando encuentra, escondido en el apartamento de un muerto, una cantidad enorme de dinero. La vida de Julia era más o menos mediocre hasta el momento de encontrar el dinero. Sin embargo, los vecinos del edificio, dirigidos por un administrador sin escrúpulos, quieren quedarse con el dinero e intentan por todos los medios quitárselo a Julia. Este grupo de «monstruos» son quince vecinos que llevan veinte años esperando la muerte del inquilino del ático. Éste había ganado una fortuna en la quiniela, pero no quiso compartir el dinero con los demás.

Uno de los mejores trabajos de Alex de la Iglesia que mezcla humor, suspense, terror, acción y aventuras, y que nos presenta a una pintoresca comunidad de vecinos dispuesta a todo por conseguir el dinero.

La Comunidad fue rodada en pleno centro de Madrid en el interior de un viejo edificio de los alrededores de La Puerta del Sol. La película termina con gran emoción en el tejado del edificio.

Carmen Maura es la protagonista absoluta de la película con una inspirada interpretación que le ganó el importante premio de cine Goya.

  Actividad 21

Cuenta a tu compañero/a el argumento de una película que has visto.

¿De qué trata? (No digas el título.)

¿Puede adivinar tu compañero/a qué película es?

¿Quién es el director?

¿Quiénes son los actores?

En casa o en clase

 Actividad 22

a   Lee este artículo que trata de los primeros años del director de cine, Pedro Almodóvar.

PEDRO ALMODÓVAR

Pedro Almodóvar nació en el árido paisaje de Calzada de Calatrava (Ciudad Real) en 1951. Cuando tenía ocho años, sus padres se trasladaron a Cáceres, y allí, en un colegio de frailes, estudió aquel niño imaginativo. A los diecisiete años, el niño de cara de ángel se hizo *hippy* y se fue a Madrid a probar fortuna como actor. Durante la representación de *Las manos sucias* conoció a Carmen Maura, una amistad que se convertiría en una relación decisiva: la actriz que él necesitaba para dar el salto al cine. Pero paralelamente, en 1969, y siguiendo los consejos familiares, fue a trabajar por las mañanas como administrativo a un almacén; un trabajo seguro que le permitía seguir soñando con su futuro.

A pesar de sus dotes como actor, Pedro prefería ponerse detrás de la cámara y crear historias. Sin embargo, esos primeros tanteos con el teatro deben haberle servido para explicar a sus actores cómo deben encarar un personaje o una situación. De 1974 a 1978, realizó varios cortos y un largometraje que rodaba en sus ratos libres. En 1979, se embarcó en el primer largometraje en dieciséis milímetros, *Pepi, Luci, Bom y otras chicas del montón* que estrenó en 1980. La película produjo una mezcla de sorpresa y estupor, pero también la

certeza de que Pedro Almodóvar era diferente. Una tarjeta de presentación que le permitió conseguir financiación para su segunda película, *Laberinto de pasiones*. La película se presentó en el Festival de San Sebastián y Almodóvar se convirtió en el *enfant terrible* del cine español. Con *Entre tinieblas*, una parodia de un convento, Almodóvar acudió a la Mostra de Venecia. Pero fue con *¿Qué he hecho yo para merecer esto?*, con la que Almodóvar fue reconocido por el público.

b   Busca la siguiente información. Compara con tu compañero/a.

1 Su edad cuando sus padres se trasladaron a Cáceres.
2 El lugar donde estudió.
3 La razón de irse a Madrid.
4 La ventaja de su experiencia como actor.
5 La fecha de su primer largometraje.
6 La reacción del público ante su primera película.
7 Cómo pudo financiar *Laberinto de pasiones*.
8 El título de la película que le hizo famoso.

c   ¿Qué significa …

1 probar fortuna como actor (línea 7)
2 dar el salto al cine (línea 11)
3 los consejos familiares (línea 12)
4 a pesar de sus dotes como actor (línea 16)
5 encarar un personaje (línea 20)
6 ratos libres (línea 23)
7 estrenó (línea 26)
8 una tarjeta de presentación (línea 29)
9 fue reconocido (línea 37)

Vocabulario para la próxima lección

En la cocina

hervir	=	*to boil*
guisar	=	*to cook (to stew)*
cocinar a la plancha / la parrilla	=	*to grill*
untar	=	*to spread*
remojar	=	*to soak*
mezclar	=	*to mix*
freír	=	*to fry*
asar	=	*to roast*
batir	=	*to beat, to whisk*
triturar	=	*to crush*
pelar	=	*to peel*
cortar en rodajas	=	*to slice*

 Autoevaluación

Ya sabes . . .

A contar historias.

hablar del pasado usando el pluscuamperfecto (*Fui al restaurante pero había cerrado*).

usar **ya** y **aún** para poner énfasis (*Los pasteles ya se habían terminado. / La película aún no había empezado*).

B hablar y expresar opinión sobre temas del cine, de la televisión, del teatro y de la literatura.

C explicar el argumento de una película.

Gramática y ejercicios

El pluscuamperfecto *The pluperfect tense*

(yo)	había
(tú)	habías
(él / ella / usted)	había
(nosotros/as)	habíamos
(vosotros/as)	habíais
(ellos/ellas / ustedes)	habían

terminado (terminar)
comido (comer)
salido (salir)

ya, aún y todavía

ya	*already*
aún, todavía	*still*
aún no	*not yet*

Énfasis: ya y aún no   Emphasis: ya and aún no

Los croissants se habían terminado.
Los croissants **ya** se habían terminado.
La película no había empezado.
La película **aún** no había empezado.

Opiniones   *Opinions*

Expresiones de opinión + indicativo:

Me parece que . . .	*It seems to me that . . .*
Creo que . . .	*I think / believe that . . .*
Pienso que . . .	*I think that . . .*
La verdad es que . . .	*The truth is that / Quite honestly . . .*

EJERCICIOS

A *Forma frases completas.*

1 Cuando nosotros entrar al castillo / Luis salir
Cuando nosotros entramos al castillo, Luis ya había salido.

2 Cuando yo llegar al cine / la película empezar

3 Cuando vosotros empezar a estudiar / yo terminar

4 Cuando María y yo entrar a la oficina / Francisco hacer el trabajo

5 Cuando mis hermanas ir a comprar / el supermercado cerrar

6 Cuando nosotros llegar a casa de Pedro / la fiesta terminar

B *Completa las frases con las palabras del cuadro.*

concreto   cuando   menos   menudo siempre   suelo

1 Veo la televisión ⬭ de lo que quisiera.
2 Voy al teatro ⬭ que puedo.
3 Me encanta leer, leo novelas muy a ⬭.
4 Detesto la televisión, en ⬭ los concursos.
5 Leo mucho, ⬭ leer todas las noches.
6 Me encanta ir de ⬭ en cuando al teatro.

C *Lee este resumen del argumento de la película* Érase una vez en América *y escríbelo en el pasado. Empieza:*

Era una pandilla de chicos . . .

Es una pandilla de chicos que crecen en un barrio y son pequeños ladrones, son muy traviesos y a uno de ellos lo cogen preso y va a cárcel. Cuando sale ya se ha establecido la ley seca en Estados Unidos y sus amigos se han convertido en verdaderos mafiosos y han tenido numerosas experiencias en el mundo del crimen.

Vocabulario

A

Ya había salido	**He had already gone out**
al cabo de (unos minutos)	after (a few minutes)
anterior	previous
darse cuenta	to realise
por la mitad	half-way through
¿Qué te parece?	What do you think of that?
recoger	to collect, to pick up

B

Tiempo libre	**Free time**
a ratos	from time to time
calidad (f)	quality
cotidiano	everyday
de cuando en cuando	from time to time
distraer	to distract, to entertain
en concreto	specifically
telediario	television news programme

C

El cine	**The cinema**
agencia inmobiliaria	estate agency
conseguir	to get
encarar	to face (up to)
escondido/a	hidden

extraño/a	strange, weird
inquilino	tenant
monja	nun
novicia	trainee nun, novice
quedarse con	to get, to keep
quiniela	football pools
rodar (una película)	to make (a film)
sentido	sense
tejado	roof
tratarse	to be about (a story or a film)
Se trata de una mujer.	It's about a woman.
truco	trick

D

En casa o en clase	**At home or in class**
dar un salto	to take the step
dote (m)	talent
encarar	to embody
estrenar	to premiere
largometraje (m)	full-length film
tanteo	experiment
trasladarse	to move (house)

¡Ayúdame!

Prepárate

Trabaja con un(a) compañero/a. Escribe una lista de actividades interesantes para una fiesta de niños. Escribe otra lista con ideas para regalos.

A | ¿Qué hacemos para la fiesta?

Actividad 1

a Rosa y Carmen están hablando del cumpleaños de la hija de Rosa. Escucha y compara tus listas de **Prepárate** con lo que mencionan en la conversación. ¿Qué información hay que no está en tus listas?

b Señala los verbos en imperativo.

✓ ——— *Gramática* ———

Los imperativos: afirmativos (informal)

Verbos regulares

comprar	comer	escribir
Compra sellos.	Come el pescado.	Escribe la carta.
Buy some stamps.	*Eat the fish.*	*Write the letter.*

Verbos irregulares

hacer	salir	ir
Haz tus deberes.	Sal de mi despacho.	Ve ahora.
Do your homework.	*Get out of my office.*	*Go now.*

Actividad 2

a Completa estos diálogos con los verbos que faltan.

1 **A** ¿Has comido?
  B Todavía no.
  A ⬭⬭⬭⬭⬭.
2 **A** Está lloviendo.
  B ⬭⬭⬭⬭⬭ el paraguas.

3 **A** ¿Vas a salir?
  B Sí, voy a Correos.
  A ⬭⬭⬭⬭⬭ sellos, por favor.
4 **A** ¿Qué haces en mi despacho?
  ¡⬭⬭⬭⬭⬭ inmediatamente!
5 **A** ¿Has ido al médico?
  B No. Hoy no he podido.
  A Pues ⬭⬭⬭⬭⬭ mañana.

b Escucha y comprueba.

c Practica los diálogos con un(a) compañero/a.

Actividad 3

Busca diez ejemplos del imperativo en las instrucciones de las actividades de este libro. Compara con un(a) compañero/a.

Actividad 4

Estudiante A

a Tu amigo/a va a salir a comprar. Pídele varias cosas:

Empieza:

¿Vas a correos? Por favor ⬭⬭⬭⬭⬭ *esta carta.*

Continúa.

b Ahora Estudiante B te pide varias cosas a ti.

Estudiante B

a Vas a salir a comprar. Estudiante A te pide varias cosas.

b Ahora Estudiante A va a salir. Pídele varias cosas:

Empieza:

¿Vas a la librería? Por favor, ⬭⬭⬭⬭⬭ *una revista.*

Continúa.

Actividad 5

a Escucha y escribe lo que le dice la madre a Pepito.

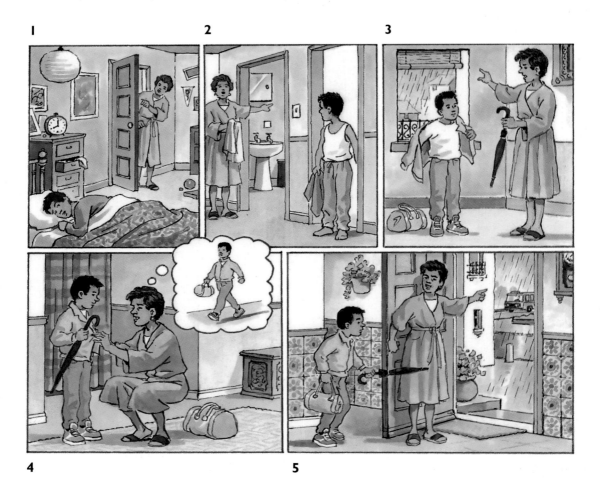

1

2

3

4

5

b Haz el diálogo con un(a) compañero/a.

Gramática

Los imperativos con pronombres
Los pronombres se ponen detrás de los imperativos:

A   ¿Has hecho los deberes?
B   No. Aún no los he hecho.
A   Pues, hazlos ahora.

A   ¿Has dado a tu madre el regalo?
B   Aún no se lo he dado.
A   Pues dáselo. (da-se-lo)

A   ¿Me has comprado la chaqueta?
B   Aún no te la he comprado.
A   Pues cómpramela.

Note: Le *or* les *become* se *when placed before* lo / los *or* la / las:
Da a tu madre el regalo. → Dale el regalo. → Dá~~le~~lo. → Dáselo.
Note the accent: dalo → dáselo

Actividad 6

Completa los diálogos con los verbos del cuadro.

| cortar   dar   escribir   mandar   ponerse |

1 **A**   ¿Te has puesto la chaqueta?
   B   No.
   A   Pues ⬭⬭⬭⬭ ahora.
2 **A**   ¿Dónde está el libro de Juan?
   B   Aquí está.
   A   ⬭⬭⬭⬭ , por favor.
3 **A**   ¿Has escrito las cartas a tus amigos?
   B   Sí.
   A   Pues, ⬭⬭⬭⬭ .

4 **A**   ¿Tienes que cortar el césped?
   B   Sí. Todavía no lo he cortado.
   A   Pues ⬭⬭⬭⬭ ahora. Va a llover.
5 **A**   ¿Vuelves a tu país mañana, ¿verdad?
   B   Sí. Te mandaré una postal.
   A   Sí, sí. ⬭⬭⬭⬭ , por favor.

Actividad 7

a   Escribe tres órdenes que se pueden hacer en clase.

b   Da las órdenes a tus compañeros/as. Tienen que hacer lo que tú les ordenas.

c   Cambiad.

Actividad 8

a Lee esta receta para preparar horchata, una bebida muy popular en España hecha con chufas (un fruto seco). Señala los verbos en imperativo y escribe el infinitivo correspondiente.

Ingredientes
para 4 personas

- 250 gr. de chufas
- 250 gr. de azúcar
- 1 litro de agua

Preparación

Pon a remojo las chufas durante 12 horas, luego acláralas y machácalas en el mortero o tritúralas en el molinillo. Agrégales el azúcar, incorpora el agua y mezcla bien; déjalas macerar unas dos horas. Pasa la mezcla por un colador, apretando con la maza del mortero para que salga todo el líquido, y cuélalo luego por un paño fino. Échalo en una jarra y mételo en el congelador dos horas, revolviendo frecuentemente. Acompaña con pajitas.

imperativo	**infinitivo**
pon	*poner*

b Ahora lee esta receta para un pastel. Busca los verbos en el infinitivo y escríbelos en el imperativo. Prepárala en casa. ¡Te gustará!

infinitivo	**imperativo**
poner	*pon*

TARTA DE AMOR Y CAFÉ

1 Poner el bizcocho en una bandeja y hacer dos cortes circulares con el cuchillo.

Ingredientes para cada base

4 huevos medianos, 3 cucharadas de agua caliente, 150 gr. de azúcar, 1 cucharadita de vainilla en polvo, 100 gr. de harina, 100 gr. de maizena, 2 cucharaditas de levadura en polvo

Ingredientes para el relleno

2 huevos pequeños, 200 gr. de mantequilla, 125 gr. de margarina no vegetal (dura), 200 gr. de azúcar glass, 3 cucharadas de agua caliente, 4 cucharadas de café soluble, 2 cucharadas de brandy

Ingredientes para la guarnición

100 gr. de nueces peladas, 20 gr. de pistachos, 16 bombones de moca o rellenos de café

2 Meter un hilo fuerte en los cortes y dividir el bizcocho en dos.

3 Batir la mantequilla con la margarina para obtener una crema, añadir el azúcar, los huevos, el café y el brandy.

4 Untar una capa del bizcocho con la crema y colocar la otra capa encima.

5 Colocar la tarta en el molde y taparlo. Dejar reposar tres horas en el congelador.

6 Sacar la tarta y untar los bordes con la crema.

7 Cubrir el borde de la tarta con las nueces.

8 Untar la superficie de la tarta también con la crema.

9 Decorar la tarta con los pistachos y los bombones. Si se desea, se puede congelar.

Actividad 9

a   Une las palabras (1–12) con los dibujos (a–l).

Ejemplo: *1d.*

1 cortar en rodajas
2 freír
3 hervir
4 asar
5 batir
6 remojar
7 mezclar
8 triturar
9 guisar
10 cocinar a la plancha / la
    parilla
11 untar
12 pelar

b   Escribe una receta para tus compañeros/as.

Actividad 10

La mesa está puesta para la comida de cumpleaños pero faltan muchas cosas. Escribe una lista con tu compañero/a.

Ejemplo: *Faltan dos vasos.*

Actividad 11

Los amigos vienen a comer. Escucha las frases y ponlas en la lista correspondiente.

Pedir algo	Ofrecer algo

Actividad 12

Estás comiendo en casa con tu familia. Pide estas cosas:

- el pan ● la sal ● un poco más de sopa
- más pescado ● una cuchara ● agua ● un vaso
- una servilleta

Usa los verbos **dar**, **pasar**, **poner**, **traer** y **echar**.

B | Un mundo más sano

  ## Actividad 13

Un poco de ejercicio

a Escucha las instrucciones (1–9) y elige el dibujo correspondiente (a–i).

b Completa las frases con los verbos del cuadro.

| Baja Coloca Da Dobla Echa Gira |
| Levanta Pon Toca |

1 ⬭⬭⬭ el brazo derecho.
2 ⬭⬭⬭ la rodilla izquierda.
3 ⬭⬭⬭ la cabeza hacia la derecha.
4 ⬭⬭⬭ la mano izquierda sobre la cara.
5 ⬭⬭⬭ las dos manos por detrás de la cabeza.
6 ⬭⬭⬭ la vuelta.
7 ⬭⬭⬭ la cabeza hacia atrás.
8 ⬭⬭⬭ los brazos.
9 ⬭⬭⬭ los pies con las manos.

c Da instrucciones a un(a) compañero/a para hacer los ejercicios.

 ## Actividad 14

Lee los consejos que se dan para la práctica de varios deportes. Coloca cada consejo en el deporte que le corresponde. Observa que hay uno que corresponde a dos deportes.

A Tenis **B** Windsurf **C** Ciclismo
D Natación

1 Si sufres de los oídos, usa tapones especiales de venta en farmacias.
2 Bebe regularmente para no deshidratarte.

3   Cuida la espalda, pon el sillín a la altura adecuada.

4   Empieza poco a poco y entrena bien antes de un partido.

5   Lleva chaleco salvavidas y ten siempre agua potable.

6   Lleva falda o pantalón cortos para correr mejor.

7   Practica cuando haya poca gente y mantente cerca de la costa.

8   Ten precaución si vas por la carretera.

9   Usa siempre gorro para proteger el cabello del cloro, y gafas para evitar irritaciones.

10 Usa zapatillas de deporte para no resbalar sobre la tabla.

11 Si has comido mucho, espera por lo menos dos horas para practicar este deporte.

12 Ve siempre por la derecha y si vas en grupo, en fila.

 Actividad 15

a Antes de leer, escribe con tus compañeros/as algunos consejos para los deportistas.

Ejemplo: *Desayuna mucho.*

b Lee el artículo *La dieta del deportista* y comprueba.

La dieta del deportista

La dieta de los deportistas debe ser lo más variada posible. Es muy importante controlar el peso y comer lo suficiente.

Si se hace más deporte hay que comer más, pero de forma proporcional, por ejemplo si se come más pasta hay que comer más carne y más fruta.

Desayuno: para hacer deporte es importante desayunar abundantemente unas dos horas antes, por ejemplo: leche semidesnatada, cuatro tostadas con mantequilla y un tazón de cereales.

Unos minutos antes de empezar hay que beber un vaso de agua, mientras se hace deporte hay que beber un poco cada quince minutos.

Para comer, lo mejor son las ensaladas, las verduras, el arroz, la pasta o las legumbres de primer plato y de segundo las proteínas: carne, pescado o huevos, pero sin excederse. La merienda puede ser un yogur con cereales, un zumo de frutas y galletas.

La cena será como la comida, más o menos la mitad en cantidad.

---

c Escribe los imperativos que faltan en la lista de consejos. Elige los verbos del cuadro.

| Come   Come   Controla   Desayuna   Evita |
| Evita   Evita   Sigue   Sigue   Toma |

Si quieres ser campeón sigue estos consejos:

1   _____ una dieta muy variada.
2   _____ un horario regular de comidas.
3   _____ mucho y temprano.
4   _____ el exceso de grasa.
5   _____ el azúcar refinado.
6   _____ poca sal.
7   _____ el peso.
8   _____ alimentos ricos en fibra.
9   _____ mucha fruta, verdura y ensalada.
10 _____ las bebidas con gas y sobre todo el alcohol.

C | Un mundo más limpio

Gramática

Los imperativos: afirmativo (formal) y negativos (formal e informal)

● **El imperativo formal**
Verbos regulares

pasar	pase (usted)
comer	coma (usted)
escribir	escriba (usted)

Verbos irregulares

ir	vaya
hacer	haga
poner	ponga
venir	venga

● **El imperativo negativo**

	Formal	Informal (añade –s)
Verbos regulares		
pasar	no pase (usted)	no pases
comer	no coma (usted)	no comas
escribir	no escriba (usted)	no escribas
Verbos irregulares		
ir	no vaya	no vayas
hacer	no haga	no hagas
poner	no ponga	no pongas
venir	no venga	no vengas

Note that these are also called 'the subjunctive'.

Actividad 16

Javier e Isabel hablan del problema de la contaminación y de lo que pueden hacer. Escucha y escribe los consejos que dan, usando los verbos del cuadro (en la forma usted de los imperativos).

Ejemplo: *Use menos el coche.*

ahorrar	apagar	ayudar	bajar	dejar
poner	usar	usar	utilizar	ir

   ## Actividad 17

a Lee el artículo *Ecología para ciudadanos* y completa las frases con el verbo adecuado del cuadro. Usa la forma **tú** en negativo.

comprar (×2)	dejar	escribir	tirar (×3)	
usar	utilizar (×2)			

ECOLOGÍA PARA CIUDADANOS

Éstas son algunas de las cosas que puedes hacer tú cada día para proteger el medio ambiente.

1 No _____ nunca basura al campo que no sea orgánica y que no se degrade, como plásticos, aceites de motor, latas, papeles, etc.

2 No _____ esprays ni insecticidas para ahuyentar los insectos.

3 No _____ todo al cubo de la basura; los periódicos, el vidrio, las pilas y las medicinas caducadas se pueden llevar a contenedores o lugares de recogida.

4 No _____ desperdicios en la calle, como envoltorios de caramelos, papeles, etc. Puedes llevar una bolsa de plástico en la cartera y poner ahí tus basuras.

5 No _____ botellas de plástico.

6 No _____ bolsas de plástico de los supermercados, lleva tu bolsa de compra.

7 No _____ cosas que lleven mucho envoltorio.

8 No _____ sólo por una cara de un folio, escribe por las dos caras.

9 Si ves basura en la calle o en el parque no la _____ tirada en el suelo, recógela. Forma con tus amigos y amigas un grupo «cazabasuras».

10 No _____ rotuladores y pinturas elaborados con sustancias contaminantes.

b Escucha el programa de radio sobre el tema y comprueba.

c Transforma las frases a **usted**.

Ejemplo: No tires basura. → *No tire (usted) basura.*

Actividad 18

Habla con un(a) compañero/a del tema de la contaminación y da consejos.

D | Un mundo mejor

 Gramática

Los imperativos plurales

A Nuestros padres no saben que estamos aquí.
B Pues **llamad** por teléfono ahora mismo.

A Vamos a esquiar.
B **Tened** cuidado. Es peligroso si no sabéis.

A No sabemos qué hacer.
B **Venid** con nosotros al fútbol.

In Latin America, this form is not common.
Instead, the formal plural form is used:
Pues **llamen** (ustedes) por teléfono ahora mismo.
Tengan cuidado.
Vengan con nosotros al fútbol.

 ## Actividad 19

Los derechos de los niños

En el texto siguiente puedes leer seis de los diez derechos de los niños.* ¿Qué piden y necesitan los niños? Identifica los verbos en el imperativo plural.

Protección
Necesito vuestros cuidados. Y además, os pido tres deseos: proteged mi barrio, mi pueblo y nuestro planeta.

Integración
¡Somos iguales ... y diferentes! Aceptadme como soy, y educadme según mi capacidad y mis necesidades.

* Los puntos que no aparecen son: 1 Identidad, 3 Igualdad, 4 Calidad de vida, 6 Amor.

Educación y juego

Enseñadme a pensar, a jugar, a dialogar, a disfrutar. Despertad mis sentimientos de solidaridad. Así, cuando sea mayor, podré elegir mejor mi propia vida.

Auxilio

Si tengo hambre, si estoy triste, si sufro, si estoy enfermo ... ¡Ayudadme!

Solidaridad

Educadme para la paz. Para que, junto a otros, colabore por un mundo mejor.

Denuncia

Abandono, explotación, malos tratos, humillación ... No lo permitáis. ¡Denunciadlo!

Actividad 20

Formad grupos de tres o cuatro. Una persona da órdenes. Los demás tienen que cumplir las órdenes al mismo tiempo.

Ejemplo: *Tocad una pared.*

En casa o en clase

Actividad 21

a Lee el artículo *Vacaciones sanas y ecológicas.*

Vacaciones sanas y ecológicas

España es uno de los países más turísticos del mundo. Cada año visitan el país más de cuarenta millones de turistas (hay 39 millones de habitantes en España). El turismo ha traído grandes beneficios a España pero también ha causado grandes daños ecológicos. Uno de los problemas ha sido la falta de respeto de los turistas, tanto nacionales como extranjeros, hacia el medio ambiente y las

costumbres locales. Pero aún estamos a tiempo de hacer algo. A continuación te damos unas ideas para aprovechar al máximo las vacaciones, disfrutar y conocer al máximo el lugar elegido y contribuir a que otros puedan disfrutarlo en el futuro.

1 Si vas a la playa, contribuye a mantenerla limpia. Lleva siempre contigo una bolsa para la basura. También puedes ayudar a los grupos ecologistas que recogen la basura de las playas.

2 Respeta la flora y la fauna del lugar. No debes llevarte «recuerdos» naturales como piedras o plantas.

3 Si viajas a otros países, infórmate previamente de su cultura y costumbres y sé respetuoso con ellos una vez allí.

4 Lleva poco equipaje. Es mejor adquirir muchas cosas en el lugar de destino (en muchos lugares son más baratas). Además, para favorecer el desarrollo económico de la zona, compra y consume los productos del lugar.

5 Visita los lugares interesantes y los monumentos históricos de la zona. Aprenderás mucho más que si estás todo el día tumbado en la playa.

6 A la hora de buscar alojamiento, las casas y hoteles rurales son una excelente alternativa y así evitarás que sólo se beneficien del turismo las grandes cadenas de hoteles.

7 La acampada es una alternativa más de alojamiento que, además de ser barata, te permitirá disfrutar directamente de la naturaleza.

8 No debes malgastar recursos como el agua o la electricidad. En muchos lugares, los habitantes de la zona ven limitado su uso para que los turistas puedan disfrutarlos sin restricciones.

9 Respeta el silencio. Si quieres escuchar música en la playa o en un parque, utiliza cascos para no molestar a los demás.

10 Los fuegos forestales son desgraciadamente muy comunes cada verano en nuestro país. Nunca debes encender fuego en una zona de bosque o vegetación. Sólo se puede hacer en lugares permitidos y con mucho cuidado.

11 Graba los sonidos de la naturaleza, te pueden sorprender. Las mejores horas para hacerlo son las del amanecer y del anochecer.

12 Viaja lo más posible en bicicleta y anda lo más posible. Si tienes que hacer recorridos largos, recuerda que el medio de transporte más ecológico es el tren.

b ¿Qué dice el artículo sobre lo siguiente?

1 la playa
2 las plantas
3 las costumbres
4 el equipaje
5 los monumentos
6 el alojamiento
7 el camping
8 el agua
9 el silencio
10 los incendios
11 los sonidos de la naturaleza
12 el transporte

c Busca en el texto las expresiones equivalentes a las siguientes.

1 limpian
2 los animales

3 antes *posterior/*

4 comprar *Adquirir*

5 maletas, mochilas y bolsos

6 echado *Tumbado*

7 del campo

8 el camping *acampar*

9 usar en exceso *malgastar*

10 límites *restricciones*

11 del bosque *Forestales*

12 muy temprano *amanecer*

d Análisis de la gramática.

1 Busca los verbos en imperativo y di cuál es su infinitivo.

Ejemplo: lleva → *llevar*

2 ¿Qué expresiones condicionales (con **si**) hay en el texto?

Ejemplo: *Si vas a la playa . . .*

3 Señala los verbos que están en el futuro.

  Actividad 22

Un paseo «ecológico»

Escribe las instrucciones para un señor mayor que quiere ir al Galacho de La Alfranca, un paisaje natural y ecológico. Usa el imperativo formal.

Empieza: *Coja la avenida de Cataluña . . .*

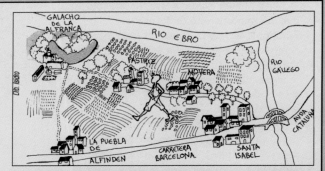

Coger la avenida de Cataluña hasta el final, cruzar el Gállego y, a la derecha, la carretera a Movera y Pastriz. Llegar a Pastriz y coger el camino enfrente de la escuela (entrando a mano derecha). El Galacho está a unos 2 km. del pueblo. Las orillas del Galacho se recorren andando. El respeto a la fauna y flora ha de ser absoluto – aprovechar el pinar para almorzar o comer. La mejor época es la primavera.

Se puede volver por la Puebla de Alfindén y la carretera de Barcelona. El camino sale desde la misma finca de la Alfranca.

Ida y vuelta: Zaragoza–Movera–Pastriz–Galacho–Zaragoza, 25 kms.

Galacho de la Alfranca

Autoevaluación

Ya sabes . . .

A/B dar instrucciones, órdenes y consejos.
usar el imperativo informal (*Haz los deberes*).
usar los imperativos con pronombres (*Dámelo*).

C usar el imperativo formal (*Pase usted*).
usar el imperativo formal negativo (*No pase*).

D usar las formas plurales del imperativo.

Vocabulario para la próxima lección

De viaje

el ámbar	*amber*	el coco	*coconut*
cálido/a	*warm*	la época del año	*season of the year*
caluroso/a	*hot*	la ganadería	*livestock*
el cacao	*cocoa*	el maíz	*maize*
la caña de azúcar	*sugar cane*	el mestizaje	*mixed races*

Gramática y ejercicios

Imperativos

The following forms are used for the informal imperative (tú):

Singular		**Plural**	
Regulares	Irregulares (sólo en el singular)	Regulares	Irregulares
pagar: paga comer: come escribir: escribe	decir: di hacer: haz ir: ve poner: pon salir: sal tener: ten venir: ven	pagar: pagad comer: comed escribir: escribid	ir: id

El subjuntivo

The subjunctive is formed with the root of the first person singular of the indicative + the endings of the subjunctive:

Verbos regulares

entrar: entre entres entre entremos entréis
        entren
beber: beba bebas beba bebamos bebáis beban
escribir: escriba escribas escriba escribamos
        escribáis escriban

Verbos irregulares

hacer: (hago) haga
poner: (pongo) ponga
ir: vaya
dar: dé
ser: sea

The subjunctive is used:

- *to give instructions and orders in the* usted *form:*

Tome esta calle.   *Take this street.*
Salga de aquí.   *Get out of here.*

● *to give instructions and orders in the negative in both the* tú *and the* usted *forms:*

No bebas (tú) demasiado.   *Don't drink too much.*
No beba (usted) demasiado.   *Don't drink too much.*

	Formal		Formal negativo	
	Singular	**Plural**	**Singular**	**Plural**
pasar	pase (Vd)	pasen (Vds)	no pase	no pasen
comer	coma	coman	no coma	no coman
escribir	escriba	escriban	no escriba	no escriban

Informal negativo

Da el libro a Juan.   No **des** el libro a Juan. (Plural: No deis.)
Escribe la carta.   No **escribas** la carta. (Plural: No escribáis.)
Come la carne.   No **comas** la carne. (Plural: No comáis)

Irregular verbs frequently used in the imperative

	Formal	**Informal**
dar:	Deme dos kilos de naranjas.	Dame . . .
decir:	¡Dígame! (al contestar el teléfono)	Dime . . .
ir:	Vaya a la caja. (en un banco)	Ve . . .
oír:	¡Oiga! (para llamar la atención)	Oye . . .
poner:	Póngame una cerveza.	Ponme . . .
traer:	Tráigame la cuenta por favor.	Tráeme . . .
venir:	Venga al despacho.	Ven . . .
volver:	Vuelva mañana.	Vuelve . . .

Imperativos con pronombres

A ¿Puedo llamar a mi padre por teléfono?   **B** Sí, llámale.
A ¿Puedo dar esto a mi amigo?   **B** Sí. Dáselo.

EJERCICIOS

A *Escribe las frases en el imperativo informal (tú).*

1 (Comprar) carne en el supermercado.
2 Juan, (hacer) los deberes ahora.
3 (Comer) este pescado; está muy bueno.
4 (Escribir) a tu amigo Alfonso. Te ha escrito.
5 Has estado en casa todo el día. (Salir) con tus amigos.

B *Escribe las frases, sustituyendo las palabras subrayadas con imperativos y pronombres.*

1 ¿No has hecho los deberes? <u>Hacer los deberes</u> ahora.
   Hazlos ahora.
2 No has comprado las patatas. <u>Comprar las patatas</u> ahora.
3 Tienes que escribir una carta a tu tía. <u>Escribir la carta</u> mañana.

4 Éste es mi libro. <u>Dar el libro a mí</u> ahora.

5 Tengo un paraguas y está lloviendo. <u>Llevarte el paraguas</u>.

6 Hace frío. Tengo un jersey para ti. <u>Ponerte el jersey</u>.

C *Transforma las frases.*

1 Debes hacer el trabajo pronto.
   Haz el trabajo pronto.

2 Tienes que venir a clase conmigo.

3 Tienes que poner la mesa.

4 Debes dar un paseo.

5 Tienes que poner el pie delante.

6 Debes ir a la oficina.

7 Tienes que volver a casa pronto.

D *Pon las frases en negativo informal.*

1 Toma el tren.   *No tomes el tren.*

2 Compra el coche.

3 Bebe más cerveza.

4 Cena en este restaurante.

5 Lleva una maleta.

6 Escribe el email.

7 Viaja en autobús.

E *Pon las frases en imperativo formal.*

1 Sal más pronto.   *Salga más pronto.*

2 Haz la comida.

3 Da la clase esta tarde.

4 Pon el libro en la estantería.

5 Ven temprano.

6 Ve al cine esta tarde.

F *Pon las frases en imperativo plural informal.*

1 Termina el ejercicio.
   Terminad el ejercicio.

2 Sal con nosotros.

3 Ten cuidado con el mueble.

4 Toma otro vaso de vino.

5 Termina el ejercicio.

6 Ven a cenar esta noche.

7 Dame los libros.

8 Abre las ventanas.

Vocabulario

A

¿Qué hacemos para la fiesta? — ***What shall we do for the party?***

aclarar	*to rinse*
agregar	*to add*
bandeja	*tray*
bizcocho	*sponge cake*
capa	*layer*
caber	*to fit (space)*
No cabemos en el coche.	*We can't all fit in the car.*
chufas (fpl)	*tiger nuts*
colador (m)	*strainer, colander*
colar	*to strain*
congelador (m)	*freezer*
macerar	*to marinate*
machacar	*to crush, to grind*
marioneta	*puppet*
mojarse	*to get wet*
molde (m)	*baking tin*
molinillo	*grinder, mill (cooking)*
mortero	*(cooking) mortar*
pajita	*drinking straw*
paño	*cloth*
patines (mpl)	*skates*
piñatas (fpl)	*party games*
poner a remojo	*to put to soak*

B

Un mundo más sano — ***A healthier world***

chaqueta salvavidas	*life jacket*
dar la vuelta	*to turn (around)*
doblar	*to bend*
evitar	*to avoid*

girar	*to turn*	medio ambiente (m)	*the environment*
resbalar	*to slip*	pila	*battery*
sillín (m)	*(bicycle) saddle*	tubo de escape	*exhaust pipe*
tapón (m)	*(ear) plug*	vidrio	*glass*

C
Un mundo más limpio — *A cleaner world*

ahorrar	*to save*		
ahuyentar	*to frighten off, to repel*		
basura	*rubbish*		
cubo de basura (m)	*rubbish bin*		
caducado/a	*expired*		
central térmica (f)	*power station*		
contaminación (f)	*pollution*		
desarollar	*to develop*		
desperdicios (mpl)	*waste, litter*		
envoltorio	*(sweet) wrapper*		
folio	*sheet of writing paper*		
lugar de recogida (m)	*collection point*		

D
Un mundo mejor — *A better world*

auxilio	*help, assistance*
malos tratos (mpl)	*abuse*

E
En casa o en clase — *At home or in class*

amanecer	*to get light*
amanecer (m)	*dawn*
anochecer	*to get dark*
anochecer(m)	*nightfall*
casco	*helmet*
los demás	*others (people)*
desgraciadamente	*unfortunately*
malgastar	*to waste*

12

¿Qué me aconsejas?

Temas	Lengua
A Sugerencias y recomendaciones para las vacaciones	Subjuntivo presente: formas de los verbos regulares e irregulares
B Consejos	Usos del subjuntivo
C Deseos / Molestias	
D Planes y dudas	

Prepárate

  Vas a hacer un viaje a México donde vive tu amigo/a. ¿Qué información quieres saber antes de viajar? Escribe preguntas sobre el clima, la comida, los lugares interesantes, etc. Mira las fotos.

A | Recomendaciones

Actividad 1

a   Ahora escucha la conversación. ¿Qué dice
Javier sobre . . .

1 la época del año?

2 la ropa?

3 la atención médica?

4 los lugares para visitar?

5 los medios de transporte?

6 el alojamiento?

7 la comida?

b   Escucha otra vez y compara las preguntas con
las tuyas de **Prepárate**.
¿Son las mismas?
¿Son similares?

¡Atención!

una chamarra	=	a warm outdoor jacket (Mex.)
hacienda	=	(in this case) a type of hotel (Mex.)
siglo (dieciséis)	=	(sixteenth) century
No te preocupes.	=	Don't worry.
¡Ojalá . . .!	=	I hope (so).

Gramática

Formas y usos del subjuntivo
*The subjunctive is used for expressions of advice,
commands (see imperatives), wishes, likes and
dislikes, necessity, doubt, possibility, emotion and
fear, expressions of intention and purpose with
the preposition* para, *and with expressions
referring to the future.*
For forms, see page 244 in Gramática.
For examples, see Actividad 2.

    Actividad 2

a   Escucha algunas expresiones con subjuntivo
que se usan en el diálogo de Actividad 1.

1 Cuando tenga más dinero iré a México.

2 Es mejor que vayas en invierno.

3 No creo que (te) pase nada.

4 No te preocupes.

5 Es aconsejable que te hagas un seguro.

6 . . . para que veas todo y viajes cómodamente.

7 Me molesta que haya mucha gente.

8 Te recomiendo que pruebes la comida típica.

9 Espero que vengas a visitarme.

10 ¡Ojalá pueda ir pronto!

b   ¿Sabes traducir estas frases a tu idioma?

     Actividad 3

Estudiante A

a   Lee la información de la Guía Viajera para la
República Dominicana. Estudiante B te
preguntará sobre la información que tienes.

La República Dominicana (GUÍA VIAJERA)

● **SITUACIÓN**

La República Dominicana ocupa las dos terceras partes de la isla bautizada por Colón como *La Española*. Es la segunda en extensión del archipiélago de Las Antillas situado en el mar Caribe y limita al oeste con Haití. Su extensión es de 48.280 kilómetros cuadrados.

● **CLIMA**

Cálido tropical con una temperatura media de 25 grados centígrados. El mes más caluroso es agosto y enero el más fresco. De noviembre a diciembre es época de lluvias.

● **POBLACIÓN**

5.700.000 habitantes, de los cuales 1.300.000 se concentran en la capital. Son el resultado de un complejo mestizaje: un 15 por cien de indios, un 50 por cien de negros y mestizos, y un 35 por cien de blancos. El idioma es el español.

● **ECONOMÍA**

El país vive de la ganadería (vacuno y porcino), la pesca, la agricultura (café, plátanos, tabaco, maíz, cacao, coco de agua y caña de azúcar), y el turismo.

● **RÉGIMEN POLÍTICO**

● **MONEDA**

● **FORMA DE LLEGAR**

● **COMPRAS**

● **HOTELES**

b   Después, pregunta a Estudiante B sobre el régimen político, la moneda, la forma de llegar, las compras, los hoteles. Toma notas de todo lo que te diga.

Estudiante B

a   Pregunta a Estudiante A sobre la situación, el clima, la población, la economía de la República Dominicana. Toma notas de todo lo que te diga.

b   Lee la información que tienes y contesta las preguntas de Estudiante A.

La República Dominicana (GUÍA VIAJERA)

● **SITUACIÓN**

● **CLIMA**

● **POBLACIÓN**

● **ECONOMÍA**

● **RÉGIMEN POLÍTICO**

Es independiente desde 1844. Desde 1961 vive bajo un régimen republicano y democrático.

● **MONEDA**

Peso dominicano, equivalente a unos 0,12 euros.

● **FORMA**

Iberia tiene seis vuelos semanales al aeropuerto de Las Américas. Hay distintas modalidades de viajes organizados desde 800 euros por persona (10 días).

● **COMPRAS**

Café, ron y artesanía: carey, ámbar y pintura naif.

● **HOTELES**

El Santo Domingo e Hispaniola en la capital; Casa de Campo en La Romana; Bávaro Beach en Playa Bávaro; El Portillo en Samaná.

 Actividad 4

Trabaja en grupo. Describe un aspecto de tu país como en la Guía Viajera sin decir cuál es (por ejemplo, el clima). Tus compañeros/as tienen que adivinar de qué aspecto estás hablando.

  Actividad 5

Busca información sobre otro país hispanoamericano y escribe una Guía Viajera similar a la de Actividad 3.

B | Consejos

  Actividad 6

Mira la página 244 de la Gramática. Completa las frases con el verbo correcto del cuadro en subjuntivo.

| buscar   comer   ir   llevar   tomar |

1 Te aconsejo que ⬯⬯⬯⬯⬯ en tren.
2 Te recomiendo que ⬯⬯⬯⬯⬯ bien.
3 Te sugiero que ⬯⬯⬯⬯⬯ un buen hotel.
4 Es mejor que ⬯⬯⬯⬯⬯ un jersey.
5 Es aconsejable que ⬯⬯⬯⬯⬯ un taxi.

  Actividad 7

a Haz diálogos con un(a) compañero/a. Usa las claves y los dibujos.

1 **Pedro**   ¿Qué coche compro?
  Ana   (informal) el pequeño / gasta menos gasolina
              Te aconsejo que compres el pequeño, porque gasta menos gasolina.

2 **Ana**   ¿Qué blusa me pongo, la de rayas o la de cuadros?
  María   (informal) la de cuadros / es más elegante

3 **Pedro (y Ana)**   ¿Qué pedimos de segundo plato?
  Camarero   (formal) paella / está deliciosa

4 **Pedro**   ¿Qué le regalo a Ana, un anillo o unos pendientes?
  Juan   (informal) el anillo / es más barato

5 **Pedro (y Ana)**   ¿A dónde vamos de vacaciones?
  Empleado de agencia de viajes   (formal) México / es un país fantástico

6 **Directora**   ¿Qué maleta llevo para el fin de semana, la grande o la pequeña?
  Secretario   (formal) la pequeña / no necesita mucha ropa.

7 **Pedro (y Ana)** ¿Qué casa compramos, la grande o la pequeña?

 Juan (informal) la grande / hay mucho espacio

b Escucha y comprueba.

Actividad 8

Estudiante A

a Cuenta tus problemas a Estudiante B. Estudiante B te aconsejará.

- Estás solo/a en la ciudad.
- No tienes amigos.
- No sabes qué visitar ni dónde divertirte y encontrar a otras personas de tu edad.

b Ahora Estudiante B necesita consejos. Escucha los problemas y aconseja.

Estudiante B

a Estudiante A cuenta sus problemas. Escucha y aconseja.

b Ahora tú necesitas consejos sobre lo siguiente:

- No te gusta tu trabajo.
- Quieres cambiar. Quieres estudiar.
- No puedes dejar tu trabajo porque tienes que mantener a tu familia y pagar los gastos.

Actividad 9

Otros problemas

¿Qué aconsejas?

Estudiante A

1 Quiero aprender chino en tres meses.

2 He tenido un accidente en mi coche.

3 Quiero correr un maratón.

Estudiante B

1 Me duele mucho la espalda.

2 Estoy gordísimo/a.

3 No me gusta mi trabajo, mi jefe es horrible conmigo.

Actividad 10

a Un(a) compañero/a quiere visitar tu ciudad, región o tu país y te hace preguntas. Aconséjale.

b Escribe un email a tu compañero/a dando consejos para visitar tu ciudad, región or país.

C | Deseos

Gramática

Deseo y necesidad
Quiero que seamos amigos.
Es necesario que sea simpático.

Compara:
Quiero ir a la playa. | Quiero que Eva vaya a la playa.

Espero tener un buen viaje. | Espero que tengas un buen viaje.
Es importante aprender un idioma. | Es importante que aprendas un idioma.
Es necesario llevar botas para la excursión. | Es necesario que llevéis botas para la excursión.

Mira la página 245 de la Gramática.

Actividad 11

Escucha esta discusión de un padre con su hijo.
¿Qué profesiones menciona el padre?
¿Qué quiere ser el hijo?

Actividad 12

Haz tú el diálogo de la Actividad 11 con un(a) compañero/a. Usa distintas profesiones.

Ejemplo:

padre / madre: estudiar periodismo, ser periodista

hijo / hija: estudiar idiomas, ser intérprete

A   Quiero que estudies periodismo, quiero que seas periodista.

B   Pero yo quiero estudiar idiomas, quiero ser intérprete.

Actividad 13

a   Mira la foto de un anuncio callejero.
¿Qué quiere este hombre?
¿Cuál es su deseo?

b   Ahora escribe cinco deseos que tienes tú para el futuro.

Ejemplo: *Quiero que mis amigos vengan a visitarme.*
Quiero ir de vacaciones a la playa con mis amigos.

Gramática

Subjuntivo con verbos de deseo
querer que + subjuntivo
Quiero que estudies Medicina; **quiero que seas** médico.

Pero atención:
Quiero estudiar Medicina; quiero ser médico.

Subjuntivo con expresiones de consejo
Es mejor que estudies varios idiomas.

Actividad 14

Escucha a los chicos/as que nos dicen sus deseos. ¿Cuáles son?

 ## Actividad 15

Encuesta en la clase

Tus compañeros/as dicen tres deseos. Toma nota.

 ## Actividad 16

Lee y completa la carta de Pedro que invita a sus amigos/as a su fiesta de cumpleaños.

> Querido Juan,
>
> El domingo día 10 es mi cumpleaños y voy a dar una fiesta. Espero que me 1 ⬚⬚⬚⬚⬚ muchos regalos, especialmente una moto. Quiero dar una fiesta muy grande y que 2 ⬚⬚⬚⬚⬚ mucha gente, pero me interesa especialmente que 3 ⬚⬚⬚⬚⬚ Isabel porque deseo que mis padres la 4 ⬚⬚⬚⬚⬚. Espero que la fiesta 5 ⬚⬚⬚⬚⬚ un éxito y por supuesto deseo que tú 6 ⬚⬚⬚⬚⬚ con Ana y con tu hermano Luis. Ojalá 7 ⬚⬚⬚⬚⬚ venir todos. Dile a tu hermano que 8 ⬚⬚⬚⬚⬚ sus CDs.
>
> Hasta pronto
> Pedro

 ## Actividad 17

Pedro llama a Isabel para invitarla a su fiesta. Escucha y contesta.

1 ¿Quiere ir? ¿Por qué?
2 ¿Va a ir? ¿Por qué?
3 ¿Qué le molesta?
4 ¿Qué espera?
5 ¿Qué le fastidia?
6 ¿Qué no le gusta?

Actividad 18

a ¿Te molestan tus vecinos? Haz una lista de posibles molestias.

b Habla del tema con un(a) compañero/a. Usa expresiones como:

Me molesta que . . .
No me gusta que . . .
Me fastidia que . . .
Me enfada que . . .

 ## Actividad 19
Lee el artículo y contesta.

1 ¿Cuál es el problema?
2 ¿Cuáles son los consejos?
3 ¿Qué significan estas palabras en el contexto del artículo?
  a el inquilino
  b la convivencia
  c la comunidad
  d el vecindario
  e el reglamento
  f demandar

CUANDO UN VECINO MOLESTA

Todos los inquilinos tienen la obligación de cumplir las normas de la comunidad en la que se viva.

En la misma planta del edificio donde vivo hay una señora que, casi todos los días, saca la basura tarde. El problema es que, como no la vuelve a meter en su casa, ni la baja para que la recoja el basurero, al día siguiente huele fatal la escalera.

Hemos hablado ya con ella del asunto, pero no hace caso. ¿Qué tenemos que hacer?
M.ª Rita Ortiz (Jaén)

Lo más conveniente es que el presidente de la comunidad redacte un reglamento en el que queden explícitas las normas para la mejor convivencia del vecindario. Por supuesto, una de ellas debe ser la de sacar a una hora determinada la basura. También en el reglamento se tiene que advertir que el incumplimiento de cualquiera de las normas puede ser objeto de sanción. Si a pesar de ello la señora persistiera en su costumbre, habría que demandarla ante un Juzgado ordinario por incumplimiento del reglamento de la comunidad de vecinos. Por supuesto, por este motivo, la causante del daño—mal olor en la escalera— podría verse obligada a pagar una multa.

Actividad 20

Estudiante A

Mañana tienes que dar una conferencia muy importante; quieres dormir bien y te has acostado pronto.

Tu vecino/a (Estudiante B) está dando una fiesta. Hay bastante ruido, es muy tarde y no puedes dormir. Quieres mantener buenas relaciones con tu vecino/a. ¿Qué vas a hacer?

Llama a Estudiante B y habla con él / ella.

D | Planes y dudas

— Gramática —

Otros usos del subjuntivo
Estudia la página 245 de la Gramática.

Cuando termines tu trabajo iremos al cine.
Cuando llegues a Brasil estarás cansado del viaje.
Cuando nazca el niño necesitaremos una casa más grande.

Actividad 21

Rosa y Tessa hablan de su futuro. ¿Qué van a hacer y cuándo?

Estudiante B

Normalmente no tienes fiestas en tu casa. Pero hoy es un día muy especial. Acabas de aprobar unos exámenes muy importantes para tu trabajo. Además, un(a) amigo/a que no has visto durante cinco años ha venido a visitarte. Has invitado a unos amigos para celebrarlo.

Actividad 22

Habla con un(a) compañero/a de vuestros planes para el futuro.

¿Qué harás cuando termine la clase? etc.

Actividad 23

Duda

a   Lee este diálogo.

A   Dentro de dos años van a prohibir la circulación de coches en el centro de mi ciudad.

B   Dudo que prohíban la circulación dentro de dos años. Quizás la prohíban dentro de cinco años.

Estudiante A

b   Di estas frases a Estudiante B. Estudiante B responde.

1   El año que viene, todos tendremos vídeo-teléfono.
2   Mañana voy a escribir una novela.
3   Voy a aprender japonés en tres semanas.
4   El año que viene quiero dejar de trabajar y comprar una casa al lado del mar.
5   Mañana voy a limpiar toda la casa.

c Ahora responde a las frases de Estudiante B. Usa **Dudo . . .** y **Quizás . . .**

Estudiante B

b Responde a las frases de Estudiante A. Usa **Dudo . . .** y **Quizás . . .**

c Ahora di estas frases a Estudiante A.

1 Mañana voy a pintar toda la casa.
2 En el verano voy a conducir de Londres a Madrid en un día.
3 Dentro de un año los turistas podrán hacer viajes al espacio.
4 Esta semana voy a ganar mucho dinero en la lotería y me compraré un barco.
5 Voy a aprender a tocar la guitarra en un mes.

E | Gramática activa: Otros usos del subjuntivo

   Actividad 24

¿Para qué . . .? y Para que . . .

a Escucha y estudia estas frases.

A **¿Para qué** ha comprado Pedro un televisor tan grande?
B **Para ver** películas en casa.
A **¿Para qué** ha comprado Pedro **a sus hijos** un televisor tan grande?
B **Para que sus hijos vean** peliculas en casa.

b Haz diálogos similares.

1 **A** ¿(tú) / comprar / el coche?
  B (Yo) / comprar / el coche/ para / (yo) / viajar

2 **A** ¿(tú) / invitar / a Juan?
  B (Yo) / invitar / a Juan / para / (él) / conocer / a mis padres
3 **A** ¿(tú) / traer / el libro?
  B (Yo) / traer / el libro / para / (tú) / leerlo / en las vacaciones
4 **A** ¿(Él) / traer / el cuadro?
  B (Él) / traer / el cuadro / para / (vosotros) / verlo
5 **A** ¿(tú) / comprar / un coche tan grande?
  B (Yo) / comprar / un coche tan grande / para / mi familia / viajar cómodamente
6 **A** ¿Regalar / Juan / una pelota / a sus hijos?
  B Juan / regalar / una pelota / a sus hijos / para / (sus hijos) / jugar
7 **A** ¿(tú) / estudiar / español?
  B (Yo) / estudiar / español / para / (yo) / viajar / Sudamérica
8 **A** ¿Alquilar / María / un apartamento?
  B María / alquilar / un apartamento / para / (todos nosotros) / poder / ir de vacaciones

c Escucha y comprueba.

 Actividad 25

Expresiones con subjuntivo

Lee los ejemplos y escribe otros.

diga lo que diga	Diga lo que diga, no le creeré nunca más.
esté donde esté	Esté donde esté, lo encontraremos.
pase lo que pase	Pase lo que pase, siempre seremos amigos.
sea como sea	Sea como sea, aprobaré el examen.

En casa o en clase

  ## Actividad 26

a   Completa la carta con la forma correspondiente de los verbos del cuadro.

conocer   estar   gastar   llamar   llegar (×2)   poder   sacar   tener (×4)   traer   venir (×3)

Hola, ¿qué tal?

Te escribo para que 1 ⬚⬚⬚ a pasar unos días conmigo en mi ciudad. Dentro de dos semanas son las fiestas y quiero que 2 ⬚⬚⬚ conmigo en mi casa porque lo pasaremos muy bien. Si puedes, es mejor que 3 ⬚⬚⬚ la semana que viene porque así tendremos tiempo de charlar, ir de compras, y también quiero que 4 ⬚⬚⬚ a mis amigos. Además, te recomiendo que 5 ⬚⬚⬚ el billete para el avión pronto porque ahora hay billetes muy baratos, pero no creo que 6 ⬚⬚⬚ problemas para obtener un billete en estas fechas. Cuando 7 ⬚⬚⬚, iré a buscarte al aeropuerto con el coche para que no 8 ⬚⬚⬚ que tomar el tren a la ciudad con todo el equipaje, pero es necesario que me 9 ⬚⬚⬚ cuando 10 ⬚⬚⬚. Es importante que 11 ⬚⬚⬚ ropa cómoda y fresca, porque aquí hace mucho calor. De todos modos, te sugiero que no 12 ⬚⬚⬚ muchas cosas porque aquí puedes comprar de todo y las cosas están muy baratas. Cuando 13 ⬚⬚⬚ podremos comprar algo elegante para las fiestas. Dudo que 14 ⬚⬚⬚ mucho, ya que dormirás y comerás en mi casa, pero trae bastante dinero por si acaso. Espero que no 15 ⬚⬚⬚ problemas para venir. ¡Ojalá 16 ⬚⬚⬚ pasar unos días juntos!

b   Busca las expresiones en la carta que corresponden a cada categoría.

A Consejo
B Deseo
C Tiempo futuro
D Finalidad (**para que**)
E Duda
F Necesidad

 ## Actividad 27

¡Qué dolor!

a   Une los dibujos 1–10 con las frases a–j (página 188).

a Me he cortado con un cuchillo.

b Me duele muchísimo la garganta, no puedo hablar.

c Me escuece la espalda, he tomado el sol demasiado.

d Me han salido unos granos por la cara.

e He comido demasiado, tengo una indigestión.

f Me he dado un golpe en la cabeza.

g Me he quemado con la plancha.

h Me he roto la mano y no puedo escribir.

i Me he torcido el tobillo y no puedo andar.

j Tengo una infección en el oído.

b Ahora escribe consejos y únelos con cada dibujo y frase. Usa las claves.

Ejemplo: I = *1 Te recomiendo que eches agua fría.*

A Comer menos.

B Tomar aspirina para el dolor.

C Ponerse una tirita.

D No moverlo.

E No moverla.

F Tomar antibiótico y pastillas para la tos.

G No tomar tanto el sol y ponerse una pomada.

H Ponerse una crema para la cara.

I Echar agua fría.

J Ponerse unas gotas para oír mejor.

Vocabulario para la próxima lección

Temas de actualidad

Usa el diccionario.

el **medio ambiente**

la **droga**

la **ecología**

la **seguridad social**

el **ruido**

el **trabajo**

la **paz**

la **educación**

Gramática y ejercicios

Subjuntivo presente   *Present subjunctive*

The present subjunctive is formed from the root of the first person singular of the present indicative. The **o** is dropped and the normal subjunctive endings are added.

–ar (esperar)	–er (comer)	–ir (vivir)
espere	coma	viva
esperes	comas	vivas
espere	coma	viva
esperemos	comamos	vivamos
esperéis	comáis	viváis
esperen	coman	vivan

Verbos irregulares   *Irregular verbs*

These also form the subjunctive from the first person singular of the present indicative:

vengo: venga / vengas / venga / vengamos / vengáis / vengan

salir: salga / salgas / salga / salgamos / salgáis / salgan

hacer: haga / hagas / haga / hagamos / hagáis / hagan

poner: ponga / pongas / ponga / pongamos / pongáis / pongan

volver: vuelva / vuelvas / vuelva / volvamos / volváis / vuelvan

For more verbs, see Gramática, page 245.

The present subjunctive form is used for the following:

advice: Es aconsejable que hagas un seguro.
It's advisable that you take out insurance.

wishes: Quiero que seamos amigos.
I'd like us to be friends.

hopes: Espero que vengas a visitarme.
I hope you come to visit me.

annoyance: Me molesta que haya mucha gente.
It annoys me that there are so many people.

doubt: Dudo que prohíban la circulación en la ciudad.
I doubt they will ban traffic in the city.

necessity: Es necesário que sea simpático.
It's necessary that he should be friendly.

purpose: Para que veas todo y viajes cómodamente . . .
In order to see everything and to travel comfortably . . .

More uses of the subjunctive form (el subjuntivo)

The subjunctive is also used when we talk about 'when something will happen in the future'. It is often used with the future tense.

Cuando termine en la universidad buscaré trabajo.
When I finish university, I'll look for a job.

¿Qué harás cuando termines?
What will you do when you finish?

A   ¿Cuándo vas a hacer los deberes?
When are you going to do your homework?

B   Cuando termine el programa.
When the programme finishes.

EJERCICIOS

A   *Transforma las frases.*

1 Debes tomar la medicina. (es mejor)
Es mejor que tomes la medicina.
2 Tienes que ir a trabajar pronto. (es mejor)
3 Tienes que hacer los deberes. (aconsejar)
4 Debes salir todos los días a pasear. (recomendar)
5 Debes ver la película, es muy buena. (sugerir)
6 Tienes que llegar pronto a la reunión. (es mejor)

B   *Escribe los infinitivos entre paréntesis en la forma correspondiente.*

1 Deseamos que _____ (haber) paz en el mundo.
2 Quiero que mi empresa _____ (recuperarse) económicamente.
3 Me da pena que estas enfermedades no _____ (poder) curarse.
4 Me gusta que _____ (haber) silencio en mi edificio.

5 Me gusta que mis hijos _____ (ser) educados con la gente.

6 No me gusta que los vecinos _____ (hacer) tanto ruido.

C *Pon los verbos entre paréntesis en la forma correspondiente. Pero, atención, no todos son subjuntivos.*

1 Quiero que mi hermano _____ (trabajar) en mi empresa cuando él _____ (venir) a vivir aquí, pero dudo que _____ (estar) cualificado para _____ (realizar) este tipo de trabajo.

2 Cuando tú _____ (venir) a vivir a mi ciudad, yo _____ (presentarte) a mis amigos para que _____ (conocer) a más gente.

3 Es mejor que vosotros _____ (volver) a casa pronto y así cuando _____ (llegar) Ana y Carlos _____ (poder) ir a dar un paseo todos juntos.

Vocabulario

A

Recomendaciones	Recommendations
aconsejable	*advisable*
aconsejar	*to advise*
alojamiento	*accommodation*
artesanía	*craftwork*
caluroso/a	*hot (weather)*
chamarra	*warm outdoor jacket (Mexico)*
época del año	*time of the year*
la época de lluvias	*the rainy season*
hacienda	*type of hotel (Mexico)*
¡Ojalá!	*I hope so.*
seguro	*insurance*
siglo	*century*
vacuna	*vaccination*
vuelo	*flight*

B

Consejos	Advice
consejo	*(piece of) advice*
cuadros	*check (clothing design)*
rayas (fpl)	*stripes (clothing)*
sugerir	*to suggest*

C

Deseos	Wishes
abogado/a (m/f)	*lawyer*
anuncio callejero	*billboard, street advertisement*
aprobar	*to pass (an exam)*
curso	*course (educational)*
Derecho	*Law*
deseo	*wish*
pasarlo bien	*to enjoy oneself, to have a good time*
periodismo	*journalism*
periodista (m/f)	*journalist*

D

Planes y dudas	Plans and doubts
duda	*doubt*

E

Otros usos del subjuntivo	Other uses of the subjunctive
diga lo que diga	*no matter what he / she says*
esté donde esté	*no matter where it is*
pase lo que pase	*whatever happens*
sea como sea	*no matter how*

TRECE
13

¿Qué harías?

Temas	Lengua

A   Deseos y sueños
      Gustos
B   Lo que harías si te tocara la lotería
C   Lo que harías si fueras alcalde
      Temas sociales
	Formas en *–ría* (condicional)
	El subjuntivo imperfecto (verbos regulares
	   e irregulares)

Prepárate

  Vas a escuchar a un actor famoso que habla de sus deseos, sus sueños y sus opiniones. ¿Qué preguntas le quieres hacer? Trabaja con un(a) compañero/a. (Si quieres, lee las opciones de las respuestas de Actividad 1, para ayudarte a hacer las preguntas.)

A | Los famosos

Actividad 1

a Escucha y compara tus preguntas con las de la entrevista. ¿Coinciden?

b Escucha otra vez e indica las respuestas.

1 a cine
  b televisión
  c teatro

2 a Berlanga
  b Carlos Saura
  c Almodóvar
  d nadie

3 a con su familia
  b con el presidente del gobierno
  c con su novia
  d con una actriz famosa

4 a trabajo y ambición
  b trabajo y paciencia
  c trabajo y amigos importantes
  d trabajar deprisa

5 a El triunfo es lo más importante en su carrera.
  b El triunfo es eterno.
  c El triunfo es temporal; no es lo más importante en la vida.
  d El triunfo es lo más importante en la vida, pero viene y se va.

6 a Su mayor deseo es irse a trabajar a otro país.
  b No quiere ir a trabajar a ningún otro país nunca.
  c Quiere ir a trabajar a otro país, pero depende del trabajo.
  d Quiere ir a trabajar a otro país si puede ir con su familia y amigos.

¡Atención!

cobrar = *to be paid*

Gramática

Formas en –ría
Verbos regulares
cenaría / cenarías / cenaría / cenaríamos / cenaríais / cenarían
¿Con quién cenarías esta noche?   *Who would you have dinner with tonight?*

comería / comerías / comería / comeríamos / comeríais / comerían
¿Con quién comerías hoy?   *Who would you have lunch with today?*

viviría / vivirías / viviría / viviríamos / viviríais / vivirían
¿Dónde vivirías?   *Where would you live?*
¿Dónde te gustaría vivir?   *Where would you like to live?*

Verbos irregulares
tener
tendría / tendrías / tendría / tendríamos / tendríais / tendrían
¿Tendría la amabilidad de contestar unas preguntas? *Would you be kind enough to answer some questions?*

poder
podría / podrías / podría / podríamos / podríais / podrían
¿Podrías venir mañana?   *Would you be able to come tomorrow?*

Las formas en **–ría** se utilizan para preguntar y pedir algo en situaciones formales:
¿Le / Te importaría
¿Tendría la amabilidad de   abrir la ventana?
¿Podría usted
¿Podrías

Actividad 2

Estudia la sección Gramática. Escucha de nuevo la entrevista y señala los verbos en la forma **–ría** (condicional).

Ejemplo:

¿Tendría la amabilidad de contestar unas preguntas?

 ## Actividad 3

Estudiante A

a   Haz una entrevista a Estudiante B. Utiliza las preguntas de Actividad 1.

Estudiante B

a   Eres actor / actriz. Las respuestas de Actividad 2 te ayudarán.

b   Cambiad.

 ## Actividad 4

Escucha los cuatro diálogos.
¿Dónde están?
¿Qué preguntan o piden?
¿Qué frases usan?

Actividad 5

a En esta entrevista con el famoso actor Jorge Martínez, las preguntas (1–10) y las respuestas (a–j) están mezcladas. Ponlas en orden.

1
Acaba de terminar el rodaje de su última película en un tiempo récord de dos meses, ¿se siente satisfecho con el resultado?

3
¿Se ha quedado con una impresión positiva de María García?

2
Trabajar en la película con María García se ha convertido en el acontecimiento de la temporada, ¿le ha costado volver a la realidad?

4
¿Quién es la estrella de la película, usted o María?

7
¿Le han pagado menos que a María García?

6
Pero, ¿no se siente algo celoso, discriminado?

5
¿Aconseja a María?

8
¿No le gustaría cambiar y hacer una comedia?

9
¿Y con quién trabajaría y a las órdenes de qué director?

10
Su mujer, Lola Hernández, es también actriz, ¿trabajaría con ella?

a

Sí, algunas veces. Yo le contaba lo que pensaba de mi personaje y del suyo y ella respondía perfectamente. Pasamos mucho tiempo juntos y hablamos continuamente. La verdad es que nos hemos hecho muy amigos.

b

No me importaría, pero quizás fuera un poco difícil mezclar la vida profesional con la familiar. No me gusta mezclar la familia con el trabajo. Cuando trabajo, no existe nada en el mundo. Me olvido absolutamente de mi familia y de mis amigos. Pero cuando dicen «corten», los recupero inmediatamente y me olvido del trabajo.

c

Me ha sorprendido absolutamente. Sólo sabía de ella lo que salía en las revistas, la imagen que la Prensa daba de ella, de todas sus historias y su pasado. Y me he encontrado de repente con una mujer fantástica que se ha comportado como una auténtica profesional. Su disciplina y su energía han sido increíbles.

d

La estrella es ella. Yo sólo soy mi protagonista particular. Pero no me importa, porque aunque sólo tuviera dos escenas estaría satisfecho. Está claro que el que vaya al cine va a verla a ella. Lo que pasa es que yo he intentado aportar todo lo que he podido y espero que la gente diga: «Mira ese chico, qué bien está».

e

Yo, satisfecho nunca me quedo. Siempre me gustaría hacerlo mejor, creo que se podría haber mejorado alguna escena. Pero he hecho lo que he podido y, ahora, a esperar el resultado.

f

No tengo ni idea, pero seguro que sí. Si fuera así, no me importaría. De todos modos, yo nunca me fijo en eso. Me importa cómo hago mi trabajo y cómo va a repercutir en mi carrera.

g

Me volvería loco trabajar con Robert de Niro. Si fuera con un actor español trabajaría con Antonio Banderas. Pero lo que me gustaría mucho más sería trabajar con Penélope Cruz. La verdad es que, con ella, todo lo que quisiera. Y para dirigir, Pedro Almodóvar.

h

En absoluto. A mí me ha aportado muchas cosas positivas esta historia. A nivel profesional, por lo que es promoción.

j

Nunca he dejado de ser yo, sólo he interpretado. El personaje que he hecho, Jorge Fernández, no tiene nada que ver con mi personalidad, aunque se llama como yo.

i

Me encantaría. Estoy un poco cansado de películas serias.

b Contesta las preguntas.

1 ¿Por qué se mencionan estas personas?

  a María García   b Jorge Fernández

  c Robert de Niro   d Antonio Banderas

  e Penélope Cruz   f Lola Hernández

2 ¿Cómo describe su carácter y su personalidad?

3 ¿Cómo describe a María García?

  Actividad 6

Una revista preguntó a algunos famosos de España: «¿Con quién brindarías y por qué?»

¿Cuál de los elegidos te interesa más? ¿Por qué?

¿Cuál de los comentarios te interesa más? ¿Por qué?

Jesús del Pozo

Modisto

Picasso

Pintor

Con Picasso, porque le admiro, porque me parece uno de los genios más grandes de este siglo. Y brindaría por que se me «pegue» algo del gran maestro.

Loquillo

Cantante

Sean Connery

Actor

Si tuviera que brindar, lo haría con Sean Connery, evidentemente. Brindaría por las mujeres, porque sin ellas la vida no tendría sentido para un hombre. Pienso que Sean Connery representa la elegancia perdida del hombre hacia la mujer y, además, ha sabido envejecer con dignidad.

Isabel Preysler

Famosa

Woody Allen

Actor y director de cine

Me gustaría brindar con Woody Allen, porque es un director de cine y un actor que me gusta muchísimo.

 ──── *¡Atención!* ────

brindar	=	to drink a toast
¡Salud!	=	Cheers!

Actividad 7

a ¿Con quién brindarías tú? ¿Por qué?

b Haz una encuesta en la clase.
¿Con quién brindarían tus compañeros/as y por qué?
¿Cuáles son los personajes y comentarios más interesantes?

 ## Actividad 8

Una encuesta

a Contesta estas preguntas de una encuesta.
Escribe en un papel sólo las respuestas.

1 ¿Qué te gustaría comer ahora?
2 ¿Qué te gustaría beber ahora?
3 ¿Dónde te gustaría estar en este momento?
4 ¿Dónde te gustaría vivir?
5 ¿Dónde te gustaría ir de vacaciones?
6 ¿Qué libro te gustaría leer ahora?
7 ¿Qué película te gustaría ver?
8 ¿Qué música te gustaría oír ahora?
9 ¿Qué trabajo te gustaría tener?
10 ¿Qué te gustaría tener que no tienes?

b Comparad las respuestas de toda la clase.
¿Coincidís en alguna? ¿Cuáles son más populares?

B | ¿Qué harías . . .?

 ## Actividad 9

a Escucha a estas personas. ¿Qué harían si les tocara la lotería? Indica en el cuadro lo que dicen.

	casa	tipo de vida	trabajo	coche	nada
María					
Mari Mar					
María Jesús					
Javier					

! ──── *¡Atención!* ────

¿Qué harían si les tocara la lotería? = *What would they do if they won the lottery?*

b Escucha otra vez y añade otros detalles si los hay.

Actividad 10

¿Qué harías si te tocara la lotería?
Mira los dibujos y escribe una lista.

Usa estos verbos:

comprar   tener   tomar   viajar   vivir

Piensa más cosas que harías si te tocara la lotería.
Rellena el cuadro de Actividad 9 con tu información.

Actividad 11

Encuesta en la clase
Pregunta a tus compañeros/as y completa un
cuadro como el de la Actividad 9 con la
información recogida.

Actividad 12

Lee el artículo y escribe la información en el cuadro.

	edad	profesión	familia	¿Qué hará con el dinero?
José Antonio				
Isidro				
Rafael				
Francisco y Pablo				

EL JUEGO DE LA BOLSA

**_Cuatro acertantes se repartieron
cien mil euros_**

_Un viaje a Palma de Mallorca y la compra de una
moto serán algunos de los deseos que verán
cumplidos los cuatro acertantes de esta semana._

El premio de la pasada semana fue el más
concurrido desde que comenzó
Supercartera 16. Los cien mil euros
se repartirán entre cuatro tarjetas acertantes:
las pertenecientes a **José Antonio García
Moure**, de veinticinco años, residente en
Santiago de Compostela; la de **Isidro Díaz-
Bustamente Ventisca**; la de **Rafael de la**

Torre Martín y la compartida por los
hermanos **Francisco Javier** y **Pablo Moreno
Fernández**.

Isidro Díaz-Bustamante, ganadero, natural de
Santander pero afincado en Jerez de la Frontera

(Cádiz) desde hace casi quince años, casado y con una hija de veinte, comprobó varias veces la tarjeta hasta convencerse de que era uno de los premiados: «No podía creérmelo y todavía no sé lo que haré con el dinero. Gastármelo, desde luego, y posiblemente viajar a Palma de Mallorca o algún lugar dentro de España.»

La tarjeta de Rafael de la Torre Martín, cuarenta y cuatro años, delegado comercial de la empresa de insecticidas Cooper Zeltia, llevaba perdida algún tiempo. «Tenía los números apuntados en un papel, pero no me atrevía a comprobarlos por si acaso me tocaba y no podía cobrar el premio. Apareció el domingo, de repente, y cuando miré el resultado tuve que ir a tomar algo para tranquilizarme: había sumado y restado tantas veces los números que ya no sabía qué cifra era la ganadora.» Su mujer y sus tres hijas ya están haciendo planes para gastar el dinero.

Francisco Javier Moreno Fernández, de dieciocho años, y su hermano Pablo, de diecisiete, fueron los últimos en llamar. Hijos de un ingeniero industrial y residentes en el madrileño Parque de las Avenidas, miraban todos los días sus cinco tarjetas con las que juegan a medias. Con el premio piensan comprarse una moto, que también compartirán, o hacer algún viaje.

C | ¿. . . si fueras alcalde?

 Actividad 13

a   Cuatro personas contestan estas preguntas:

1 ¿Qué harías si fueras alcalde / alcaldesa de tu ciudad?
2 ¿Qué harías si fueras primer ministro / primera ministra para mejorar la situación de tu país?

Escucha y marca los temas que menciona cada persona.

	María Jesús	Mari Mar	Rosa	Javier
limpieza y medio ambiente	/	/	/	/
violencia		/		
paz		/		
droga		/		
trabajo	/			
seguridad social	/			
educación	/			
transporte / carreteras	/			

b   Escucha otra vez y escribe lo que explican sobre cada tema.

¡Atención!

el medio ambiente	=	the environment
si fueras	=	if you were
si fuera	=	if I were
alcalde / alcaldesa	=	mayor(ess)

Actividad 14

a ¿Recuerdas quién dice que haría lo siguiente en las conversaciones de Actividad 13? ¿María Jesús (MJ), Mari Mar (MM), Rosa (R) o Javier (J)?

1 Arreglaría las fachadas de las casas.
2 Construiría mejores carreteras.
3 Crearía una ciudad limpia y cómoda.
4 Crearía una fábrica con muchos puestos de trabajo.
5 Dejaría la ciudad para administración.
6 Eliminaría la inseguridad ciudadana.
7 Gastaría el dinero de los impuestos en una Seguridad Social mejor.
8 Haría lo mismo que el presidente actual.
9 Haría una limpieza enorme.
10 Lucharía por la paz del mundo.
11 Mejoraría la educación.
12 No sabe lo que haría.
13 Plantaría más árboles.
14 Sacaría la industria de la ciudad.
15 Seguiría con la apertura internacional.
16 Terminaría con los problemas de la droga.

b Escucha otra vez y comprueba.

Actividad 15

Escribe un párrafo sobre las respuestas de una de las personas. Empieza:

Si fuera alcalde / alcaldesa (Mari Mar), . . .

Actividad 16

a ¿Qué harías tú? Empieza:

Si yo fuera primer ministro / primera ministra, . . .
Escribe una lista de las cosas que harías.

b Mezclad los papeles de todos los estudiantes. Adivinad de quién es cada lista.

c Hablad de los temas en grupos.

Gramática

El subjuntivo imperfecto

Estudia las formas en la página 246.
A ¿Qué harías si te tocara la lotería?
B Si me tocara la lotería compraría una casa.
A ¿Qué harías si fueras primer ministro?
B Si fuera primer ministro cambiaría el sistema de impuestos.

El pretérito imperfecto de subjuntivo se forma a partir del pretérito indefinido indicativo.

Ejemplos:

comprar	(compraron)	comprara
comer	(comieron)	comiera
dar	(dieron)	diera
tener	(tuvieron)	tuviera

Busca los verbos irregulares en el pretérito indefinido (Unidad 1, página 15) y forma el subjuntivo imperfecto.

Actividad 17

Jaca está en el noreste de España, en el Pirineo aragonés. Es un centro turístico de deportes de invierno. Es también el centro de una zona de gran riqueza ecológica. Jaca decidió presentarse como candidata para los próximos Juegos Olímpicos de Invierno.

a Trabaja con un(a) compañero/a. Decidid los «pros» y los «contras» para la celebración de los Juegos en Jaca.

Pros	Contras
La ciudad tendría más turistas.	

b   Ahora leed los «Pros» y los «Contras» aparecidos en un periódico local. Comparad con vuestra lista.

Los pros
- Nacería una completa red de comuni-caciones con todo el entorno.
- El nombre de Jaca sonaría en el mundo. El turismo se volcaría en la región.
- El deporte es cultura. Socialmente, su interés mejoraría la educación.
- El flujo comercial aumentaría en toda la Comunidad Autónoma.

Los contras
- Las carreteras cambiarían el actual aspecto del territorio.
- Las instalaciones y los visitantes afectarían negativamente al medio ambiente.
- Desde la misma promoción, se necesitaría una gran cantidad de dinero.
- ¿Serían rentables las instalaciones después de los Juegos Olímpicos?
- Jaca se podría convertir en un peligroso macrocentro económico.

Actividad 18

Estudiante A

Tú estás a favor de que los Juegos se celebren en Jaca.

Estudiante B

Tú estás en contra.
Formad grupos de Estudiantes A y Estudiantes B para discutir vuestras opiniones.

En casa o en clase

Actividad 19
Haz el test.

¿Quién serías si no fueras tú?

Todos tenemos sueños secretos, habilidades desconocidas o pasiones insatisfechas.
Es decir, albergamos en nuestro interior un «yo» secreto que ahora podrás descubrir.

I   **¿Con qué disfrutarías más?**
  A Un crucero alrededor del mundo.
  B Holgazanear en una isla tropical.
  C Escalar una montaña.
  D Una expedición arqueológica.

2   **Cuando planeas unas vacaciones, ¿qué consideras más importante?**
  A El alojamiento.
  B La comida.
  C Las actividades.
  D El interés histórico de la zona.

3   **Si tuvieras tiempo y dinero, ¿cuál de estas aficiones practicarías?**
  A Colección de antigüedades.
  B Tomar saunas y masajes regularmente.
  C Paracaidismo.
  D Estudiar algo.

4 **¿Cuál de las siguientes maneras de mantenerse en forma te atrae más?**
- **A** Una granja de salud.
- **B** Clases de ballet.
- **C** Entrenamiento de boxeo.
- **D** Un programa científicamente diseñado para obtener el máximo beneficio con el mínimo esfuerzo.

5 **¿En qué te gastarías un premio inesperado?**
- **A** En mejorar tu casa.
- **B** En sábanas y pijamas de seda.
- **C** En un coche.
- **D** Libros.

6 **¿Qué tipo de personas admiras más?**
- **A** La gente que vive bien.
- **B** Grandes artistas.
- **C** Deportistas famosos.
- **D** Grandes músicos.

7 **¿Qué regalo te gustaría recibir?**
- **A** Una caja de cava.
- **B** Un sofá de piel.
- **C** Un detector de metales.
- **D** Un buen libro.

8 **¿Qué color te gusta más?**
- **A** Rojo.
- **B** Negro.
- **C** Amarillo.
- **D** Verde.

9 **¿Qué escogerías en un restaurante?**
- **A** Trufas.
- **B** Ostras.
- **C** Curry.
- **D** Un bistec.

10 **¿Qué te gustaría estudiar?**
- **A** Cocina.
- **B** Cerámica.
- **C** Construcción de barcos.
- **D** Filosofía.

11 **¿Qué prefieres hacer para relajarte?**
- **A** Pasar una velada cenando tranquilamente.
- **B** Tumbarte al sol.
- **C** Dar un paseo.
- **D** Leer.

12 **¿Qué te gusta más de la televisión?**
- **A** Los concursos.
- **B** Programas artísticos.
- **C** Programas deportivos.
- **D** Los documentales.

13 **¿A quién te gustaría más conocer en una fiesta?**
- **A** Un magnate rico.
- **B** Una estrella de cine.
- **C** Un político.
- **D** Un eminente científico.

14 **¿Qué coche preferirías tener?**
- **A** Un Rolls Royce.
- **B** Un Mercedes deportivo.
- **C** Un coche de 16 válvulas.
- **D** Un coche pequeño fácil de aparcar.

15 **¿Qué flores prefieres?**
- **A** Orquídeas.
- **B** Violetas.
- **C** Girasoles.
- **D** Rosas.

16 **Piensas en un jardín como . . .**
- **A** un lugar agradable para relajarse.
- **B** un lugar lleno de olores y colores bonitos.
- **C** un estímulo.
- **D** un lugar lleno de interesantes especies botánicas.

17 **¿Qué te irrita más?**
- **A** La tacañería.
- **B** La brutalidad.
- **C** La timidez.
- **D** La superficialidad.

Resultados

Calcula la mayoría de letras obtenidas y lee la respuesta que te corresponde.

Mayoría A

Te gusta el lujo. Si fueras rico/a te comportarías de forma extravagante, malgastando el dinero. Aunque no estás loco/a por el trabajo, podrías convertirte en un verdadero adicto o una verdadera adicta si supieras que eso te iba a hacer rico/a.

Mayoría B

Eres una persona muy sensual. Podrías haber organizado tu vida para satisfacer tus sentidos: seda y raso para acariciar tu piel, gustos y sabores exóticos, viajes a otros países . . . Con la pareja adecuada, podrías encontrar grandes satisfacciones, ya que las relaciones personales son muy importantes en tu vida.

Mayoría C

Eres todo un aventurero / toda una aventurera. Aunque hayas apostado por la seguridad de un trabajo estable, probablemente te gustaría dejarlo para ir a explorar regiones remotas del mundo o a conquistar montañas. Indiana Jones no sería nada comparado contigo.

Mayoría D

Eres un(a) estudiante vocacional. Podrías haber seguido tus estudios mucho más tiempo de lo que lo hiciste o quizás permanecer toda tu vida en un ambiente académico. Es posible que vuelvas a estudiar en tu tiempo libre. Puede ser demasiado tarde para llegar a ser un(a) entendido/a, pero aún puedes obtener muchas satisfacciones.

  Actividad 20

a Une las preguntas (1–14) con las respuestas que están mezcladas en el cuadro y haz frases.

> un abrigo   el amor   amarillo   Argentina   cordero   asado   el cuchillo   ~~Don Quijote~~   de fresa
> natillas   la nieve   un olmo   el ratón   una rosa   la sangría

1 ¿Si fueras un libro?
  Si fuera un libro sería Don Quijote.
2 ¿Si fueras una prenda de vestir?
3 ¿Si fueras una comida?
4 ¿Si fueras un helado?
5 ¿Si fueras una planta o un árbol?
6 ¿Si fueras una flor?
7 ¿Si fueras un color?
8 ¿Si fueras un animal?
9 ¿Si fueras un utensilio de cocina?
10 ¿Si fueras un país?
11 ¿Si fueras una bebida?
12 ¿Si fueras un dulce?
13 ¿Si fueras un sentimiento?
14 ¿Si fueras un fenómeno meteorológico?

b Ahora contesta las preguntas con tu propia información.

Vocabulario para la próxima lección

Así es Guatemala
Usa el diccionario.

las ruinas coloniales
los trajes tradicionales
los tejidos
los tapices
las leyendas de la mitología maya
el altiplano
las vistas

Gramática y ejercicios

Formas en –ría (condicional) *–ría forms (the conditional)*

	–ía
	–ía
cenar	–ías
comer	–ía
vivir	–íamos
	–íais
	–ían

The **–ría** form has the same root as the future tense:
comer (comeré) comería

This information will help especially with irregular verbs:
querer (querré) querría
poder (podré) podría

The conditional is used to express **would** or **could do something**. It is used to express a wish or to give advice.
Solucionaría los problemas, haría muchas cosas.
I would solve problems, I would do many things.

In conditional sentences that are unreal or unlikely, the conditional is used with the imperfect subjunctive.
(Si fuera primera ministra) terminaría con la violencia.

(If I were prime minister;) I would end violence.
(Si fuera a una isla desierta) llevaría un libro.
(If I were to go to a desert island,) I would take a book.
«¿Qué harías (si te tocara la lotería)?» «Viajaría, compraría una casa.»
'What would you do (if you won the lottery)?' 'I would travel, I would buy a house.'

Note: fuera and tocara are imperfect subjunctive forms.

El subjuntivo imperfecto *The imperfect subjunctive*
The imperfect subjunctive is formed with the root of the simple past (pretérito indefinido), *third person plural.*

Regular verbs

trabajar:	trabaj	–ara	–aras	–ara	–áramos
		–arais	–aran		
comer:	com	–iera	–ieras	–iera	–iéramos
		–ierais	–ieran		
vivir:	viv	–iera	–ieras	–iera	–iéramos
		–ierais	–ieran		

Irregular verbs

querer:	quis	–iera	–ieras	–iera	–iéramos
		–ierais	–ieran		
tener:	tuv	–iera	–ieras	–iera	–iéramos
		–ierais	–ieran		
ser:	fu	–era	–eras	–era	–éramos
		–erais	–eran		

EJERCICIOS

A *Escribe preguntas utilizando frases del cuadro.*

> invitarnos a comer con ellos   probarlo   abrir
> la ventana   acompañarme   ~~cerrar la puerta~~
> llevarme en tu coche   hacerlo fuera

1   ¡Qué frío hace! ¿(usted) poder?
   ¿Podría cerrar la puerta?
2   ¡Qué calor hace! ¿(tú) poder?
3   ¡Qué tarde es! ¿(tú) importarte?
4   Está prohibido fumar aquí. ¿(usted) poder?
5   No quiero volver solo a casa. ¿(tú) querer?
6   Queremos conocer a sus amigos. ¿(ustedes)
   importarles?
7   He hecho un pastel. ¿(vosotros) gustaros?

B *Transforma las frases.*

1   Quiero escuchar música clásica.
   Escucharía música clásica.
2   Quiero viajar por todo el mundo.
3   Quiero ir a la montaña.
4   Quiero tener vacaciones.
5   Quiero leer todo el día.
6   Quiero hacer una fiesta.
7   Quiero salir con mis amigos.

C *Transforma las frases.*

1   Si yo (ser) rico (comprar) un barco.
   Si yo fuera rico compraría un barco.
2   Si tú (ser) más estudioso (aprobar) los
   exámenes.
3   Si el caballo (ser) más rápido (ganar) la carrera.
4   Si nosotros (ser) ricos (dar) la vuelta al
   mundo.
5   Si Enrique (ser) menos tímido (salir) más.
6   Si vosotros (ser) más trabajadores (sacar)
   mejores notas.
7   Si tus hermanos (ser) más simpáticos (tener)
   más amigos.

Vocabulario

A

Los famosos	**Celebrities**
a menudo	*often*
brindar	*to toast (drink)*
cifra	*figure, number*
cobrar	*to charge (money), to collect*
echar de menos	*to miss (family, friends)*
envejecer	*to grow old*
ganador(a) (m/f)	*winner*
genio	*genius*
gustos (mpl)	*likes*
merecer	*to deserve*
por supuesto	*of course*
salto	*leap*
tutear	*to address someone informally as tú*

B

¿Qué harías . . . ?	**What would you do . . . ?**
acertante (m)	*winner*
atreverse	*to dare*
cantidad (f)	*quantity*
compartir	*to share*
comprobar	*to check*
de repente	*suddenly*

ganadero/a	*cattle farmer*
hacer ilusión	*to thrill, to excite, to interest*
montar (un negocio)	*to start up (a business)*
por si acaso	*in case*
repartir	*to share*
respaldar	*to support*
tocar (la lotería)	*to win (the lottery)*

C

¿. . . si fueras alcalde?	**. . . if you were mayor?**
alcalde/ alcaldesa (m/f)	*mayor*
aumentar	*to increase*
entorno	*environment, surroundings*
fachada	*façade*
impuestos (mpl)	*taxes*
lacra	*blemish, scar*
limpieza	*cleaning*
medio ambiente (m)	*environment*
rentable	*profitable*
Seguridad Social	*Social Security*

CATORCE

14 Repaso y ampliación

Prepárate

  ¿Sabes qué son las «tiendas de comercio justo»? Haz una lista de cosas que puedes comprar en este tipo de tiendas.

LISTA DE COMPRAS

TRACK 41

A | De compras

Actividad 1

Escucha la entrevista sobre las «tiendas de comercio justo» y contesta las preguntas.

1 ¿Qué es el «comercio justo»?
2 ¿Qué venden en las tiendas de comercio justo?
3 ¿Cuándo y dónde apareció la idea?
4 ¿Qué ventajas ofrecen estas tiendas?

Actividad 2

Lee los artículos siguientes y contesta las preguntas.

¡Atención!

comercio justo	=	*fair trade*
el campesino	=	*peasant*
el artesano	=	*craftsman*
la artesanía	=	*craft*
el intermediario	=	*intermediary, middle man*
los beneficios	=	*benefits, profits*
en desarrollo	=	*developing*
los alimentos	=	*food*
la ventaja	=	*advantage*
el medio ambiente	=	*the environment*
elaborar	=	*to make*

CONTRASTES

Las grandes compañías que fabrican prendas de vestir cuyo uso, y mera exhibición de la etiqueta, se ha convertido en signo de integración social nos hacen creer que los elevados precios de los productos son un signo de calidad, pero poco de ese dinero llega a los obreros que las fabrican. Del dinero que pagamos por un par de esas zapatillas de marca, sólo el 0,18% (la parte más pequeña) se destina a los salarios de los obreros, que son miles, en contraste con las sumas exorbitantes que reciben algunas estrellas del deporte sólo por llevarlas (la publicidad se lleva casi un 10% del precio final). Por ejemplo, un famoso futbolista firmó un contrato para toda la vida con una igualmente famosa marca de zapatillas de deporte por el que le pagan una gran cantidad de dinero al mes; una obrera de Indonesia de la misma empresa gana esa cantidad en 21 años de trabajo.

Puedes hablar sobre las tareas domésticas y explicar lo
que te gusta de la convivencia

25 minutos

1. Compartes piso con tu compañero. Aquí tienes la lista de tareas domésticas por hacer. Las que tienes marcadas con una ☑ son las que ya has hecho, y con ☒ las que todavía no; el resto son de tu compañero. Pregúntale qué cosas ya ha hecho y luego escribe tu diario. ¿Qué te molesta de él o de ella?

LISTA DE TAREAS PENDIENTES	
Limpiar la cocina. ☐	☐ Sacar la basura.
Aspirar la sala. ☒	☒ Limpiar el baño.
Sacar al perro a pasear. ☒	☐ Bañar al perro.
Hacer la compra. ☐	☐ Fregar los platos.
Preparar la comida. ☒	☑ Ordenar los libros.
Cambiar la bombilla del pasillo. ☑	☐ Llamar a los amigos.
Llamar al fontanero. ☑	☐ Pagar las cuentas.
Escoger la música. ☐	☒ Hablar con los vecinos.

Querido diario:

Mi estancia en el piso se ha vuelto insoportable... _____

_____

_____

_____

_____

_____

_____

_____

2. Ahora lee la página de tu compañero y comprométete a no hacer más las cosas que le molestan.

Te prometo que limpiaré la casa los días que me toque.

LAS APARIENCIAS ENGAÑAN

Vacaciones, paisajes paradisíacos, playas de ensueño, folletos turísticos. Para muchos, esas son las evocaciones que despiertan los nombres de algunos países cada vez más visitados por los turistas. Pero mucho menos son las condiciones reales de la vida de sus habitantes. En muchos de estos países, los gobiernos han cedido a compañías multinacionales todo tipo de facilidades para instalarse; terrenos a bajo precio y a veces gratis, en zonas que antes se dedicaban a la agricultura; libertad para sacar el dinero del país; bajos impuestos; bajos sueldos a los trabajadores que trabajan muchas horas en malas condiciones. Las empresas pueden así fabricar productos a bajo precio que después, cuando los vendan en países ricos a altos precios, les darán grandes beneficios. Con frecuencia producen objetos de lujo: perfumes, lencería, moda, etc. La ropa de etiquetas más apreciadas suele estar fabricada allí. Esta ropa está fabricada en su mayor parte por mujeres que cobran muy poco y no tienen dónde dejar a sus hijos. Niños y niñas, incluso de menos de cuatro años, se encuentran en la calle mientras las madres van a trabajar a las fábricas. Sólo con ayuda de organizaciones como «Manos Unidas» se ha podido construir alguna guardería para que estos niños tengan un lugar seguro y un futuro.

1 ¿Qué problemas hay detrás de lo que compramos?
2 ¿Qué parte de lo que pagamos cuando compramos unas zapatillas de marca va a los obreros?
3 ¿Qué parte va a publicidad?
4 ¿Cuál es la imagen que tenemos de algunos países turísticos?
5 ¿Qué facilidades tienen las grandes compañías para instalarse en los países más pobres?
6 ¿Quién trabaja en las fábricas de ropa?
7 ¿Qué problemas tienen los niños de los trabajadores?

Actividad 3

Habla con un(a) compañero/a sobre los temas siguientes.

- ¿Por qué crees que los gobiernos de los países pobres dan facilidades a las compañías para instalarse allí?
- ¿Por qué crees que muchas personas tienen que dejar de trabajar en los campos y deben trabajar en las fábricas?
- ¿Por qué sufren los niños?
- ¿Comprarías unas zapatillas sin marca, pero de igual calidad y fabricadas por las mismas personas?

Usa algunas de estas frases o piensa otras para expresar tu opinión:

Pero no podemos hacer nada.
Yo creo que debemos comprar cosas normales.
Hay también muchas compañías que no explotan a los trabajadores.
Yo creo que exageran un poco.
Yo estoy de acuerdo.
Yo no estoy de acuerdo.
¿Qué vamos a comprar?
La sociedad es así, no podemos cambiarla.
Los gobiernos tienen que hacer algo.
Nosotros podemos cambiar la sociedad.
Hay que dar mejores condiciones y salarios a los trabajadores.
Hay que construir guarderías y escuelas para los niños.
Si no compramos ropa de marca, las fábricas cierran y estas personas se quedan sin trabajo.

B | La publicidad

Actividad 4

Con un(a) compañero/a, habla de la publicidad y los anuncios.

1 ¿Te parece bien la publicidad?
2 ¿Hay mucha publicidad hoy día en tu país?

3 ¿Qué artículos son los que se anuncian más?
4 ¿Cómo son los anuncios?

¿Qué opina tu compañero/a sobre el tema?

Actividad 5

¿Qué opina María Jesús sobre la publicidad? Compara sus opiniones con las vuestras.

1 ¿Cuál es la forma de publicidad que le gusta menos?
2 ¿Por qué?
3 ¿Qué clase de la publicidad no le molesta?
4 ¿Qué dice de la cantidad de publicidad?
5 ¿Qué se anuncia más?
6 ¿Qué época menciona María Jesús en especial y por qué?

Actividad 6

Escucha otra vez y lee estas expresiones de María Jesús. ¿Cuáles expresan:

1 sus opiniones?
2 sus sentimientos?
3 cómo introducir un tema?

Pon el número que les corresponde y compara con un(a) compañero/a.

lo odio
depende
es algo impresionante
es horrible
la verdad es que …
no me molesta
yo creo que …

  ## Actividad 7

a   Escucha los anuncios: ¿qué productos anuncian?

b   Trabaja en grupo. ¿Qué opináis sobre estos anuncios?

c   Buscad anuncios de vuestros países y adaptadlos para el público hispano.

 ## Actividad 8

Trabaja con tus compañeros/as:

a   Habla de los anuncios, ¿qué opinas de ellos?

b   Representa uno de los anuncios.

c   Inventa otros anuncios.

C | El cine y otras historias

 ## Actividad 9

Escucha este trozo de un programa de radio sobre una película de Almodóvar. Se llama *Tacones Lejanos*. Toma notas.

Actividad 10

Lee este artículo en el que Almodóvar habla de su película y contesta las preguntas.

1 ¿Qué información hay en el texto y en el programa de radio (Actividad 9)?
2 ¿Qué información hay en el programa que no hay en el texto?
3 ¿Qué información hay en el texto que no hay en el programa?

LA PELÍCULA

Tacones Lejanos es un duelo entre las dos protagonistas, Marisa Paredes y Victoria Abril, que interpretan a una madre y a una hija. La película cuenta, básicamente, la relación compleja y llena de dolor de estos dos personajes. Para apoyar la narración, aparece un tercer personaje, Miguel Bosé, que interpreta el papel de un juez que está investigando un caso de asesinato. A través de su investigación nos vamos introduciendo en el mundo de ambas mujeres.

Se trata de una historia muy entretenida, en el sentido de que pasan muchas cosas, y muchas de ellas tremendas, pero el tono es más de melodrama duro que de comedia. La película, aunque yo siempre meto humor por donde puedo, va más por mi lado duro que por el jocoso. En cualquier caso, *Tacones lejanos* depende de los actores. Como los actores no estén brillantes, la película se viene abajo.

 Actividad 11

a Lee los dos artículos siguientes. Cada una de las siguientes frases corresponde a una u otra de las noticias o a las dos. Indica «A», «B» o «A + B» para cada frase.

1 Unos ladrones entraron en una tienda.
2 Había niños dentro.
3 Robaron joyas.
4 Escaparon en un coche.
5 Después del robo alguien llamó a la policía.
6 Los ladrones dejaron unas joyas en un coche.
7 Los ladrones no hicieron daño a nadie durante el robo.
8 La policía no ha arrestado a los ladrones.

A Unos ladrones entraron en un piso de Madrid, pero cuando habían entrado, se dieron cuenta de que en la casa había dos niños de doce y catorce años, que eran los hijos de la familia que vivía en el piso. Los ladrones al principio no sabían qué hacer. Uno de ellos se quedó viendo la televisión y jugando con los niños, mientras los otros robaron dinero, joyas y todo lo que encontraron de valor. Cuando se fueron, los niños llamaron por teléfono móvil a su madre que había salido a comprar horas antes. Los niños le contaron lo que había pasado y le dijeron que los ladrones les habían dado caramelos y que habían sido muy simpáticos con ellos. La madre volvió a casa inmediatamente y, aunque le habían robado muchas cosas, estaba contenta porque los niños no habían sufrido daños físicos y porque dos días antes de ocurrir el atraco había hecho un seguro contra robos.

B Tres jóvenes robaron ayer una joyería en la calle Chueca. Se llevaron joyas por valor de un millón de euros. El dueño de la joyería dio la alarma y llamó a la policía, pero cuando la policía llegó, los ladrones ya habían salido de la tienda y corrían hacia el coche que había estado esperándolos todo el tiempo. La policía siguió al coche, pero lo perdieron durante unos minutos. Al cabo de un rato encontraron el coche que los ladrones habían abandonado en una calle sin salida. La policía encontró dentro del coche parte de las joyas que los ladrones habían abandonado en su huida. El coche era azul, matrícula de Barcelona, que había sido robado días antes. Ayer la policía comunicó que aún no había encontrado a los ladrones. Mientras tanto, en la joyería, el dueño tuvo que ser trasladado al hospital, aunque no había sufrido heridas, y un cliente que había entrado unos minutos antes para comprar un anillo para su novia, tuvo un ataque de nervios.

b Contesta estas preguntas.

1 ¿Quién entró en una joyería?
2 ¿Quién llamó a la policía?
3 ¿Quién persiguió un coche?
4 ¿Quién se quedó con los niños?
5 ¿Quién volvió a su casa?
6 ¿Quién tuvo que ir al hospital?
7 ¿Quién llamó a un miembro de su familia?
8 ¿Quién dio a alguien unos caramelos?

Actividad 12

Escribe un artículo sobre un suceso similar. Inventa una historia o busca información en un medio de comunicación.

D | Opiniones

  Actividad 13

a María Jesús opina sobre los temas siguientes. Antes de escuchar, lee lo siguiente; trabaja con un(a) compañero/a y adivina sus opiniones y otros detalles de lo que dice. Termina las frases.

1 **la juventud**

«Hay dos tipos de juventud . . .» ¿Cuáles son?

2 **la situación de la mujer familiar y profesionalmente**

«Antes las mujeres estaban hechas para . . .»

3 **la diferencia de salarios entre mujeres y hombres:**

«Si alguien cumple con su trabajo . . .»

4 **el medio ambiente en su país:**

«No nos damos cuenta, pero si seguimos así . . .»

5 **los incendios forestales:**

«Cada vez que oyes, lees o ves la televisión piensas que . . .»

«También es culpa de . . .»

b Escucha. ¿Coincidís? Escucha otra vez. ¿Qué más información hay?

c ¿Qué opinas tú? Habla de los temas con tus compañeros/as.

 Actividad 14

Lee las cartas de opinión. ¿Qué tipo de carta es cada una?

• petición • sugerencia • queja • felicitación

Da más información para cada carta.

a **PUBLICIDAD SEXISTA**

Los y las abajo firmantes, profesores, profesoras y estudiantes del Instituto de Bachillerato Elcano, queremos manifestar nuestra más enérgica protesta por los anuncios que aparecen en televisión en los que se trata a la mujer como a un objeto. En la mayoría de los anuncios se utiliza el cuerpo de la mujer como reclamo publicitario, y entendemos que esto es una actitud claramente sexista y una agresión a la dignidad de las mujeres.

Exigimos que los anuncios de este tipo desaparezcan de la publicidad televisiva.

Profesores, profesoras y estudiantes de Elcano

b **CINE CÓMICO**

Quisiera pedir a los distintos canales de televisión que emitieran más de aquellas maravillosas películas de cine cómico.

Carmen Manglano (Madrid)

c **MÚSICA, POR FAVOR**

Hola. Soy un joven de 19 años, y me gusta mucho la música. Creo que la música es lo mejor del mundo, y yo no digo que en vuestra emisora pongáis programas de música a todas horas, pero podríais poner más cada día.

También quería decir que sigáis dando reportajes sobre músicos famosos, son fabulosos.

Jaime

d ## PELÍCULAS PARA NO DORMIR

Soy una gran aficionada al cine y me gusta, como es lógico, ver las películas que merecen la pena que transmite TVE, pero muchas veces me encuentro que tengo que escoger entre no ver la película o exponerme al día siguiente a ir a mi trabajo sonámbula por falta de sueño. ¿Por qué televisión española no sigue el ejemplo de las televisiones europeas que transmiten sus mejores películas alrededor de las 8.30 y no a altas horas de la noche? Ya sé que mucha gente soluciona el problema a base de grabarlas para verlas a una hora más lógica, pero no todos podemos hacerlo ni me parece que haya que recurrir a esta solución para ver buen cine sin jugarse las mejores horas de sueño. Desde aquí lanzo esta petición que no dudo apoyarían muchas personas en circunstancias parecidas a la mía. ¡Queremos buenas películas y buenos horarios!

Elvira

e ## ¡YA BASTA!

Estoy harta de tanta violencia como hay en los programas de televisión, incluso en vuestra cadena. Siempre he sido fiel a vuestros programas porque me parecía que erais más serios que los demás. Pero veo que no. Por eso os digo ¡ya basta! ¿Por qué una cadena seria como la vuestra muestra esa basura? Creo que deberíais volver a poner más documentales y buenas películas que todos podamos ver con nuestros hijos sin sentir vergüenza. Por favor, ¡cambiad vuestros programas o yo cambiaré de canal!

María

 ## Actividad 15

a Escribe una carta a un periódico o a la radio que exprese queja, petición, sugerencia y / o felicitación.

b Trabaja en grupo. Mezclad las cartas. Leed y decidid a qué categoría pertenece cada una.

Actividad 16

Cada mes una revista muy popular llama a un famoso y le hace unas preguntas. Este mes han llamado a Manuel, un cantante famoso. Las preguntas (1–11) y las respuestas (a–k) están en diferente orden. Únelas. Observa que se usa la forma **usted**.

¡Atención!

| lo que más me molesta | = | what bothers / upsets me most |
| lo que más me divierte | = | what I enjoy most |

1 ¿Dónde le gustaría vivir?
2 ¿Qué es para usted la felicidad?
3 ¿Cuál es su principal virtud?
4 ¿Cuál es su mayor defecto?
5 ¿Qué es lo que más le divierte?
6 ¿Qué o quién le hubiera gustado ser?
7 ¿Le tiene miedo a algo?
8 ¿Tiene alguna manía?
9 ¿De qué o quién está enamorado?
10 ¿De qué se arrepiente?
11 ¿Qué se llevaría a una isla desierta?

a No terminar las cosas.
b No. Bueno, al dolor, si acaso.
c Donde vivo. Si no, al lado del mar.
d De no haber nacido ahora. Mañana . . . incluso.
e La paciencia.
f No sé muy bien. La felicidad hay que buscarla.
g Lo que soy.
h Estar con mis hijos.
i No.
j Amigos, discos, libros . . .
k Del trabajo, de mi familia . . .

Actividad 17

a Ahora haz las mismas preguntas a un(a) compañero/a. Cambia la forma de formal a informal.

Ejemplo: *¿Dónde te gustaría vivir?*

b Cambiad. Comparad vuestras respuestas.

c Comparad con otras parejas.

Actividad 18

Escribe un párrafo sobre Manuel con la información de Actividad 16. Empieza:

*A Manuel le gustaría vivir donde vive. Si no,
le gustaría vivir al lado del mar . . .*

E | De viaje

 Actividad 19

a Vas a escuchar a Gloria hablando de Guatemala, donde vive. ¿Qué sabes de Guatemala? Antes de escuchar, contesta y compara con un(a) compañero/a.

1 Llueve . . .
  a durante seis meses.
  b muy poco.
  c durante todo el año.

2 Hace . . .
  a mucho calor.
  b ni mucho calor ni mucho frío.
  c mucho frío.

3 a Hay muchos ríos pero no muchos lagos.
  b Hay muchos ríos y muchos lagos.
  c No hay muchos lagos ni ríos.

4 Las mejores playas están . . .
  a en el sur del país.
  b cerca de la ciudad.
  c lejos de la ciudad.

5 La capital ha sufrido . . .
  a tormentas.
  b terremotos.
  c inundaciones.

6 La población del país es de . . .
  a 9 millones.
  b 18 millones.
  c 27 millones.

7 Un ⬭ por ciento de la población vive en la capital.
  a 10
  b 25
  c 50

8 Un ⬭ por ciento de la población de Guatemala es indígena.
  a 25
  b 50
  c 75

9 Guatemala es famosa por . . .
  a su fiesta del Año Nuevo.
  b su fiesta de Navidad.
  c las procesiones de Semana Santa.

10 En los pueblos la gente indígena normalmente habla
  a castellano.
  b castellano y un dialecto indígena.
  c un dialecto indígena.

b Ahora escucha a Gloria y comprueba tus respuestas.

Actividad 20

En el siguiente artículo hay más información sobre Guatemala: el clima, los habitantes, las tradiciones, los mercados y la ciudad de Antigua. Lee el artículo para ampliar la información que da Gloria.

CLIMA

Guatemala es conocida como «la tierra de la eterna primavera» porque goza de una temperatura constante superior a los 20 grados.

ANTIGUA

Fundada en 1543, Antigua fue la capital de Guatemala hasta 1773, cuando fue destruida por un terremoto. Es muy interesante la visita a las ruinas coloniales.

COMPRAS

La artesanía textil tiene una serie de variados diseños que caracterizan a cada una de las localidades que los fabrican. Piezas de vestir y tapices para colgar en las paredes son las compras más típicas.

CHICHICASTENANGO

La ciudad se encuentra a 2.000 metros de altura, en el corazón del altiplano del Quiché. Normalmente tranquila, Chichicastenango se llena de animación los días que hay mercado (jueves y domingo) cuando cerca de 20.000 indios que viven en las colinas circundantes se dirigen a la ciudad a vender sus productos, especialmente tejidos y cerámicas.

El mercado del domingo es el más animado, con indios que van vestidos con los trajes tradicionales y que bailan la marimba. El lugar es muy turístico y resulta muy difícil comprar a buen precio.

TIKAL

El majestuoso conjunto de ruinas mayas comprende templos y edificios públicos que van desde los siglos V al X. Además de las ruinas, Tikal es un lugar espléndido para observar animales, pájaros y flora.

Actividad 21

Ahora escucha a Natalia que habla sobre Colombia y contesta las preguntas.

1 ¿Cómo es el paisaje y el clima de Colombia?
2 ¿En qué meses llueve?
3 ¿Cuál es la mejor época para visitar el país?
4 ¿Dónde hay playas?
5 ¿Es muy grande el territorio del país?
6 ¿Cómo es Bogotá?
7 ¿Cuántos habitantes hay en Colombia y en Bogotá?
8 ¿Qué monumentos hay?
9 ¿Qué fiestas son las más importantes?
10 ¿Qué tradiciones hay en el país?
11 ¿Cómo es la gente colombiana?
12 ¿Cómo son los mercados y la artesanía?

Actividad 22

Estudiante A

Tú eres de Guatemala. Habla sobre el país a Estudiante B.

Estudiante B

Tú eres de Colombia. Habla sobre el país a Estudiante A.

Actividad 23

Habla con tus compañeros/as de tu país o región, o de un país que habéis visitado.

Taganga, Colombia

Actividad 24

a Haz el test de conocimientos sobre lugares famosos de América Central y del sur.

1 El río Amazonas es el ⬭⬭⬭⬭ río más largo del mundo.
   a primer
   b segundo
   c tercer

2 La selva amazónica empezó a explorarse en . . .
   a 1540.
   b 1580.
   c 1600.

3 La capital de Cuba, La Habana, está al ⬭⬭⬭⬭ de la isla.
   a sur
   b este
   c norte

4 La Habana fue fundada en ⬭⬭⬭⬭ por los españoles.
   a 1505
   b 1510
   c 1515

5 La ciudad inca de Machu Picchu fue descubierta en . . .
   a 1611.
   b 1911.
   c 1711.

6 La ciudad de Cartagena de Indias está al norte de . . .
   a Colombia.
   b Ecuador.
   c Venezuela.

7 Playa Dorada está en . . .
   a Puerto Rico.
   b Costa Rica.
   c Panamá.

8 San José es la capital de . . .
   a Nicaragua.
   b Puerto Rico.
   c Costa Rica.

9 Las cataratas de Iguazú están entre . . .
   a Argentina y Brasil.
   b Venezuela y Colombia.
   c Brasil y Bolivia.

10 Las cataratas de Iguazú tienen más de ⬭⬭⬭⬭ metros de altura.
   a 70
   b 60
   c 90

b Lee el email de Isabel y comprueba tus respuestas.

Si me tocara la lotería, me gustaría ir a la selva Amazónica y ver el río Amazonas que es el segundo río más largo del mundo. La selva se extiende por varios países de Sudamérica. Ecuador, Brasil, Venezuela, Perú . . . El río fue descubierto por los españoles en el año 1500 y la zona empezó a explorarse en 1540, pero aún hay zonas sin explorar y me gustaría ir allí.

También, si fuera rica, a uno de los sitios donde me encantaría ir es a Cuba, especialmente a la capital, La Habana. Es la ciudad más grande del Caribe. Está al norte de la isla. Es una ciudad muy antigua, fundada en 1515 por los españoles. Hay muchos monumentos: iglesias, castillos . . . Hay parques muy bonitos y la gente es encantadora.

Y, desde luego, querría ir a Machu Picchu, una ciudad en ruinas de los incas, que está en unas montañas muy altas en Perú. Esta ciudad fue descubierta en 1911 por un norteamericano. Dicen que es un lugar precioso.

Un país que también me gustaría visitar es Colombia, especialmente la ciudad de Cartagena de Indias, que está al norte del país, en el Caribe, y tiene unas playas estupendas y muchos monumentos, porque es una ciudad muy antigua. Tiene una catedral y un palacio muy famosos. Además allí producen chocolate. ¡Ummm!

También me encantaría ir a Playa Dorada, en Costa Rica. Éste es un país muy bonito de Centroamérica, es tropical. La capital del país es San José.

Y, uno de mis lugares favoritos que me haría mucha ilusión visitar son las cataratas de Iguazú que están entre la Argentina y Brasil, en el río Iguazú. Son muy grandes, tienen más de sesenta metros de altura.

  Actividad 25

¿Y tú? Habla y escribe. Contesta estas preguntas.

¿Cuáles serían tus vacaciones ideales? ¿A dónde irías y qué harías?

Test

Completa el test. Tiene 100 puntos. Al final repasa lo que no sabes.

1 Elige una palabra del cuadro para cada definición.

> un paraguas   guantes   un autobús
> una guitarra

1 un vehículo que lleva pasajeros por la calle
2 unas cosas que se llevan en la mano cuando hace frío
3 una cosa que se abre y que nos protege de la lluvia
4 un instrumento que tiene cuerdas y que se toca con la mano

(4 puntos)

2 Completa las frases con **el que**, **la que**, **los que** o **las que**.

1 Este bolso es _____ compré en México.
2 Las casas son _____ construyeron hace diez años.
3 Estos zapatos son _____ me regaló mi novio.
4 La carta es _____ escribí la semana pasada.

(4 puntos)

3 Escribe en la forma correcta el demostrativo que aparece entre paréntesis.

1 Me gusta mucho (aquel) _____ casa.
2 No quiero (este) _____ jersey; prefiero (ese) _____.
3 (Este) _____ pendientes son más bonitos que (aquel) _____.
4 No compres (ese) _____ manzanas; compra (este) _____.

(4 puntos)

4 Tienes un problema con cada una de estas cosas. Une los objetos con los problemas.

1 El jersey   a no funciona.
2 La radio   b tiene un agujero.
3 El vaso   c está fría.
4 El libro   d se ha roto.
5 La sopa   e tiene páginas en blanco.

(5 puntos)

5 Completa las frases siguientes con el pronombre adecuado.

1 Se ha roto mi reloj. ¿Usted puede arreglar_____?
2 Falta la sopa. ¿Puede traer_____?
3 La mesa está sucia. ¿Puede limpiar_____?
4 No tenemos tenedores. ¿Puede traer_____?
5 Estas copas son muy bonitas. ¿Quieres comprar_____?

(5 puntos)

6 ¿Pretérito indefinido o pretérito imperfecto? Escribe cada verbo en la forma correcta.

1 El otro día yo (pasear) por la calle y de repente un hombre (robar) mi bolso.
2 Yo (salir) a las nueve. (Hacer) una noche muy buena.
3 Mi madre (hablar) por teléfono cuando (empezar) el incendio.
4 El señor (sufrir) un ataque mientras (conducir) por la ciudad.

(4 puntos)

7 ¿Qué estabas haciendo cuando empezó la tormenta? Escribe frases utilizando la forma **estar** + el verbo en gerundio (**–ando** o **–iendo**).

1 (Yo) lavar / la ropa
2 Mi padre / ver / la televisión
3 Mis hijos / dormir
4 (Nosotros) / comprar / comida en el supermercado

(4 puntos)

8 Completa las frases con la preposición correcta.

1 Son las nueve ⟨⟩ la noche.
2 Trabaja mucho ⟨⟩ la noche.
3 El restaurante está ⟨⟩ el banco y el supermercado.
4 Le gusta tener conversaciones ⟨⟩ la política de la región.
5 Te he esperado ⟨⟩ las siete ⟨⟩ las ocho.
6 Cuando falló la electricidad, estuvimos ⟨⟩ luz durante toda la noche.

(6 puntos)

9 Completa las frases con **por** o **para**.

1 No tengo ropa ⟨⟩ salir.
2 Estoy muy enfadado ⟨⟩ el mal servicio en este restaurante.
3 ¿Vamos ⟨⟩ la autopista o la carretera?
4 Me gusta pasear ⟨⟩ el centro de la ciudad los sábados.
5 He comprado este collar ⟨⟩ mi madre.
6 Prefiero esta silla ⟨⟩ estar más cómodo.

(3 puntos)

10 Termina las frases con la forma correcta del pluscuamperfecto.

1 Fui a casa de Juan, pero Juan (salir) ⟨⟩ .
2 Pedí un helado, pero los helados (terminarse) ⟨⟩ .
3 Busqué mi bolso, pero mi bolso (desaparecer) ⟨⟩ .
4 Quería preguntaros algo, pero os (ir) ⟨⟩ .
5 Invité a mis amigos a ver una película, pero ellos ya la (ver) ⟨⟩ .

(5 puntos)

11 Completa estas frases con **ya** o **aún**.

1 ⟨⟩ no había empezado cuando llegué.
2 Llamé a su casa pero ⟨⟩ se había marchado.
3 Me di cuenta de que ⟨⟩ no me había llamado.
4 Quería comprar el apartamento pero ⟨⟩ lo habían vendido.

(2 puntos)

12 Adivina las palabras (1–4) y únelas con sus definiciones (a–d).

1 TROALEC
2 STROPATANIOG
3 SAMNOLUCIT
4 DREPENSOTARA

a Esta persona aparece en una película, una obra de teatro o una novela.
b Esta persona escribe en un periódico para ganarse la vida.
c Esta persona aparece en un programa de televisión.
d Esta persona lee libros, revistas y periódicos.

(4 puntos)

13 Completa las frases con la forma imperativa (informal) del verbo.

1 (Hacer) ⟨⟩ los deberes ahora.
2 Si vas al supermercado (comprar) ⟨⟩ vino.
3 (Salir) ⟨⟩ del baño; quiero entrar.
4 (Decir) ⟨⟩ la verdad.
5 ¡(Correr) ⟨⟩ ! Vas a llegar tarde.

(5 puntos)

14 Sustituye las palabras subrayadas por pronombres.

1 Regala la bufanda a tu padre.
2 Ponte la chaqueta para salir esta noche.
3 Cuenta la historia a mí.
4 Manda los libros a tus padres.
5 Mira a las chicas.

(5 puntos)

15 Escribe estos verbos imperativos en la forma plural.

1 Llámame mañana.
2 Díselo.
3 Dáselo.
4 ¡Ten cuidado!
5 Ven conmigo esta tarde.
6 ¡Sal de allí!

(3 puntos)

16 Escribe estas frases en versión formal.

1 Pasa por aquí, por favor.
2 Perdona la molestia.
3 Abre la puerta.
4 Hazlo ahora.

(4 puntos)

17 Escribe estas frases en negativo.

1 ¡Corre!
2 ¡Para!
3 Empiece.
4 Hagan ruido.
5 Come la carne.

(5 puntos)

18 Completa las frases usando la forma adecuada del verbo.

1 Es mejor que nosotros (tomar) ⬭ el tren de las ocho.
2 Te aconsejo que (leer) ⬭ las instrucciones antes.
3 Te sugiero que (ir) ⬭ por el día y no por la noche.
4 Os recomiendo que (probar) ⬭ la comida típica.
5 Es importante que nosotros (conducir) ⬭ con mucho cuidado.

(5 puntos)

19 ¿Qué aconsejas?

1 Me duele la garganta. (médico)
2 Tengo un examen importante la semana que viene. (estudiar)

3 Como demasiado chocolate. (menos)
4 Mi coche está estropeado. (mecánico)
5 Me duelen las muelas. (dentista)

(5 puntos)

20 Qué dicen estas personas?

1 El médico al paciente: Quiero que (tú – tomar) estas pastillas.
2 El profesor a un alumno perezoso: Quiero que (tú – estudiar) más.
3 El jefe a un empleado que trabaja poco: Quiero que (usted – trabajar) más.
4 El policía que arresta a un sospechoso: Quiero que (usted – acompañarme) a la comisaría.
5 El entrenador de un equipo de fútbol: Quiero que (vosotros – ganar) el partido.

(5 puntos)

21 Contesta estas preguntas, usando el subjuntivo.

1 «¿Cuándo vas a comprar un coche nuevo?» «Cuando (tener) ⬭ más dinero.»
2 «¿Cuándo vas a dar el libro a tu amigo?» «Cuando le (ver) ⬭.»
3 «¿Cuándo te vas a poner el vestido nuevo?» «Cuando (salir) ⬭ esta noche.»
4 «¿Cuándo vais a ver a vuestros padres?» «Cuando nos (visitar) ⬭ la semana próxima.»
5 «¿Cuándo vais de vacaciones?» «Cuando (terminar) ⬭ el proyecto.»

(5 puntos)

22 Escribe estos verbos en el subjuntivo imperfecto.

1 Si (yo – ser) rico viviría mejor.
2 Si (yo – tener) tiempo haría muchas cosas.
3 Si (él – poder) te ayudaría.
4 Si (ellos – estar) aquí podríamos empezar.

(4 puntos)

23 Escribe las preguntas usando la forma **tú** y contéstalas.

1 ¿Qué (comprar) ⬭⬭⬭ si (ganar) ⬭⬭⬭ mucho dinero?

2 ¿Dónde (vivir) ⬭⬭⬭ si (poder) ⬭⬭⬭ vivir en cualquier sitio?

3 ¿Qué (hacer) ⬭⬭⬭ durante un año si (tener) ⬭⬭⬭ tiempo y dinero?

4 ¿Con quién (cenar) ⬭⬭⬭ si (poder) ⬭⬭⬭ elegir?

(4 puntos)

Total: 100 puntos

Vocabulario

A

De compras	**Shopping**
alta calidad	high quality
beneficio	profit
ceder	to give
comercio justo	fair trade
elevado precio	high price
engañar	to deceive
etiqueta	label
firmar	to sign
impuestos (mpl)	tax
lencería	women's underwear, lingerie
obrero/a (m/f)	worker
prenda de vestir	item of clothing
signo	sign
terreno	(piece of) land

B

La publicidad	**Advertising**
cadena	(TV) channel
impresionante	amazing, astonishing
sin embargo	nevertheless
valla	billboard

C

El cine y otras historias	**The cinema and other stories**
coquetear	to flirt
duelo	duel
en primer lugar	firstly
envidia	jealousy, envy
jocoso/a	humorous

a ras de suelo	at ground level
rodaje (m)	shooting (of a film)
suceder	to take place
tratarse	to be about (a story)
a través de	by means of

D

Opiniones	**Opinions**
arrepentirse	to repent
cumplir con (algo)	to carry out (something)
emisora	(radio) station
estar harto/a	to be fed up
exigir	to insist
firmante (m/f)	signatory
grabar	to record
recurrir	to resort to
vergüenza	shame
¡Ya basta!	I've had enough!

E

De viaje	**Travelling**
desgraciadamente	unfortunately
dirigirse a	to head towards
diseño	design
estar rodeado de	to be surrounded by
fabricar	to make, to manufacture
frijoles (mpl)	beans
fundar	to found
indígena (m/f)	indigenous, native
nevado (m)	snowy (mountain)
terremoto	earthquake

Gramática

The grammar dealt with in this section refers directly to that covered in the main body of the book. On occasions, this means that grammar already introduced in Book 1 is dealt with again and in some cases extended in Book 2. Please refer to Book 1 for grammar not covered here.

Headings for the grammar section are given in Spanish with the approximate equivalent in English, for example: Pretérito imperfecto *Imperfect*

This is followed by the numbers of the Lecciones in which examples of the grammar point appear. A short explanation of the grammar point is then given, followed by a number of examples.

Nombres sustantivos *Nouns* (Lección 2)

Género *Gender*
There are a number of nouns for occupations which have traditionally existed in the masculine form only. Recently, as a result of socio-economic developments, feminine forms are coming more into everyday use.

médico	médica
fontanero	fontanera
abogado	abogada

Note: Sometimes, in these cases, the masculine form is retained while referring to the feminine.

el médico	la médico

Some nouns exist in both the masculine and feminine form:

el mar	la mar
el calor	la calor

Nouns ending in **–a** *are the same in masculine and feminine:*

el / la recepcionista   *receptionist*

Nouns ending in the following are always masculine:

–or	actor / profesor	actor / teacher
–ón	ratón	mouse
–és	inglés	English

Nouns ending in the following are always feminine:

–dad or **–tad**	ciudad, lealtad	city, loyalty
–ción	educación	education

A few nouns ending in **–ma** *are masculine:*
el clima, el idioma, el poema, el problema, el drama, el tema.

Plural *Plural*
Nouns which end in **–s** *have the same form in the singular as in the plural:*

el lunes	los lunes
la tesis	las tesis

Exceptions to this rule are monosyllabic nouns and those which have the stress on the final syllable:

la tos	las toses
el autobús	los autobuses

A number of nombres colectivos *(collective nouns) are always used with accompanying verbs in the singular form:*

la gente	the people
el público	the public / the audience
la familia	the family

En este pueblo la gente **es** muy simpática.
In this town, the people are very friendly.

El artículo determinado / definido *The definite article*

el, la, los, las = *the*
Note the use of the definite article where it is omitted in English:

la sociedad española	*Spanish society*
Me gustan los deportes.	*I like sports*

Feminine nouns with a stressed **a** *sound as their first letter take* **el** *as the definite article:*

el agua	*the water*
el hacha	*the axe*

Conversion of adjectives to nouns

Frequently, adjectives can become nouns by the addition of the definite article:

El café está **frío**.   The coffee is cold.
El frío es terrible.   The cold (weather) is terrible.

Lo

*In addition to the definite articles **el, la, los, las,** there is always a neutral article **lo**. When this appears with an adjective, it converts the adjective to a noun:*

Lo bueno de esta casa es el espacio.
The good thing about this house is its space.
Lo más interesante de la película es la música.
The most interesting thing about the film is the music.

Lo que

When we want to say what we like most or least, we use the following structure:

Lo que más me gusta es el sol.   *What I like best is the sun.*

Lo que menos me gusta es el mal tiempo.   *What I like least is bad weather.*

Adjetivos calificativos *Qualifying adjectives*

Adjectives in Spanish agree with the noun they describe. They agree in masculine or feminine (gender) and in singular or plural (number).

Most adjectives occur immediately after the noun:
un chico **alto**   *a tall boy*

Some adjectives occur before the noun and change their form:
El tiempo es **bueno.** / Hace **buen** tiempo.
The weather is good. It's good weather.

Some adjectives change their meaning depending on their position:
Es un hombre **grande.**   *He is a big man.*
Es un **gran** hombre.   *He is a great man.*

They are used to describe character and personality. (See also under ser / estar.)
Soy un escritor metódico.
I'm a methodical writer.

Soy simpática, soy callada, soy alegre, soy triste …
y mi genio es muy malo.
I'm pleasant, quiet, happy, sad … and I have a very bad temper.

Nacionalidades   *Nationalities* (Lección 7)

Formación	*Formation*
Argentina	argentino/a
Bolivia	boliviano/a
Chile	chileno/a
Colombia	colombiano/a
Cuba	cubano/a
México	mexicano/a
Paraguay	paraguayo/a
Perú	peruano/a
Venezuela	venezolano/a

Note the following:

Brasil	brasileño/a
Costa Rica	costarricense, costarriqueño/a
Ecuador	ecuatoriano/a
Estados Unidos	estadounidense
Guatemala	guatemalteco/a
Honduras	hondureño/a
Nicaragua	nicaragüense
Panamá	panameño/a
Puerto Rico	puertorriqueño/a
Salvador	salvadoreño/a
Santo Domingo	dominicano/a
Uruguay	uruguayo/a

Masculino / Femenino *Masculine / Feminine*

Nationalities have the same rules as nouns (see Book 1, page 233). The most common type is:
un chico colombian**o**
una chica colombian**a**

Those ending in **–e** *have the same form in masculine and feminine:*
un hombre nicaragüense
una mujer nicaragüense

Those ending in a consonant in the masculine form add **–a** *in the feminine form:*
un niño español
una niña español**a**

Pronombres personales *Personal pronouns*

Pronombres objeto *Object pronouns*

**Objeto directo *Direct object*
(Lecciones 2, 8, 11)**

me   Juan me llamó por teléfono.
Juan phoned me.

te   Te espero en el bar.
I'll wait for you in the bar.

lo   Lo invitó (a Luis) al cine*.
She invited him to the cinema.
Lo compré ayer (el reloj).
I bought it yesterday.

la   ¿La tiene en verde? (la camisa)
Do you have it in green?

nos   Nos vio pero no nos saludó.
He saw us, but he didn't greet us.

os   Os encontraré en la puerta del cine.
I'll meet you at the entrance of the cinema.

los   Los vi ayer (a mis amigos).
I saw them yesterday.
¿Los tiene del número 40?
(los zapatos)
Do you have them in size 40?

las   Las vi ayer (a mis amigas).
I saw them yesterday.
¿Las tiene en otro color?
(las sandalias)
Do you have them in another colour?

* When referring to people in the masculine we can substitute **le(s)** for **lo(s)**:
Le invitó al cine.
She invited him to the cinema.
Le saluda atentamente (a usted) (*ending a formal letter*)

**Objeto indirecto *Indirect object*
(Lecciones 1, 2, 11, 12, 13)**

me   Me escribió la carta.
He wrote the letter to me.

te   No creo que te pase nada.
I don't think anything will happen to you.

le   No le digas nada a mi madre.
Don't say anything to my mother.

nos   Nos dio la noticia.
He gave us the news.

os   ¿Os trajeron las flores?
Did they bring you the flowers?

les   Les mandaré la carta certificada.
I will send them the letter by recorded delivery.

Note: me, te, nos, os *are the same as the direct object pronouns.*

Objeto indirecto y directo juntos *Indirect and direct object together*
Note: The indirect object always appears first.

A   ¿Te compraste este collar?
Did you buy this necklace?

B   No. **Me** lo regalaron mis padres. Si quieres **te** lo presto.
No. My parents gave it to me. If you like, I'll lend it to you.

*Note: When **le** or **les** (in the indirect form) appear with **lo(s)** or **la(s)**, they become **se**:*
No dio el libro a Luis.
He didn't give the book to Luis.
No se lo dio.
He didn't give it to him.
Dio la carta a sus padres.
She gave the letter to her parents.
Se la dio.
She gave it to them.
Regalé unos pendientes a mi madre.
I gave some earrings to my mother.
Se los regalé.
I gave them to her.

Posición de los pronombres *Position of pronouns*
(Lecciones 2, 8, 11)
Pronouns usually occur immediately before the verb. However, when used with the infinitive, gerund and imperative, they occur immediately after the verb and are not separated from the verb.

Imperativo

A ¿Has dado a tu madre el regalo?
Have you given the present to your mother?

B No.
No.

A Pues, dáselo.
Well, give it to her.

Infinitivo

Se olvidó la cartera en un bar y volvió a recogerla.
He left his briefcase in a bar and went back to collect it.

Gerundio

A ¿Viste la película?
Did you see the film?

B No. Estaba viéndola, pero me dormí.
No. I was watching it, but I fell asleep.

*Note: Sometimes, in more colloquial Spanish, pronouns appear **before** these constructions*
La estaba viendo, pero me dormí.
I was watching it, but I fell asleep.

Femenino: (OI)	Digo **a María** la noticia.	**Le** digo la noticia.
Masculino: (OI)	Digo **a Luis** la noticia.	**Le** digo la noticia.
Con dos pronombres: (OI + OD)	Digo **a María la noticia.** se la Doy **a Carlos el libro.** se lo	**Se la** digo. **Se lo** doy.

Con el infinitivo:	Voy a llamar a Juan.
	
	 Voy a invitar a María.
		Voy a llamar**lo.**
		               le.
		 o **Lo**
		     Le voy a llamar.
		 o Voy a invitar**la.**
		     La voy a invitar.

Special constructions with pronouns
(Lecciones 1, 12, 13)
The verbs agradar, apetecer, divertir, encantar, faltar, importar, interesar, molestar, parecer *follow the same pattern as* gustar.
Me gusta el cine.
I like the cinema. (literally: The cinema pleases me)
Me apetece salir.
I feel like going out.
Te falta sentido del humor.
You lack a sense of humour.
Me molesta que haya mucha gente.
It bothers me when there are lots of people.
¿Le importaría abrir la ventana?

Would you mind opening the window?
Me parece que es un buen director de cine.
It seems to me (I think) that he is a good film director.

This is a very common pattern and occurs in many idiomatic expressions:
La mayoría de las películas no **me llaman** la atención.
Most films don't appeal to me.

Si **me toca** la lotería, compraré una casa.
If I win the lottery, I'll buy a house.
Me hace mucha ilusión ir a visitaros.
I'm very much looking forward to visiting you.

Énfasis *Emphasis*

Expressions containing these structures are emphasised by a reinforcing pronoun accompanied by a preposition.

A mí me gusta el cine. *I (myself) like the cinema.*

¿A ti qué te gusta? *And you, what do you like?*

A ella / A él le divierten las fiestas.

She / He enjoys parties.

A nosotros/as nos agrada la montaña.

We like the mountains.

A vosotros/as os encantan los caballos.

You love horses.

A ellos / A ellas les agrada el coche.

They like the car.

These reinforcing pronouns are also used with normal pronominal expressions:

A mí me regaló un libro. ¿Y a ti?

He gave a book to me. And to you?

Note: The pronouns mí, ti, sí *in the following examples are known as* formas tónicas, *and can only exist in a sentence when accompanied by any preposition except* **con.**

Este regalo es para mí.

This present is for me.

No pienses que todo el mundo está contra ti.

Don't think that the world is against you.

Siempre habla de sí mismo.

He's always talking about himself.

Note: sí *is normally accompanied by* mismo/a.

Con *is used in the following forms:*

conmigo	contigo	consigo
with me	*with you*	*with himself / herself (not commonly used)*

Pronombres reflexivos *Reflexive pronouns*

Reflexive pronouns refer to the subject of the sentence.

me, te, se, nos, os, se

Yo me lavo.

I get washed. (literally: I wash myself)

No te pongas este vestido.

Don't put this dress on.

Juan se ha levantado tarde.

Juan got up late.

Vamos a bañarnos.

We're going for a swim. / We're going to have a bath.

¿Os vestís para la fiesta?

Are you going to get dressed for the party?

Los niños se acostaron muy tarde.

The children went to bed very late.

Otros verbos con pronombres *Other verbs with pronouns*

Many very common verbs add pronouns for reinforcement in imperative expressions.

¡Ve**te**!	*Go away!*
¡Cálla**te**!	*Shut up!*
Di**le** a tu hermano que traiga el estéreo.	
Tell your brother to bring the stereo.	
Lée**te** este libro.	*Read this book.*

*Note that when we refer to parts of the body, we use a reflexive pronoun (**me, te, se** etc.) with the verb and the definite article (**el / la**) with the noun:*

Me he cortado **la** mano. *I've cut **my** hand. (not **mi** mano)*

Adjetivos y pronombres posesivos *Possessive adjectives and pronouns*

These agree with the possessed object and not with the owner.

First and second person plural possessive adjectives have a masculine and a feminine form as well as a singular and plural form. All the other 'persons' agree only with masculine and plural:

mi / tu / su / nuestro / vuestro / su coche	*my / your / his, her / our / your / their car*
mi / tu / su / nuestra / vuestra / su casa	*my / your / his, her / our / your / their house*
mis / tus / sus / nuestros / vuestros / sus coches	*my / your / his, her / our / your / their cars*
mis / tus / sus / nuestras / vuestras / sus casas	*my / your / his, her / our / your / their houses*

We can also use possessive pronouns to describe what is ours:

Masculine singular

el mío *mine* / **el tuyo** *yours* / **el suyo** *his, hers*/ **el nuestro** *ours* / **el vuestro** *yours* / **el suyo** *theirs*

Feminine singular

la mía / **la tuya** / **la suya** / **la nuestra** / **la vuestra** / **la suya**

Masculine plural

los míos / **los tuyos** / **los suyos** / **los nuestros** / **los vuestros** / **los suyos**

Feminine plural

las mías / **las tuyas** / **las suyas** / **las nuestras** / **las vuestras** / **las suyas**

One 'possessor' One object 'possessed'				One 'possessor' Two or more objects 'possessed'			
m		**f**		**m**		**f**	
mi tu su	} libro	mi tu su	} maleta	mis tus sus	} libros	mis tus sus	} maletas

Two or more 'possessors' One object 'possessed'				Two or more 'possessors' Two or more objects 'possessed'			
m		**f**		**m**		**f**	
nuestro vuestro su	} libro	nuestra vuestra su	} maleta	nuestros vuestros sus	} libros	nuestras vuestras sus	} maletas

Masculino		**Femenino**	
El libro es	mío	La maleta es	mía
	tuyo		tuya
	suyo		suya
	nuestro		nuestra
	vuestro		vuestra
	suyo		suya
Los libros son	míos	Las maletas son	mías
	tuyos		tuyas
	suyos		suyas
	nuestros		nuestras
	vuestros		vuestras
	suyos		suyas

¿De quién es este libro? Es mío.
Whose is this book? It's mine.

Note:

Este libro es **el mío.**
This book is **mine.** *(Not yours!)*

Esta maleta es la tuya. La nuestra es un poco más grande.
This case is yours. Ours is a little bigger.

Estas gafas no son las mías. Son **las de** Luis.
These glasses aren't mine. They are Luis's.

Possessive de

We use de *to express possession or family relation:*

el padre **de** Isabel   *Isabel's father (literally: the
                            father of Isabel)*

el coche **de** mi amigo   *my friend's car*

Adjetivos y pronombres demostrativos *Demonstrative adjectives and pronouns* (Lecciones 1, 8)

Masculino:	éste	ése	aquél
	éstos	ésos	aquéllos
Femenino:	ésta	ésa	aquélla
	éstas	ésas	aquéllas
Neutral:	esto	eso	aquello

Note: The accent is dropped in the neutral form and when pronouns are used as adjectives.

Quiero este abrigo. Quiero éste.

I'd like this coat. I'd like this one.

Quiero aquella camisa. Quiero aquélla.

I'd like that shirt. I'd like that one.

Quiero eso. *I'd like that. (neutral)*

Pronombres relativos *Relative pronouns* (Lecciones 8, 9, 14)

The most common relative pronoun is que:

el bolso **que** compré ayer   *the bag (which)
I bought yesterday*

It is used for people and objects. It does not change form in the plural:

El cuchillo es un instrumento **que** sirve para cortar.

A knife is a tool for cutting.

La mujer, **que** estaba aún en la puerta, la cerró.

The woman, who was still at the door, closed it.

que, cual, quien, cuyo, cuanto, donde

que   Los días **que** hay mercado son jueves y
        domingos.
        Market days are Thursdays and Sundays.

Dos muchachos **que** vestían pantalón
vaquero …

Two youths dressed in jeans …

cual   Derribaron la casa, en la **cual** había vivido
        muchos años.
        *They demolished the house in which he had
        lived for many years.*

quien   La chica, de **quien** te hablé ayer, es su hija.
        *The girl I spoke to you about yesterday is her
        daughter.*

cuyo   Fueron de vacaciones a una ciudad de
        cuyo nombre no me acuerdo.
        *They went on holiday to a town, the name
        of which I don't remember.*

cuanto Todo **cuanto** te he dicho es verdad.
        Everything I have told you is true.

donde   La ventana por **donde** entró el ladrón se
        abría fácilmente.
        *The window through which the thief got in
        opened easily.*

Cual *is always used with an article and has a plural form:*

Organizó una fiesta, **la cual** fue un éxito.

He organised a party, which was a success.

Organizó las fiestas del pueblo, **las cuales** fueron un éxito.

She organised the town festivals, which were a success.

Note: **Cual** *is rarely used in everyday language, being replaced by* **que** *preceded by an article. (It is commonly used as an interrogative: see below.)*

Quien *also has a plural form,* **quienes:**

Los chicos de **quienes** te hablé estudian aquí.

The boys I spoke to you about study here.

Note: **Quien/quienes** *in the relative form can be replaced by* **que** *or by* **que** *preceded by an article:*

La chica de **que** te hablé / de la **que** te hablé …

The girl I spoke to you about …

El / La / Los / Las que *is used to emphasise the subject of the sentence:*

Este jarrón es **el que** compré en Perú.

This vase is the one I bought in Peru.

Estas sandalias son **las que** compré en Alicante.
These sandals are the ones I bought in Alicante.

Note: **lo que**
Lo que más me molesta es …
What (That which) upsets me most is …
Lo que hacía Jorge cada día.
What Jorge did every day.
Pase **lo que** pase …
Whatever happens …

When accompanied by a preposition, **que** *is often preceded by an article:*
El tren **en el que** viajé era muy rápido.
The train in which I travelled was very fast.

A commonly made mistake is to assume that the translation of 'who' is always **quien**. *Note the following examples with* **que**:
Ése es el hombre **que** cogió mi bolsa.
Los chicos **de los que** te hablé estudian aquí.

Interrogativos y exclamativos *Interrogative pronouns (Question words) and exclamations*

The addition of an accent to the relative pronouns listed above (except cuyo) allows them to be used as interrogatives or exclamations:
qué, cuál, quién, cuánto, dónde

To these can be added cuándo *and* cómo:
¿Qué haces en mi despacho?
What are you doing in my office?
¡Qué bonito! *How pretty!*
¿Cuál quieres? *Which one do you want?*
¡Cuánta gente! *What a lot of people!*

Notice that some change to the plural:
¿Quién(es)? *Who?*, ¿Cuál(es)? *Which?*
And to the feminine and plural:
¿Cuánto / a / os / as? *How much? How many?*

Note: In questions, qué *is the equivalent of 'what' or 'which';* cuál *is the equivalent of 'what' or 'which one'.* Cuál *is followed by a verb and cannot be followed by a noun, while* qué *is followed by a noun.*

¿Qué jersey prefieres, el rojo o el azul?
Which sweater do you prefer, the red one or the blue one?
Tengo dos jerseys. **¿Cuál** prefieres, el rojo o el azul?
I have two sweaters. Which do you prefer, the red one or the blue one?

If we use a preposition with a question word, it goes before the question word:
¿De qué hablas con tus padres?
What do you talk about with your parents?

But note when a is used with dónde, *it can become part of the word:*
¿Adónde vas? *Where are you going?*

Pronombres indefinidos y cuantitativos *Indefinite and quantitative pronouns*

algo, nada, alguien, nadie, alguno, ninguno, otro, todo, bastante, mucho, poco, demasiado

Todo estaba tranquilo en la ciudad.
All was quiet in the city.
No se veía a **nadie** por las calles.
Nobody was to be seen in the streets.
Una camarera había visto salir a **alguien**.
A waitress had seen somebody leave.

Note: The pronouns nadie, nada *and* ninguno *can be placed either before or after the verb. When the pronoun is placed after the verb,* no *must occur immediately before the verb. If the pronoun is placed before the verb, negation is implicit without the addition of* no:
¿Has visto entrar a **alguien** en la casa?
No. **No** he visto a **nadie**.
No. **Nadie** ha entrado en la casa.
Have you seen anyone go into the house?
No. I haven't seen anyone.
No. Nobody has gone in.
¿Tienes **algún** disco de música española?
No. **No** tengo **ninguno**.
Si quieres puedo traer **alguno** para la fiesta.
Have you got any records of Spanish music?

No. I don't have any.
If you like, I can bring some to the party.

Adverbios *Adverbs*

Adverbios de tiempo *Adverbs of time*
(Lecciones 4, 10)
ya, aún, todavía
ya no, aún no, todavía no

These can be positioned at the beginning or at the end of the sentence:
¿Has hecho los deberes?
Have you done your homework?
Sí, **ya** los he hecho.
Sí, los he hecho **ya.**
Yes, I've done it already.
No, **aún** no los he hecho.
No, no los he hecho **aún.**

No, I haven't done it yet.
Todavía no los he hecho.
No los he hecho **todavía.**
I haven't done it yet. / I still haven't done it.
¿Tienes **aún** mucho trabajo que hacer?
Sí, **todavía** tengo otra redacción.
Do you still have much work to do?
Yes, I still have another essay.

Note: In some cases ya can mean 'now':
Ya no me queda dinero y aún tengo que comprar varias cosas más, ¿me prestas treinta euros?
Now I haven't got any money left and I still have to buy a few more things. Can you lend me 30 euros?
He suspendido los exámenes así que **ya** no me voy de vacaciones.
I've failed my exams, so now I'm not going on holiday.
Aún estás aquí? Sí, pero **ya** me voy.
Are you still here? Yes, but I'm going now.

Otros adverbios de tiempo
Voy al cine **a menudo.**
Voy al teatro **a veces.**
Voy a la piscina **muy poco.**
Juego al tenis **de vez en cuando.**
Veo la televisión **siempre que puedo.**
No voy al centro **muchas veces.**
Ahora estudio en la universidad.
Siempre desayuno cereales.

Other adverbs:
Cantidad
Me gusta **mucho** el cine.
No me gusta **nada** esta película.
He comido **bastante.**

Modo
Juega **bien.**
Juegan **mal.**

Lugar
Vivo **aquí / ahí / allí.**

Other adverbs of time
*I **often** go to the cinema.*
*I **sometimes** go to the theatre.*
*I **rarely** go to the swimming pool.*
*I play tennis **from time to time.***
*I watch television **whenever I can.***
*I don't go to the centre **often**.*
***Now** I'm studying at university.*
*I **always** have cereal for breakfast.*

Quantity
*I like the cinema **a lot.***
*I don't like this film **at all.***
*I've eaten **enough.***

Mode
*He plays **well.***
*They play **badly.***

Place
*I live **here / there / over there.***

Negativos

Negatives

To form the negative, start the sentence/question with no.

No juego al fútbol.

I don't play football.

¿**No** vienes conmigo?

Aren't you coming with me?

Other negative expressions with no:

No voy **nunca** al cine.

I never go to the cinema.

No me gusta **nada** la televisión.

I don't like television at all.

No tengo **ni** leche **ni** pan.

I have neither milk nor bread.

No hay **nadie.**

There isn't anybody.

Or start the sentence with the negative word and omit no.

Nunca voy al cine.

Note: Many adverbs are formed by adding –mente to adjectives, like adding –ly to adjectives in English:

rápido	El coche va **rápidamente.**	The car goes quickly.
probable	**Probablemente** lloverá.	It will probably rain.

Preposiciones y frases adverbiales
Prepositions and adverbial phrases
(Lección 9)

a, ante / delante, bajo / debajo / abajo, con, contra, de / desde, en, entre, hacia, hasta, para, por, según, sin, sobre, tras / detrás

Quiero **a** Juan. I love Juan.

A is used in this way with a person, but not with a thing. Contrast:

Quiero un bocadillo. I want a sandwich.

Carmen no tiene miedo **ante** un problema.

Carmen is not afraid when faced with a problem.

Mi casa tiene dos jardines, uno **delante** y uno **detrás.**

My house has two gardens, one in front and one behind.

Carmen tiene mucho trabajo; está **bajo** mucha tensión.

Carmen has a lot of work; she is under a lot of pressure.

El libro está **debajo de** la mesa.

The book is under the table.

¿Dónde está Eva?

Está **abajo**. She is downstairs.

Está **arriba.** She is upstairs.

Estoy **contra** las armas nucleares.

Estoy **en contra de** las armas nucleares.

I'm against nuclear arms.

El hombre puso la escalera **contra** la pared.

The man put the ladder against the wall.

Voy **de** Madrid **a** Barcelona en tren.

Voy **desde** Madrid **hasta** Barcelona en tren.

I'm going from Madrid to Barcelona by train.

Estaremos de vacaciones **desde** el lunes **hasta** el viernes.

We'll be on holiday from Monday to Friday.

La tienda está abierta **desde** las nueve **hasta** la una y **de** las cuatro **a** las ocho.

The shop is open from nine till one and from four to eight.

Vivo aquí **desde** 1985.

I've lived here since 1985.

Había **entre** doscientas y trescientas personas.

There were between two and three hundred people.

Entre los invitados había un asesino.

Amongst the guests there was a murderer.

Vendré **entre** semana.

I'll come during the week.

Cuando le vi, Juan estaba andando **hacia** su casa.

When I saw him, Juan was walking towards his house.

Llegaré **hacia** las ocho de la tarde.

I'll arrive towards eight in the evening.

Según me han dicho, este restaurante es muy bueno.

Apparently (According to what I've been told), this restaurant is very good.

Según un informe de la policía, los robos de coches están aumentando.

According to a police report, the incidence of car theft is rising.

Tomo el café **sin** azúcar.

I take coffee without sugar.

Mi padre salió **sin** decir nada.

My father left without saying anything.

Podemos decidir **sin** ir más lejos.

We can decide without going any further.

El dinero está **sobre** la mesa.

The money is on the table.

No tengo más que decir **sobre** este asunto.

I have no more to say about/on this matter.

No tengo noticias **sobre** la salud de mis padres.

I don't have any news about my parents' health.

Iré a tu casa **sobre** las diez.

I'll come to your house about ten o'clock.

Tras la película tuvimos una discusión.

After the film we had an argument.

por / para

Generally, por expresses the cause of or reason for an action and can be loosely translated 'because of':

Está triste **por** la muerte de su padre.

She is sad because of the death of her father.

Generally, para expresses intention or destiny and can be loosely translated 'in order to':

Tengo poco dinero **para** divertirme.

I've only got a little money (in order) to enjoy myself.

Tengo poco dinero **para** ir al cine.

I only have a little money to go to the cinema.

Other uses of por:

Tengo mucha afición **por** el fútbol.

I am very keen on football.

Vengo a este club **por** primera vez.

I've come to this club for the first time.

Fui a tu casa **por** el libro.

I went to your house for the book.

(But note with a verb:

Fui a tu casa **para** recoger el libro.

I went to your house to collect the book.)

Fuimos **por** autopista / avión / barco.

We went by motorway / plane / boat.

Te llamaré **por** teléfono.

I'll call you (on the phone).

Me gusta pasear **por** el parque.

I like walking through the park.

Si viajas de Barcelona a Madrid vas **por** Zaragoza.

If you travel from Barcelona to Madrid, you go via Zaragoza.

Juan vive **por** esta zona.

Juan lives somewhere in this area.

Visito a mis abuelos dos días **por** semana.

I visit my grandparents two days a / per week.

Vendí mi coche **por** 360 euros.

I sold my car for 360 euros.

Te veré mañana **por** la mañana.

I'll see you tomorrow morning.

Other uses of para:

He comprado estas flores **para** mi novia.

I've bought these flowers for my fiancée.

Faltan dos meses **para** Navidad.

There are two months to Christmas.

Tenemos media hora **para** salir.

We have half an hour before we leave.

Saldremos **para** Madrid dentro de media hora.

We'll leave for Madrid within half an hour.

Necesito un armario **para** mi ropa.

I need a wardrobe for my clothes.

Conjunciones *Conjunctions*

These occur throughout the book, but those used for narrative are highlighted in Lessons 9 and 10.

y / e	and
ni	neither … nor
(ni hace calor ni frío)	
o / u	or

pero	*but*
sin embargo	*however*
no obstante	*nevertheless*
sino	*but*

(no ocho sino nueve)

pues	*well (often used with bueno in colloquial conversation)*

… y bueno, pues estuvimos a punto de chocar con un coche.
… and well, anyway, we were on the point of colliding with a car.

por lo tanto	*therefore, so*
así (que)	*so*
aunque	*although*
como	*as*

Llamó, y como no contestó nadie, se fue.
He called, and as there was no answer, he went.

a pesar de que	*in spite of*
ya que	*as*

Ya que no vienes, por lo menos llámame.
As you're not coming, at least ring me.

de manera que	*so that*
de modo que	*so that*

Verbos *Verbs*

Futuro *Future* (Lecciones 3, 7)

Endings for the future tense are the same for all three verb types (–ar, –er, –ir). In the regular form, these endings are added to the infinitive:

	–é
trabaj**ar**	–ás
com**er**	–á
viv**ir**	–emos
	–éis
	–án

The simple form of the future can be used as the equivalent of the English 'will' or 'going to':

Visitará a sus tíos.
He will visit his aunt and uncle.
He's going to visit his aunt and uncle.

Volverá a España desde Guatemala.
He will return to Spain from Guatemala.
Sólo sobrevivirán las empresas que exporten.
Companies which export will be the only ones to survive.

Verbos irregulares *Irregular verbs*

With irregular verbs, the endings are the same as for regular verbs:

poner	pondré / pondrás / pondrá / pondremos / pondréis / pondrán
salir	saldré
tener	tendré
valer	*mainly used in the third person:* valdrá
venir	vendré
caber	cabré
haber	*mainly used in the third person or as an auxiliary verb:* habrá
poder	podré
querer	querré
saber	sabré
decir	diré
hacer	haré

¿Vendréis al aeropuerto?
Will you come to the airport?
¿Querréis venir conmigo?
Will you want to come with me?
¿Me darán el trabajo?
Will they give me the job?
¿Qué harás?
What are you going to do?
Sus primos podrán enseñarle la ciudad.
His cousins will be able to show him the city.
El tren saldrá a las cinco.
The train leaves at five o'clock.
Tendré una vida cómoda.
I'll have a comfortable life.

Use of the present tense to refer to the future

When we are arranging to do something in the future with friends, we often use the present tense in Spanish.
For example, if we ask 'What shall we do?', we say the following:

¿Qué hacemos?	What shall we do?	(Literally: What do we do?)
¿Adónde vamos?	Where shall we go?	
¿Dónde quedamos?	Where shall we meet?	
Quedamos en el cine.	We'll meet at the cinema.	
Vengo a las cinco.	I'll come round at five.	

Oraciones condicionales *Conditionals* (Lección 3)

Equivalent to the first conditional in English.
Formed by:

si + presente de indicativo + futuro
Si tengo tiempo, iré a Guatemala.
If I have time, I'll go to Guatemala.
Si no comes, tendrás hambre.
If you don't eat, you'll get hungry.
Si bebes, no podrás conducir.
If you drink, you won't be able to drive.

Variaciones   *Variations*

(**si** + presente) + imperativo
Si tienes sed, bebe agua.
If you are thirsty, drink water.
Si debes irte, vete cuanto antes.
If you must go, go as soon as you can.

The order can be reversed:
No podrás conducir si bebes.
Bebe agua si tienes sed.

Pretérito perfecto   *Present perfect* (Lecciones 4, 7)

This tense is formed as follows:
haber + *past participle of verb.*
The past participle of verbs is formed by adding **–ado** *to the stem of regular* **–ar** *verbs* (**he estudiado)** *and by adding* **–ido** *to the stem of* **–er** *and* **–ir** *verbs* (**he comido / he vivido**).

yo	he trabajado
tú	has comido
él	
ella	ha salido
usted	
nosotros/as	hemos cenado
vosotros/as	habéis llegado
ellos	
ellas	han dormido
ustedes	

Sólo he parado un momento.
I only stopped for a moment.
Las mujeres no han tenido la oportunidad de hacer los trabajos de los hombres.
Women have not had the opportunity to do men's jobs.
Juan ha perdido el autobús (esta mañana).
Juan missed the bus (this morning).

Participios irregulares *Irregular participles*

abrir	abierto
cubrir	cubierto
decir	dicho
escribir	escrito
freír	frito
hacer	hecho
morir	muerto
poner	puesto
romper	roto
ver	visto
volver	vuelto

¿No ha visto la señal?
Didn't you see the sign?
Se ha roto.
It has broken.

Uso *Use*

The use of the pretérito perfecto *corresponds approximately to the use of the present perfect in English, with the following exception:*

Esta mañana he salido a las nueve.
This morning I left at nine o'clock.

In this case, the notation of 'today' as a unit that has not finished indicates the use of the pretérito perfecto, *even though a specific time is mentioned or implied, which in English indicates the use of the past simple.*

Other examples:

Guatemala ha sufrido terremotos.
Guatemala has suffered earthquakes.

Compré este reloj ayer y se ha roto.
I bought this watch yesterday and it has broken.

En los últimos años la vida ha mejorado en general.
In the last few years, life has improved in general.

Note: In some Latin American countries the pretérito perfecto *is replaced by the* pretérito indefinido *(past simple).*

Using the present perfect (pretérito perfecto) with pronouns

If we have an accident, we refer to the injured parts of our body as el / la / los / las *and use a pronoun to refer to the person* (me / le / te, *etc.):*

Me he roto la pierna.	*I have broken my leg. (not He roto mi pierna.)*
Me he quemado.	*I have burnt myself.*
Me he quemado la maño.	*I have burnt my hand.*
¿Te has hecho daño?	*Have you hurt yourself?*
Se ha cortado el dedo.	*She has cut her finger.*

The present perfect is used with time expressions:

¿Has comido **ya**?	*Have you **already** eaten?*
No, **aún no / todavía no** he comido.	*No, I haven't eaten **yet**.*
¿Has comido calamares **alguna vez**?	*Have you **ever** eaten squid?*
No he comido **nunca** calamares.	*I've **never** eaten squid.*

Pretérito indefinido *Preterite tense (past simple)*

	–ar *verbs*	**–er** *verbs*	**–ir** *verbs*
yo	cen**é**	com**í**	escrib**í**
tú	cen**aste**	com**iste**	escrib**iste**
él / ella / usted	cen**ó**	com**ió**	escrib**ió**
nosotros/as	cen**amos**	com**imos**	escrib**imos**
vosotros/as	cen**asteis**	com**isteis**	escrib**isteis**
ellos/as / ustedes	cen**aron**	com**ieron**	escrib**ieron**

Some verbs change the consonant in the first person singular:

sacar	Sa**qué** entradas.	*I bought tickets.*
cruzar	Cru**cé** la calle.	*I crossed the street.*
empezar	Empe**cé** la novela ayer.	*I started the novel yesterday.*
jugar	Ju**gué** esta mañana.	*I played this morning.*
llegar	Lle**gué** tarde.	*I arrived late.*

Other verbs add –y– in the third person singular and plural:

| leer | Le**yó** / Le**yeron** el libro. | *He / She / They read the book.* |
| caer | Ca**yó** / ca**yeron.** | *He / She / They fell over.* |

… or change the vowel in the third person singular and plural:

dormir   dormí, dormiste, d**u**rmió, dormimos, dormisteis, d**u**rmieron

Formas irregulares en el pretérito indefinido *Irregular forms in the past simple*

	ser *and* **ir**	**hacer**	**venir**	**tener**	**poder**
yo	fui	hice	vine	tuve	pude
tú	fuiste	hiciste	viniste	tuviste	pudiste
él / ella / usted	fue	hizo	vino	tuvo	pudo
nosotros/as	fuimos	hicimos	vinimos	tuvimos	pudimos
vosotros/as	fuisteis	hicisteis	vinisteis	tuvisteis	pudisteis
ellos/ellas / ustedes	fueron	hicieron	vinieron	tuvieron	pudieron

Other irregular verbs

conducir	conduje
decir	dije
estar	estuve
poner	puse
querer	quise
saber	supe
traer	traje
haber	hubo *(used on its own only in the third person singular)*

Pretérito imperfecto *Imperfect*
(Lecciones 5, 6, 9)

–ar (cenar)		**–er** (beber)		**–ir** (salir)	
cen	–aba	beb	–ía	sal	–ía
	–abas		–ías		–ías
	–aba		–ía		–ía
	–ábamos		–íamos		–íamos
	–abais		–íais		–íais
	–aban		–ían		–ían

There are only two verbs which have an irregular form in the imperfect:

ser	**ir**
era	iba
eras	ibas
era	iba
éramos	íbamos
erais	ibais
eran	iban

Uso *Use*

For details of the use of the imperfect, see Lessons 5, 6, 9.

1 *Narration of routine or habitual events, customary actions or activities, and repetition without specifying the number of times:*
   Todos los días comía en restaurantes.
   Every day, he ate (used to eat) in restaurants.

2 *Action in the past when we do not know or are not interested in the duration of the event, nor exactly when it occurred:*
   Antes vivía en el campo.
   Before, I used to live in the country.

3 *Description in the past (of people, objects, places, etc.):*
   Era un hotel muy bonito, de montaña.
   It was a very nice mountain hotel.

4 *Description of the scene in which an action develops; presentation of secondary actions which develop within the main action:*
   Paseaba por las Ramblas, hacía un día espléndido, había muchísma gente cuando, de repente, se acercaron dos chicos y robaron mi bolso.
   I was walking along the Ramblas, it was a beautiful day, there were lots of people, when suddenly two youths approached and stole my bag.

Note: The contrast with the pretérito indefinido is dealt with in detail in Lessons 5, 6, 9.
Nos. 1 and 2 are equivalent to 'used to'.

Often, the verb **estar** *is used in the imperfect tense followed by the main verb in the gerund form. This reinforces duration.*

Estaba lavando el coche cuando empezó a llover.

I was washing the car when it began to rain.

Gerundio *Gerund*

The gerund is formed as follows:

–ar	**–er**	**–ir**
cen –ando	com –iendo	sal –iendo

Verbos irregulares *Irregular verbs*

The gerund form of the following irregular verbs with **e/i** *and* **o/u** *variations follows the same irregular pattern as the present simple (presente):*

dormir   durmiendo
pedir   pidiendo

The gerund form of the following two verbs is based on the past simple (pretérito indefinido):

poder   pudiendo
venir   viniendo

Pretérito pluscuamperfecto *Past perfect* (Lección 10)

This is formed with the imperfect of haber *and the past participle of the main verb.*

había	
habías	cenado
había	comido
habíamos	salido
habíais	
habían	

For irregular participles, see the pretérito perfecto *section above.*

Uso *Use*

Generally similar to the use of the past perfect in English.

Fui al restaurante, pero había cerrado.
I went to the restaurant, but it had closed.
Llegué a la estación, pero el tren ya había salido.
I got to the station, but the train had already left.

Imperativo *Imperative*

We use the informal form of the imperative if we are talking to members of the family or friends.

We use the formal form of the imperative if we are talking to someone we don't know well or someone in authority or in a formal situation, for example giving directions in the street.

The informal singular form (tú) looks the same as the third person singular if you are talking to one person.

I   Regular forms

	Informal		Formal		
	singular (tú)	*plural* (vosotros / as)	*singular* (usted)	*plural* (ustedes)	
–ar *verbs*	escucha	escuchad	escuche	escuchen	*listen*
–er *verbs*	bebe	bebed	beba	beban	*drink*
–ir *verbs*	escribe	escribid	escriba	escriban	*write*

2 Irregular forms

	Informal		Formal	
	singular (tú)	plural (vosotros/as)	singular (usted)	plural (ustedes)
decir	di	decid	diga	digan
hacer	haz	haced	haga	hagan
ir	ve	id	vaya	vayan
poner	pon	poned	ponga	pongan
ser	sé	sed	sea	sean
salir	sal	salid	salga	salgan
oír	oye	oíd	oiga	oigan
venir	ven	venid	venga	vengan
tener	ten	tened	tenga	tengan

Di la verdad.   Tell the truth.
Haced el trabajo.   Do your work.*
Vaya ahora.   Go now.
Pongan el libro aquí.   Put the book here.*
Sé bueno.   Be good.
Salid de aquí ahora.   Leave here now.*
Oiga.   Listen.
Vengan aquí.   Come here.*
Ten el dinero.   Have the money.

*To more than one person or a group.

3 Reflexive verbs in the imperative
Add the reflexive pronoun at the end.
Note that the **–d** of levantad and sentad disappears

Informal (tú)

	Singular		Plural	
levantarse	**levántate**	get up	**levantaos**	get up (all of you)
sentarse	**siéntate**	sit down	**sentaos**	sit down (all of you)

Formal (usted)

	Singular		Plural	
levantarse	**levántese**	get up	**levántense**	get up (all of you)
sentarse	**siéntese**	sit down	**siéntense**	sit down (all of you)

4 Negative imperative (regular)

When we want to give instructions, orders or advice, we use the imperative. If the instructions, orders or advice are in the negative, we use **the present subjunctive form** *of the verb:*

	Informal		**Formal**	
	singular	plural	singular	plural
–ar verbs	**no escuches**	**no escuchéis**	**no escuche**	**no escuchen**
–er verbs	**no bebas**	**no bebáis**	**no beba**	**no beban**
–ir verbs	**no escribas**	**no escribáis**	**no escriba**	**no escriban**

No tires papeles al suelo.	*Don't throw litter on the floor.*
No compréis botellas de plástico.	*Don't buy plastic bottles.*
No utilicen insecticidas.	*Don't use insecticides.*

5 Some common irregular negative imperatives

	Informal		**Formal**	
	singular	plural	singular	plural
decir	**no digas**	**no digáis**	**no diga**	**no digan**
salir	**no salgas**	**no salgáis**	**no salga**	**no salgan**
venir	**no vengas**	**no vengáis**	**no venga**	**no vengan**

Subjuntivo presente *Present subjunctive*
(Lecciones 11, 12)

The present subjunctive is formed from the root of the first person singular of the present indicative. The **o** *is dropped and the normal subjunctive endings are added.*

–ar (esperar)	**–er** (comer)	**–ir** (escribir)
espere	coma	escriba
esperes	comas	escribas
espere	coma	escriba
esperemos	comamos	escribamos
esperéis	comáis	escribáis
esperen	coman	escriban

Verbos irregulares *Irregular verbs*

These also form the subjunctive from the first person singular of the present indicative.

vengo	venga	vengamos
	vengas	vengáis
	venga	vengan
salir	salga	
hacer	haga	
poner	ponga	
volver	vuelva	

Note: Verbs which end in —oy in the first person of the present indicative take the following forms in the subjunctive:

dar	dé
estar	esté
ir	vaya
ser	sea

Other irregular verbs:

hay (haber)	haya
saber	sepa

Uso *Use*

The subjunctive form is widely used in Spanish, most commonly for the following:

1 *Verbs and expressiones of advice*

Te aconsejo que te hagas un seguro.
I advise you to take out insurance.

Es mejor que viajes de día.
It's better for you to travel by day (lit: that you travel by day).

2 *Orders*

Te ordeno que limpies este cuarto.
I order you to clean this room.

3 *Verbs of wishes, likes and dislikes*

Quiero que me escuches.
I'd like you to listen to me.

Espero que vengas a visitarme.
I hope you come to visit me.

Me molesta que haya mucha gente.
It annoys me when there are a lot of people.

4 *Verbs and expressions of necessity*

Es necesario que lleves botas para la excursión.
It's necessary for you to wear boots for the trip (lit: that you wear boots).

Es importante que aprendas un idioma.
It's important for you to learn a language (lit: that you learn a language).

5 *Verbs of doubt*

Dudo que prohíban la circulación en el centro de la ciudad.
I doubt if they will prohibit the traffic in the city centre.

No creo que te pase nada.
I don't think anything will happen to you.

6 *Verbs of emotion and fear*

Tengo miedo de que tengan un accidente.
I'm afraid they'll have an accident.

Me alegra que estén aquí.
I'm very pleased they are here.

7 *Verbs and expressions of possibility*

Puede ser que lo haga bien, pero lo dudo.
It could be that he does it well, but I doubt it.

Es posible que pierdas el monedero si lo llevas así.
You might lose your purse if you carry it like that.

8 *Expressions of intention and purpose*

Para que veas todo y **viajes** cómodamente.
So you can see everything and travel comfortably.

9 *Expressions regarding the future*

Cuando tenga más dinero iré a México.
When I have more money, I'll go to Mexico.

Esperaré **hasta que venga.**
I'll wait till he comes.

10 *Other expressions with the subjunctive*

Quizás deje mi trabajo.
Perhaps I'll leave my job.

Tal vez lleguemos a tiempo.
Maybe we'll arrive on time.

¡Ojalá pueda ir pronto!
I hope I can go soon!

¡Que espere! *Well, he can wait!*

¡Que pase! *Well, let her in!*

11 *Set expressions*

sea como **sea**	*be that as it may*
pase lo que **pase**	*no matter what happens*
diga lo que **diga**	*no matter what he says*

Note: After verbs expressing opinion or belief, the indicative is used (see Lesson 10).
Creo que es un buen director de cine.
I think he is a good film director.

Oraciones condicionales *Conditional*

Used to talk about what we would do if something happened. It's the equivalent of the English 'should', 'could' and 'would'.

The conditional form adds the imperfect endings for **–er** *and* **–ir** *verbs to the infinitive of regular verbs.*

	–ar verbs	**–er** verbs	**–ir** verbs
yo	estudiar**ía**	comer**ía**	escribir**ía**
tú	estudiar**ías**	comer**ías**	escribir**ías**
él / ella / usted	estudiar**ía**	comer**ía**	escribir**ía**
nosotros/as	estudiar**íamos**	comer**íamos**	escribir**íamos**
vosotros/as	estudiar**íais**	comer**íais**	escribir**íais**
ellos/ellas / ustedes	estudiar**ían**	comer**ían**	escribir**ían**

Verbs that change their stem in the future also change their stem in the conditional:

Vendría pero no puedo. *I would come, but I can't.*

salir	**saldría**
poder	**podría**
decir	**diría**

Subjuntivo imperfecto *Imperfect subjunctive*

This is formed from the root of the pretérito indefinido *(past simple), third person plural.*

cen**ar**	cen**aron**	cen	–ara
	(they had dinner)		–aras
			–ara
			–áramos
			–arais
			–aran
com**er**	com**ieron**	com	–iera
	(they ate)		–ieras
viv**ir**	viv**ieron**	viv	–iera
	(they lived)		–iéramos
	(conjugated as **–er** *verbs)*		–ierais
			–ieran

This form of the subjunctive is used in the same way as the present subjunctive, except that it is governed by a main verb in either the past or the conditional **–ría** *form.*

Espero que vengas a visitarme.
I hope you'll come to visit me.
Esperaba que vinieras a visitarme.

I was hoping you would visit me.
Me molesta que haya tanta gente.
It annoys me that there are so many people.

Me molestó que hubiera tanta gente.
It annoyed me that there were so many people.
Me molestaría que hubiera tanta gente.
It would annoy me if there were so many people.

We use the imperfect subjunctive as part of the conditional sentence:
Si **fuera** rico compraría una casa grande.   *If I were rich, I would buy a big house.*
Si **hubiera** nieve esquiar**íamos.**   *If there were some snow, we'd ski.*

Condicional (imperfecto) *Second conditional*
This construction deals with hypothetical situations.

Forma *Form*

si + imperfecto de subjuntivo + forma en **–ría**
or the other way round:
forma en **–ría** + **si** + imperfecto de subjuntivo

Si me tocara la lotería, compraría una casa.
If I won the lottery, I would buy a house.
Compraría una casa si me tocara la lotería.
I would buy a house if I won the lottery.

ser / estar *to be*

1 Use **ser** *to describe who we are, jobs, nationality, or description (colour, size, personality, etc.):*

Soy María.	I'm María.
¿**Eres** profesora?	Are you a teacher?
Es española.	She's Spanish.
El coche **es** blanco.	The car is white.
Los hermanos **son** altos.	The brothers are tall.
María **es** simpática.	Maria is nice.

Estar *is used in the following circumstances:*

- location

¿Dónde **está**? **Está** en el sur.   *Where is it? It's in the south.*

- temporary or changing state

La mesa **está** sucia.   *The table is dirty.*

- mood or health

María **está** enferma y triste.   *María is ill and sad.*

- marital status

Estoy casado.   *I'm married.*

2 **ser** and **estar** in descriptions

*Use **ser** when you describe something that is permanent and does not change:*

El apartamento **es** grande.	*The apartment is big.*
La casa **es** moderna.	*The house is modern.*

*Use **estar** when you describe something temporary that can change or be changed.*

El apartamento **está** sucio.	*The apartment is dirty.*
La casa **está** limpia.	*The house is clean.*

3 *The use of **ser** or **estar** can alter the meaning of an adjective:*
Juan es muy tranquilo. (Juan es una persona muy tranquila de carácter.)
Juan is a very calm person.

Pedro estaba muy nervioso porque tenía exámenes, pero ahora está tranquilo.
Pedro was very nervous because he had exams, but now he is relaxed.

Note: **Ser** *could be translated as 'to be' in this example;* **estar** *could be translated as 'to feel'.*

La actriz es elegante. *The actress is elegant.*
María va a una fiesta. Está muy elegante hoy.
María is going to a party. She looks very smart today.
Note: **Estar** *could be translated as 'to look' in this example.*

Construcciones temporales:
hace … (que), desde hace … , desde …
Time constructions *(Lección 2)*

We use hace *and* desde hace *when we talk about how long we have been doing something. In the question with* hace, *we also use* que:
¿Cuánto (tiempo) **hace que** patinas? *How long have you been skating?*
Notice that the verb is in the present simple form: patinas.

The answer can be in two forms:
Hace diez años que vivo aquí. *I've been living / I've lived here for ten years.*
Vivo aquí **desde hace** diez años.

Vivo aquí **desde** 1998.
I've been living here since 1998.

Note:
Llegué aquí **hace** diez años.
I came here ten years ago.

See Lesson 2 for more details and examples.
Note: **llevar** + gerundio
Llevo diez años **viviendo** aquí.
I've been living here for ten years.

Perífrasis verbales *Phrasal verbs*

Unlike English, Spanish has very few of these. Some of the more common ones are:

tener que (hacer algo)	*to have to (do something)*
acabar de (llegar)	*to have just (arrived)*
volver a (hacer)	*to (do) again*
dejar de (fumar)	*to stop (smoking)*

Se en oraciones pasivas e impersonales
Se *in passive and impersonal sentences*

This construction almost always corresponds to the English passive form. The verb is in the active form and is singular or plural depending on the subject.

En Zaragoza **se construirá** un nuevo estadio de fútbol.
A new football stadium will be built in Zaragoza.
En Zaragoza **se construirán** tres nuevos hipermercados.
Three new supermarkets will be built in Zaragoza.

The impersonal se *is often used in signs to explain what is on offer …*

Se habla español	*Spanish spoken*
Se alquilan bicicletas	*Bicycles for hire*
Se organizan excursiones	*Trips organised*

… or what can or cannot be done:

¿Se puede pagar con tarjeta? *Is it possible to pay by card?*

No se admiten perros. *No dogs allowed.*

English–Spanish wordlist

A

(be) about (the film is about . . .) tratarse (la película se trata de . . .)
about to (adv) a punto de
abuse (n) malos tratos (mpl)
accelerator (n) acelerador (m)
accommodation (n) alojamiento (m)
according to (conj) según
achieve (vt) conseguir
add (vt) agregar, añadir, sumar
advantage (n) ventaja (f)
adventure (n) aventura (f), peripecia (f)
advertisement (n) anuncio (m)
advice (n) consejos (mpl)
advisable (adj) aconsejable
advise (vt) aconsejar, dar consejos
(be) afraid (vt) temer, tener miedo de . . .
after (prep) (half an hour) al cabo de / después de (media hora)
after (prep) tras
age (n) edad (f)
ageing (n) envejecimiento (m)
aim (n) meta (f)
alarm clock (n) despertador (m)
also (conj) también
already (adv) ya
although (conj) aunque
always (adv) siempre
amazed (adj) atónito/a
amazing (adj) impresionante
amuse (vt) hacer gracia
(be) amusing hacer gracia
animal (n) animal (m)
annoying (adj) pesado/a
anyway (adv) de todos modos
approach (vi) acercarse
argument (n) discusión (f)
argument (row) (n) discusión (f)
around (adv) alrededor
as well (conj) también
assistance, help (n) auxilio (m)
astonished (adj) atónito/a
astonishing (adj) impresionante

atmosphere (n) ambiente (m)
attach (vt) (in letter) adjuntar
attacker (n) atracador(a) (m/f)
attend to (customers) (vt) atender
attitude (n) actitud (f)
availability (n) disponibilidad (f)
(to be) available (adv) (estar) disponible
average (n) media (f)
avoid (vt) evitar
axe (n) (un) hacha (f)

B

back (n) fondo (m)
(in the) background (al) fondo (m)
(be) bad-tempered (vi) tener mal genio
basic (adj) sencillo / a
basketball court (n) cancha (f)
bass (adj) bajo / a
battery (n) pila (f)
beach (n) playa (f)
bear (vt) soportar
because of (conj) debido a
before (adv) antes
belief (n) creencia (f)
believe (vt) creer
belong to (vi) pertenecer (a)
belt (n) (mechanical) correa (f)
belt (n) (to wear) cinturón (m)
bend (vt) doblar
benefits (n) beneficios (mpl)
best (adj) el / la mejor
betray (vt) traicionar
betrayal (n) traición (f)
better (adj) mejor
bicycle saddle (n) sillín (m)
blond(e) (adj) rubio/a
bodywork (n) on a car carrocería (f)
bored (adj) aburrido/a
boredom (n) aburrimiento (m)
boring (adj) aburrido/a
bracelet (n) pulsera (f)
brake (n) freno (m)
break (vt) romper
break down (vi) (vehicle) estropear(se)

breakdown (n) (vehicle) avería (f)
breakdown truck (n) grúa (f)
brick (n) ladrillo (m)
bricklayer (n) albañil (m/f)
bride (n) novia (f)
bridegroom (n) novio (m)
broken (adj) estropeado/a, roto/a
brown (adj) (hair colour) castaño/a
building worker (n) albañil (m/f)
built-in (adj) (wardrobe) empotrado/a
but (conj) (not eight but nine) sino (no ocho sino nueve)
buy (vt) (tickets) sacar (billetes)

C

cake (n) (sponge) bizcocho (m)
calm (adj) tranquilo/a
camping (n) camping (m)
canopy (n) capota (f)
capable of (adj) capaz de
carpet (n) alfombra (f)
carry out (vt) (something) cumplir (vi) con (algo), llevar a cabo
cashpoint (n) (hole in the wall) cajero automático (m)
castanets (npl) castañuelas (fpl)
catering (n) hostelería (f)
celebrate (vt) celebrar
century (n) siglo (m)
challenge (n) reto (m)
challenge (vt) retar, desafiar
changing room (n) (in clothes shop) probador (m)
channel (n) (TV) cadena (f)
charge (vt) (money) cobrar
charm (vt) (I love it) encantar (me encanta)
check (vt) comprobar
check (n) (clothing design) cuadros (una camisa de cuadros)
chess (n) ajedrez (m)
chestnut-brown (adj) (hair colour) castaño/a
childhood (n) niñez (f)
church (n) iglesia (f)

city (n) ciudad (f)
civil servant (n) funcionario/a
clean (vt) limpiar
clean (adj) limpio/a
cleaning (n) limpieza (f)
cloth (n) (for cleaning) paño (m)
clothes (npl) ropa (f)
clothing (n) ropa (f)
(item of) clothing (n) prenda de vestir (f)
clutch (n) embrague (m)
coincidence (n) (by coincidence)
    casualidad (f) (por casualidad)
cold (n) catarro (m)
(to have) a cold estar resfriado
collect (vt) recoger
competition (n) certamen (m)
confidence (n) confianza (f)
consumption (n) gasto (m)
contentment (n) alegría (f)
contest (n) certamen (m)
convertible (n) (car) (coche (m))
    descapotable
convertible top (n) (car) capota (f)
cook (vt) guisar
cosy (adj) acogedor(a)
countryside (n) campo (m)
course (n) (educational) curso (m)
craft(work) (n) artesanía (f)
craftsman/woman (n) artesano/a (m/f)
crash (vt) chocar
create (vt) crear
creator (n) creador(a) (m/f)
criticise (vt) criticar
crockery (n) vajilla (f)
cruise (n) crucero (m)
crush (vt) machacar
customs (npl) costumbres (fpl)

D

daily (adv) diariamente, todos los días,
    cotidiano/a
dare (vt) atreverse
data (n) datos (mpl)
dawn (n) alba (f), amanecer (m)
dawn (vi) amanecer
dead-end street (n) calle (f) sin salida
dead (adj) muerto/a
Dear Sir / Madam (formal letter) Muy
    señor(es) mío(s)
deceive (vt) engañar
deep down (to describe character)
    (adv) en el fondo
defend (vt) defender
defensive (adj) defensivo/a
deliver (vt) repartir
depressed (adj) deprimido/a

deserve (vt) merecer
design (n) diseño (m)
design (vt) diseñar
develop (vt) desarrollar
developing (adj) en desarrollo
development (n) desarrollo (m)
difficult (adj) difícil
dinner (n) cena (f)
direct (vt) dirigir
direction (n) sentido (m)
dirty (adj) sucio/a
dishwasher (n) lavavajillas (m)
distant (adj) lejano/a
distract (vt) distraer
dive (vi) bucear, tirarse de cabeza
divide (vt) repartir
doll (n) (rag doll) muñeca (f) (muñeca
    de trapo (m))
door (n) puerta (f)
door lock (n) cerradura (f)
doubt (n) duda (f)
doubt (vt) dudar
doubtful (adj) dudoso/a
dream (n) sueño (m)
dream (vi) soñar
drinking straw (n) pajita (f)
driving licence (n) carnet de
    conducir (m)
drop (n) (of water) gota (f) (de agua)
dusk (n) anochecer (m)
dye (n) tinte (m)

E

early (adv) temprano
earn (vt) ganar, cobrar
earthquake (n) terremoto (m)
easy (adj) fácil
elderly person (n) anciano/a (m/f)
electricity (n) corriente (f)
elegant (adj) elegante
employee (n) funcionario/a (m/f)
end (n) (of a road) fondo (m)
end (vt) acabar, terminar
end (n) fondo (m), final (m)
enjoy (vt) disfrutar, gozar, pasarlo bien
enjoy oneself (vr) divertirse
enough (adj) bastante
environment (n) medio ambiente (m)
environment (n) entorno (m)
envy (n) envidia (f)
essential (adj) imprescindible
estate agency (n) agencia (f) inmobiliaria
event (n) hecho (m)
every day (adv) diariamente, todos los
    días, cotidiano/a
exhaust pipe (n) tubo de escape (m)

exhausted (adj) agotado/a, muerto/a
exhausting (adj) agotador(a)
exhaustion (n) cansancio (m)
exhibit (vt) exponer
expectation (n) expectativa (f)
expired (adj) caducado/a

F

façade (n) fachada (f)
faithful (adj) fiel
false (adj) falso/a
family member (n) pariente (m/f)
fan (n) abanico (m)
fantastic (adj) estupendo/a,
    fantástico/a
farmer (n) agricultor(a), ganadero/a
    (m/f)
father-in-law (n) suegro (m)
fatigue (n) cansancio (m)
fed up (adj) harto/a
feeling (n) sentimiento (m)
female (n) hembra (f)
fidelity (n) fidelidad (f)
figure (n) cifra (f)
film (n) (full-length feature) largome-
    traje (m)
film (vt) rodar (una película)
fine (n) multa (f)
finish (vt, vi) acabar, terminar
fire (n) incendio (m)
first-aid box (n) botiquín (m)
firstly (adv) en primer lugar
fit (vt) (it fits me) ir bien (me va bien)
fit (vt) (space) (we all fit in the car) caber
    (cabemos todos en el coche)
fit (vt (suit)) / (it fits me) quedar bien
    (me queda bien)
fitted (adj) (wardrobe) empotrado/a
flight (n) vuelo (m)
flirt (vi) coquetear, flirtear
floor (n) suelo (m)
fly (vi) volar
food (n) alimentación (f), alimentos
    (mpl), comida (f)
football pools (npl) quiniela (f)
forest (n) selva (f)
found (vt) fundar
freezer (n) congelador (m)
fresh (adj) fresco/a
friendly (adj) simpático/a
friendship (n) amistad (f)
frighten (vt) asustar
frighten off (vt) ahuyentar
from time to time (adv) a ratos, de
    cuando en cuando, de vez en
    cuando

G

gear stick (n) palanca de cambios (f)
generally (adv) generalmente
generosity (n) generosidad (f)
generous (adj) generoso/a
genius (n) genio (m/f)
gentleman (n) caballero (m)
get dark (vi) anochecer
get light (vi) amanecer
get on well (vi) (with someone) llevarse
        bien (con alguien)
get stuck (vi) atascarse
get wet (vi) mojarse
get (vt) (achieve) conseguir
get (vt) (pick up) coger
give (vt) ceder, dar
glass (n) (material) cristal (m),
        vidrio (m)
go well (vi) salir bien
go wrong (vi) salir mal
greasy (adj) graso/a
great (adj) estupendo/a,
        fantástico/a
greet (vt) saludar
grind (vt) machacar
grinder (n) (cooking) molinillo (m)
grow old (vi) envejecer
guest (n) invitado/a (m/f)
gun arma (f) de fuego

H

habits (npl) costumbres (fpl)
hair (n) pelo (m), cabello (m)
hair dye (n) tinte (m)
hair wash (n) lavado de cabello (m)
half (n) mitad (f)
half way through por la mitad
hand (n) (of a clock or watch)
        manecilla (f)
hand over (vt) entregar
handbag (n) bolso (m)
handbrake (n) freno de mano (m)
hang (vt) colgar
happiness (n) alegría (f)
happy (adj) alegre, contento/a, feliz
hardware (n) ferretería (f)
harm (vt) hacer daño
harvest (n) cosecha (f)
have just (vt) (done something) acabar
        de (hacer algo)
headlight (n) faro (m)
heart attack (n) infarto (m)
helmet (n) casco (m)
help (n) auxilio (m)
hidden (adj) escondido/a
high quality (adj) alta calidad

hole (n) agujero (m)
home (n) hogar (m)
home (n) (dwelling) vivienda (f)
honest (adj) honrado/a
hope (vt) (vi) esperar
I hope so! (excl) ¡ojalá!
host (n) anfitrión/anfitriona (m/f)
hot (adj) (weather) caluroso/a
hot (adj) caliente
hotplate (n) placa (eléctrica) (f)
however (adv) sin embargo
(to be) hungry (adj) (tener) hambre
hurt (vt) hacer daño

I

ignition (n) motor de arranque (m)
ill (adj) enfermo/a
in case por si acaso
in fact (conj) en realidad
in the meantime (adv) mientras tanto
increase (vt) aumentar
indicator (n) (car) intermitente (m)
indispensable (adj) imprescindible
inherit (vt) heredar
injured person herido/a (m/f)
insert (vt) meter
insist (vi) exigir
insulation (n) aislamiento (m)
insurance (n) (fully comprehensive)
        seguro (m) (a todo riesgo)
interest (vt) (I am interested in it)
        interesar (me interesa)
interesting (adj) interesante
intermediary (n) intermediario/a (m/f)
invite (vt) convidar, invitar
isolated (adj) aislado/a

J

jacket (n) chamarra (f) (Mex.)
jar (n) jarra (f)
jealous (adj) envidioso/a
jealousy (n) envidia (f)
jeans (n) tejanos, vaqueros (mpl)
journalism (n) periodismo (m)
journalist (n) periodista (m/f)
journey (n) trayecto (m)
jump (vt) saltar

K

kitchen sink (n) fregadero (m)

L

label (n) etiqueta (f)
land (n) terreno (m)
lathe (n) torno (m)
law (n) derecho (m)

lawyer (n) abogado/a (m/f)
layer (n) capa (f)
laziness (n) pereza (f)
lazy (adj) perezoso/a
lead (vt) liderar
leak (n) fuga (f)
leap (n) salto (m)
liar (n) mentiroso/a (m/f)
licence (driving) (n) carnet de
        conducir (m)
lie (vi) mentir
lie (n) (untruth) mentira (f)
life jacket (n) chaqueta salvavidas (f)
light (adj) (weight) ligero/a
limit (n) límite (m)
lining (n) forro (m)
lock (n) (door) cerradura (f)
lock (vt) cerrar con llave
long-term (adj) largo plazo
look (n) mirada (f)
look after (vt) cuidar
look forward to (vt) (I'm looking forward
        to it) hacer ilusión (me hace
        ilusión)
low (adj) bajo/a
loyal (adj) leal
loyalty (n) lealtad (f)
luck (n) (to be lucky) suerte (f) (tener
        suerte)
lucky (adj) afortunado/a
how lucky! (excl) ¡qué suerte!
luggage (n) equipaje (m)
luxurious (adj) lujoso/a
lyrics (n) (from a song) letra (f)

M

make (vt) confeccionar, fabricar
make-up (n) maquillaje (m)
male (n) varón (m)
management (n) gestión (f)
manager (n) (person in charge) encar-
        gado/a (m/f)
marinate (vt) macerar
marital status (n) estado civil (m)
marriage (n) casamiento (m)
match (n) (for fire) cerilla (f)
match (n) (sports) partido (m)
mayor (n) alcalde / alcaldesa (m/f)
mean (adj) tacaño/a
meanness (n) tacañería (f)
(in the) meantime (adv) mientras tanto
mechanics (npl) mecánica (f)
meeting (n) reunión (f)
(rearview) mirror (n) espejo
        (retrovisor) (m)
miscarriage (n) aborto (m)

miss (vt) (a bus, train, etc.) perder
miss (vt) (family, friends) echar
    de menos
monkey (n) mono (m)
monument (n) monumento (m)
most (adj) mayor parte (f)
mother-in-law (n) suegra (f)
mourning (n) luto (m)
move (vt) (house) trasladarse,
    cambiarse (de casa)
movie (n) largometraje (m), película (f)

N

narrow (adj) estrecho/a
native (n) indígena (m/f)
nerves (npl) nervios (mpl)
nervous (adj) nervioso/a
nervousness (n) nerviosismo (m)
nevertheless (adv) sin embargo
next (conj) luego
nice (adj) simpático/a
nightfall (n) anochecer (m)
no matter how sea como sea
normally (adv) normalmente
norms (npl) costumbres (fpl)
not even (adj) ni siquiera
not yet aún no, todavía no
number (n) cifra (f)
nun (n) monja (f)

O

occasionally (adv) a ratos, de cuando
    en cuando, de vez en cuando
occur (vi) suceder
of course (adv) por supuesto
office (n) despacho (m), oficina (f)
often (adj) muchas veces, a menudo
often (adv) a menudo
opinion (n) (in my opinion) opinión (f)
    (en mi opinión)
optimist (n) optimista (m/f)
optimistic (adj) optimista
orchard (n) huerto (m)
orchid (n) orquídea (f)
others (people) (npl) los demás (mpl)
oven (n) horno (m)
overturn (vt, vi) volcar(se)
own (adj) (my own house) propio/a
    (mi propia casa)

P

painkiller (n) calmante (m)
pair (n) par (m)
park (vt) aparcar
parrot (n) loro (m)
party games (npl) piñatas (fpl)

partying (n) juerga (f)
pass (vt) (an exam) aprobar
passenger (n) pasajero/a (m/f)
path(way) (n) camino (m)
patio (n) corral (m)
patrol (n) patrulla (f)
pay back (vt) recompensar
peasant (n) campesino/a (m/f)
pessimist (n) pesimista (m/f)
pessimistic (adj) pesimista
pick up (vt) recoger
pine tree (n) pino (m)
pink (adj) rosa
plant (n) planta (f)
play (vt) jugar
please (vt) (it pleases me) agradar,
    gustar (me agrada, me gusta)
plug (n) (electrical) enchufe (m)
plug (n) (for a sink), tapón (m)
point of view (n) punto de vista (m)
point out (vt, vi) destacar
police (n) policía (f)
police station (n) comisaría (f)
policeman/woman (n) policía (m/f)
pollution (n) contaminación (f)
poor person (n) marginado/a (m/f)
position (n) (job) puesto (m)
position (n) (sense, direction) sentido (m)
possess (vt) disponer de
postwar period (n) posguerra (f)
pots and pans (npl) cacharros (mpl)
power point (n) toma (de
    corriente) (f)
power station (n) central térmica (f)
premiere (vt) estrenar
press (vt) apretar
pretty (adj) precioso/a, bonito/a
previous (adj) anterior
price (n) (high —) precio (m) (ele-
    vado)
profit (n) beneficio (m)
profitable (adj) rentable
profits (npl) beneficios (mpl)
prohibited (adj) prohibido/a
protagonist (n) protagonista (m/f)
protect (vt) proteger, resguardar
protection (n) amparo (m)
proud (adj) orgulloso/a
puncture (n) (to have a puncture) pin-
    chazo (m) (tener un pinchazo)
puppet (n) marioneta (f)
put in (vt) meter
put make-up on (vt) maquillarse
put on (vt) ponerse
put up with (vt) soportar

Q

quality (n) calidad (f)
quantity (n) cantidad (f)
queue (n) fila (f)

R

race (n) (sports) carrera (f)
radio station (n) emisora (f)
rain (n) lluvia (f)
rain (vi) llover
raincoat (n) impermeable (m)
rainy (adj) lluvioso/a
range (n) gama (f)
realise (vi) darse cuenta (de)
reason (n) razón (f)
receipt (n) recibo (m), ticket de
    compra (m)
recently (adv) últimamente
recognise (vt) reconocer
record (vt) grabar
reduced (adj) rebajado/a
refund (n) devolución (f)
refund (vt) devolver
reinforced (adj) blindado/a
relative (n) pariente (m/f)
remember (vt) acordarse, recordar
remuneration (n) retribución (f)
repair (vt) arreglar
report (vt) (a crime) denunciar
requirement (n) requisito (m)
retired (adj) jubilado/a
return (n) regreso (m)
rinse (vt) aclarar
risk (n) riesgo (m)
role (n) papel (m)
roof (n) tejado (m)
rose (n) rosa (f)
row (n) (argument) discusión (f)
rubber (n) caucho (m)
rubbish (n) basura (f)
rubbish bin (n) cubo (m) (de basura)
rucksack (n) mochila (f)
run (vt) correr
run the risk (vi) correr peligro
rush hour (n) hora punta (f)

S

sad (adj) triste, melancólico/a
saddle (n) (bicycle) sillín (m)
sadness (n) tristeza (f)
sure (adj) (safe) seguro/a
sales (npl) (reduced prices)
    rebajas (fpl)
sandcastle (n) castillo de arena (m)
satellite dish (n) antena parabólica (f)

saucepan (n) cacerola (f)

save (vt) ahorrar

scaffolding (n) andamio (m)

score (n) tanteo (m)

season (n) época (f)

seat (n) asiento (m)

sedative (n) calmante (m)

seem (vt) (it seems to me) parecer (me parece que)

selfishness (n) egoísmo (m)

sense (n) sentido (m)

shadow (n) sombra (f)

shame (n) vergüenza (f)

share (vt) compartir, repartir

sheet (n) (of writing paper) folio (m)

shift (n) turno (m)

shock (n) susto (m)

shock (vt) asustar

shoot (vt) (a gun) disparar

shooting (n) (of a film) rodaje (m)

shop window (n) escaparate (m)

shop (vi) comprar

short (adj) bajo/a

show (vt) (oneself) (vi) mostrar(se)

shy (adj) tímido/a

shyness (n) timidez (f)

sick (adj) enfermo/a

sign (n) señal (f), signo (m)

sign (vt) firmar

signatory (n) firmante (m/f)

silence (n) silencio (m)

silent (adj) (keep silent) silencioso/a (guardar silencio)

simple (adj) sencillo/a

sincere (adj) sincero/a

sincerity (n) sinceridad (f)

single file (n) fila (f) (india)

sink (n) (kitchen) fregadero (m)

size (n) (clothes) talla (f)

skates (npl) patines (mpl)

skating (n) patinaje (m)

skin (n) piel (f)

skin-dive (vi) bucear

sleeping bag (n) saco de dormir (m)

sleepwalker (n) sonámbulo/a (m/f)

slender (adj) esbelto/a

slim (adj) esbelto/a, delgado/a

slip (vi) resbalar

smile (n) sonrisa (f)

smile (vi) sonreír

smooth (adj) suave

so much / many (adj, pron) tanto

soak (vt) poner a remojo, remojar

soft (adj) suave

sometimes (adv) a veces, de vez en cuando

(I'm) sorry (excl) lo siento, perdón, perdona

sound (n) sonido (m)

specific (adj) específico/a, concreto/a

specifically (adv) en concreto, específicamente

spend (vt) gastar

spoilt (adj) (child) consentido/a, mimado/a

sponge cake (n) bizcocho (m)

square (adj) (kilometre) cuadrado (km)

staff member (n) empleado/a (m/f)

stainless steel (n) acero inoxidable (m)

stand out (vi) sobresalir, destacar

star (n) estrella (f)

start (vt) (car) arrancar

start up (vt) (a business) montar (un negocio)

station master / mistress (n) jefe / jefa (m/f) de estación

steering wheel (n) volante (m)

step (on) (vt) pisar

stick (vt) (with adhesive) pegar

still (adv) todavía, aún

stocking (n) media (f)

stop (vi) parar

story (n) (of film, etc.) argumento (m)

straightforward (adj) sencillo/a

strain (vt) (food) colar

strainer (n) colador (m)

strange (adj) raro/a, extraño/a

straw (n) (drinking) pajita (f)

stripes (npl) (clothing) rayas (fpl)

stroke (vt) acariciar

stubborn (adj) tozudo/a

stubbornness (n) tozudez (f)

submit (vt) (a piece of work) entregar

success (n) éxito (m)

suddenly (adv) de repente

suggest (vt) sugerir

suit (vt) (it suits me) quedar bien, ir bien (me queda bien, me va bien)

suitcase (n) maleta (f)

supervise (vt) vigilar

support (n) apoyo (m)

support (vt) apoyar, respaldar

sure (adj) seguro/a

surgery (n) cirugía (f)

surrounded by (adv) rodeado/a de

surrounding (adj) alrededor

surroundings (n) alrededores (mpl)

surroundings (npl) entorno (m)

survive (vi) sobrevivir

sweat (vi) sudar

sweet wrapper (n) envoltorio (m)

sweets (npl) caramelos (mpl)

swimming pool (n) piscina (f), alberca (f) (Mex.)

switch off (vt) apagar

switch on (vt) encender

T

take (vi) (time) tardar

take advantage of (vt) aprovechar

take out (vt) sacar

take place (vt) tener lugar

talent (n) dote (f), talento (m)

talent scout (n) cazatalentos (m/f)

tall (adj) alto/a

target (n) meta (f)

tax (n) impuesto (m)

teach (vt) enseñar

technician (n) técnico/a (m/f)

temper (n) genio (m)

tempt (vt) tentar

tenant (n) inquilino/a (m/f)

tent (n) tienda (de campaña) (f)

test (n) prueba (f)

thank goodness! (excl) ¡menos mal!

that's enough! (excl) ¡ya basta!

then (conj) luego

these days hoy en día

thirst (n) sed (f)

(to be) thirsty (adj) tener sed

threaten (vt) amenazar

through (prep) a través de

tight (adj) (clothing) ajustado/a

tired (adj) cansado/a

toast (vi) (drink) brindar

torch (n) linterna (f)

tower (n) torre (f)

trade (n) comercio (m)

training (n) formación (f)

transport (n) transporte (m)

tray (n) bandeja (f)

trick (n) truco (m)

true (adj) verdadero/a

trust (n) confianza (f)

truth (n) verdad (f)

try on (vt) probar

turn (around) (vt, vi) dar la vuelta

turn (vi) girar

TV channel (n) canal (m), cadena (f)

U

umbrella (n) paraguas (m)

understand (vt) comprender, entender

underwear (n) (women's) lencería (f)

unemployment (n) paro (m)
unfortunately (adv) desgraciadamente
unpleasant (adj) antipático/a
usually (adv) (I usually do) soler (suelo hacer)

V

vaccination (n) vacuna (f)
varnished (adj) barnizado/a
vase (n) jarrón (m)
vegetables (npl) hortalizas (fpl)
villa (n) chalet (m)
violet (adj) violeta
visa (n) visado (m)

W

warehouse (n) almacén (m)
waste (vt) malgastar
waste (n) desperdicios (mpl)

water (n) agua (f)
water pipes (npl) tubería (f)
wedding (n) boda (f)
welcoming (adj) acogedor(a)
whatever happens pase lo que pase
whisper (vi) susurrar
win (vt) (I won the lottery) ganar, tocar (me tocó la lotería)
windscreen (n) parabrisas (m)
windscreen wipers (npl) limpia-parabrisas (m)
winner (n) (in competition) acertante (m/f), ganador(a) (m/f)
wintry (adj) invernal
wish (n) deseo (m)
wish (vt) desear
within (two weeks) (adv) dentro de (dos semanas)
wood(s) (n) bosque (m)

worker (n) obrero/a (m/f)
workshop (n) taller (m)
worktop (n) encimera (f)
worry (vi) (don't worry) preocuparse (no te preocupes)
(to be) worth (it's worth it) valer (vale la pena)
wounded person herido/a (m/f)
wrap (vt) envolver
wrapper (n) (sweet) envoltorio (m)
wrinkle (n) arruga (f)

Y

yet (adv) aún

Spanish–English wordlist

A

a menudo (adv) often
a punto de (adv) about to
a ratos (adv) from time to time
a todo riesgo fully comprehensive (insurance)
a través de (prep) through, by means of
a veces (adv) sometimes
abanico (m) fan
abatible (adj) reclining, folding (seat)
abogado/a (m/f) lawyer
aborto (m) miscarriage, abortion
aburrimiento (m) boredom
acabar de (acabo de llegar) (vi) to have just (I have just arrived)
acabar (vt) to finish
acariciar (vt) to stroke, to caress
acelerador (m) accelerator
acercarse (vr) to approach, to go up to
acero (m) inoxidable (adj) stainless steel
acertante (m/f) winner
aclarar (vt) to rinse
acogedor(a) (adj) cosy, welcoming
aconsejable (adj) advisable
aconsejar (vt) to advise
acordarse (no me acuerdo) (vr) to remember (I don't remember)
actitud (f) attitude
adelantar(se) (vi) (el reloj se adelanta) to be fast (the watch is fast)
adjuntar (vt) to attach
agencia (f) inmobiliaria (adj) estate agency
agotado/a (adj) exhausted
agotador(a) (adj) exhausting
agradar (me agrada) (vi) to please (it pleases me)
agregar (vt) to add
agua (f) water
agujero (m) hole
ahorita (from ahora) (adv) now, at the moment (Mexico)

ahorrar (vt) to save
ahuyentar (vt) to frighten off, to repel
aislado/a (adj) isolated
aislamiento (m) insulation
ajedrez (m) chess
ajustado/a (adj) tight (clothing)
al cabo de (media hora) after (half an hour)
al fondo at the back / end
alba (f) dawn
albañil (m/f) building worker, bricklayer
alberca (f) swimming pool (Mexico)
alcalde / alcaldesa (m/f) mayor
alcanzar (vt) to achieve, to obtain
alegre (adj) happy
alegría (f) happiness, contentment
alfombra (f) carpet
alimentos (mpl) food
almacén (m) warehouse
alojamiento (m) accommodation
alrededor (adv) around, surrounding
alrededores (mpl) surroundings
alta calidad (f) high quality
amanecer (m) dawn
amanecer (vi) to get light
ambiente (m) atmosphere
amenazar (vt) to threaten
amistad (f) friendship
amparo (m) protection, shelter
anciano/a (m/f) elderly person
andamio (m) scaffolding
anfitrión/ona (m/f) host
animal (m) animal
anochecer (m) dusk, nightfall
anochecer (vi) to get dark
antena (f) parabólica (adj) satellite dish
anterior (adj) previous
antes (adv) before
antipático/a (adj) unpleasant
anuncio (m) advertisement
anuncio (m) callejero (adj) billboard, street advertisement
apagar (vt) to switch off, to put out

aparcar (vt) to park
apoyo (m) support
apretar (vt) to press
aprobar (vt) to pass (an exam)
aprovechar (vt) to take advantage of
argumento (m) story (of film, etc.)
arrancar (vt) to start (car)
arreglar (vt) to repair
arrepentirse (vr) to repent, to regret
arruga (f) wrinkle
artesanía (f) craft, craftwork
artesano/a (m/f) craftsman/woman
asiento (m) seat
atascarse (vr) to get stuck
atender (vt) to attend to, deal with
atónito/a (adj) astonished, amazed
atormentar (vt) to torment
atracador(a) (m/f) robber, mugger
atreverse (vi) to dare
aumentar (vt) to increase
aún (adv) still, yet
aún no (adv) not yet
aunque (conj) although
auxilio (m) help, assistance
avería (f) breakdown

B

bajo/a (adj) short, low, bass
bandeja (f) tray
barnizado/a (adj) varnished
basura (f) rubbish
beneficio (m) profit, benefit
bizcocho (m) sponge cake
blindado/a (adj) (puerta, coche) reinforced (door), armoured (car)
boda (f) wedding
bolso (m) handbag
bondadoso/a (m/f) good person
bosque (m) forest
bota (f) boot; leather object to drink wine from
botiquín (m) first-aid box
brindar (vi) to toast (drink)

brutalidad (f) brutality
bucear (vi) to (skin)dive

C

caballero (m) gentleman
caber (vi) (no cabemos) to fit (space) (we can't all fit in)
cacerola (f) saucepan
cacharros (mpl) pots and pans
cadena (f) (TV) channel
caducado/a (adj) expired
cajero automático (m) cashpoint (hole in the wall)
calidad (f) quality
calmante (m) painkiller, sedative
caluroso/a (adj) hot (weather)
camino (m) path, pathway
campesino/a (m/f) peasant
camping (m) camping, camp
campo (m) countryside, fields
cancha (f) (basketball) court
cansado/a (adj) tired
cansancio (m) fatigue, exhaustion
cantidad (f) quantity
capa (f) layer
capaz de (adj) capable of
capota (f) convertible top, canopy
caramelos (mpl) sweets
carenado (m) fairing (on a motorbike)
carnet de conducir (m) driving licence
carraspear (vi) to clear one's throat
carrera (f) (sports) race
carretilla (f) wheelbarrow
carrocería (f) bodywork
casamiento (m) marriage
casco (m) helmet
castaño/a (adj) chestnut-brown (hair colour)
castañuelas (fpl) castanets
castillo (de arena) (m) (sand)castle
casualidad (f) coincidence
caucho (m) rubber
cazatalentos (m/f) talent scout
ceder (vt) to give
celebrar (vt) to celebrate
cena (f) dinner, supper
central térmica (f) power station
cerillas (fpl) matches
cerradura (f) (door) lock
certamen (m) competition, contest
chalet (m) villa
chamarra (f) warm outdoor jacket (Mex.)
chaqueta (f) salvavidas (adj) life jacket
chico/a boy / girl

chico/a (de chico/a) (adj) little / a child (Mex.)
chocar (vi) to crash
chufas (fpl) tiger nuts
cierto (adj) true, real
cifra (f) figure, number
cinturón (m) belt
cirugía (f) surgery
ciudad (f) city
cobrar (vt) to charge (money), to collect, to be paid
coger (vi) (a alguien) preso/a to take (someone) prisoner
coger (vt) to get, to pick up
colador (m) strainer, colander
colar (vt) to strain
colgar (vt) to hang
comercio (m) justo (adj) (fair) trade
comisaría (f) police station
comodidades (fpl) comforts, mod cons
compartir (vt) to share
comprar (vt) to shop, to buy
comprobar (vt) to check
con relación a ... with regard to ...
confeccionar (vt) to make, to manufacture
confianza (f) trust, confidence
congelador (m) freezer
conseguir (vt) to get, to achieve
consejo (m) (piece of) advice
consentido/a (adj) spoilt
contaminación (f) pollution
contar (vi) con (piscina) to have (a pool)
contento/a (adj) happy
convidar (vt) to invite
coquetear (vi) to flirt
corral (m) patio, yard
correa (f) belt
correr (vt) (peligro) to run (the risk)
corriente (f) electricity, current
cosecha (f) harvest
costumbres (fpl) customs, habits, norms
cotidiano/a (adj) daily, everyday
creador(a) (m/f) creator
creencia (f) belief
crítico/a (adj) (actitud) critical (attitude)
crucero (m) (sea) cruise
cuadrado (adj) (km) square (kilometre)
cuadros (a —, de —) (adj) check (clothing design)
cubo (m) (de basura) rubbish bin, bucket
cuidar (vt) to look after

cumplir (vi) con (algo) to carry out (something)
curso (m) course (educational)

D

dar (vt) la vuelta to turn (around)
dar (vt) un salto to take the step, to jump
darse cuenta (de) (vr) to realise, become aware of
datos (mpl) data, information
de cuando en cuando (adv) from time to time
de repente (adv) suddenly
de todos modos (adv) anyway, anyhow
de vez en cuando (adv) sometimes, from time to time
debido a (conj) owing to, because of, as a result of
defensivo/a (adj) defensive
demás (mpl) others (people)
dentro de (adv) (dos semanas) within (two weeks)
denunciar (vt) to report (a crime to the police)
deprimido/a (adj) depressed
Derecho (m) Law
desarrollar (vt) to develop
desarrollo (m) (en desarrollo) development (developing)
desempeñar (vt) to hold, to occupy (a job)
deseo (m) wish
desgraciadamente (adv) unfortunately
despacho (m) office (of a professional)
desperdicios (mpl) waste, litter
despertador (m) alarm clock
desplazarse (vi) to move about
destacar (vt, vi) to point out, to stand out
devolver (vt) to refund, to give back, to return
día (m) invernal (adj) winter's day
diariamente (adv) daily / every day
difícil (adj) difficult
diga lo que diga no matter what he / she says
dirección contraria (f) (en —) the wrong way (in a one-way street)
dirigir (vt) to direct
dirigirse (vr) to head towards
discusión (f) argument, row
diseñar (vt) to design
diseño (m) design
disfrutar (vt) to enjoy

disparar (vt) to shoot (a gun)

disponer (vt) de to possess, to have at one's disposal

disponibilidad (f) availability

distraer (vt) to distract, to entertain

divertir (vt) (me divierte) to enjoy, to entertain (I enjoy it)

divertirse (vr) (me divierto) to enjoy oneself (I enjoy myself)

doblarse (vt) to bend

dote (f) talent

duda (f) doubt

dudoso/a (adj) doubtful, dubious

duelo (m) duel

E

echado/a (adj) lying down, thrown

echar de menos (vt) to miss (family, friends)

egoísmo (m) selfishness

elaborar (vt) to make

elegante (adj) elegant, smart (smartly dressed)

embrague (m) clutch (in car)

emisora (f) (radio) station

empollón/ona (m/f) class swot

empotrado/a (adj) built-in, fitted (wardrobe)

en concreto (adv) specifically

en cuanto a (conj) with respect to, with regard to, as far as . . . is concerned

en primer lugar (adv) firstly

en realidad (adv) in reality

encantar (vt) (me encanta) to charm, to delight (I love it)

encarnar (vt) to embody, to play a role

encargado/a (m/f) the person in charge, the manager

encender (vt) to switch on

enchufe (m) plug

encimera (f) worktop

enfermo/a (adj) ill, sick

engañar (vt) to deceive

enseñar (vt) to teach, to show

entender (vt) to understand

entorno (m) environment, surroundings

entregar (vt) to hand over

entrelazar (vt) to entwine, to interlock

envejecer (vi) to grow old

envejecimiento (m) ageing

envidia (f) envy, jealousy

envidioso/a (adj) jealous

envoltorio (m) (sweet) wrapper

envolver (vt) to wrap

época (f) time (of the year)

época (de lluvias) (f) the (rainy) season

equipaje (m) luggage

es decir that's to say

esbelto/a (adj) slender

escaparate (m) (shop) window

escondido/a (adj) hidden

escopeta (de cañones recortados) (f) (sawn-off) shotgun

espejo (m) mirror

espejo retrovisor (m) rear-view mirror (in a car)

estado civil (m) marital status

esté donde esté no matter where it is

estrecho/a (adj) narrow

estrella (f) star

estrenar (vt) to premiere

estropeado/a (adj) broken

estropearse (vr) to break down

estupendo/a (adj) great, fantastic

etiqueta (f) label

evitar (vt) to avoid

exceso (m) (usar en exceso) excess (to use in excess)

exigir (vt) to insist

éxito (m) success

expectativa (f) expectation

exponer (vt) to exhibit

extraño/a (adj) strange, weird

F

fabricar (vt) to make, to manufacture, to build

fachada (f) façade

falsedad (f) insincerity, falseness, hypocrisy

falso/a (adj) false

faro (m) headlight

ferretería (f) hardware

fidelidad (f) fidelity, faithfulness

fiel (adj) faithful

fila (f) queue

fila india (f) single file

firmante (m/f) signatory

firmar (vt) to sign

flirtear (vi) to flirt

folio (m) sheet of writing paper

fondo (m) (en el fondo) the back, the end, the background (deep down)

formación (f) training

formación profesional (f) vocational / technical training

forro (m) lining

fregadero (m) kitchen sink

freno (m) (de mano) (hand) brake

fresco (m) fresh air

fresco/a (adj) fresh

frijol (m) bean (L. Am.)

fuga (f) leak

fugaz (adj) brief

funcionario/a (m/f) staff member, employee

fundar (vt) to found

fusil (m) gun, rifle

G

gama (f) range

ganadero/a (m/f) cattle farmer

ganador(a) (m/f) winner

gastar (vt) to spend

gasto (m) consumption

generalmente (adv) generally

generosidad (f) generosity

generoso/a (adj) generous

genio (m) temper

genio (m/f) genius

gestión (f) management

girar (vt) to turn

girasol (m) sunflower

gota (f) small drop

gozar (vi) to enjoy

grabar (vt) to record

graso/a (adj) greasy

grúa (f) breakdown truck

guardar (vt) (silencio) to keep (quiet)

guisar (vt) to cook

gustos (mpl) likes

H

hacer (vt) daño to do harm, to hurt

hacer (vt) gracia to be amusing

hacer (vt) ilusión (me hace ilusión) to look forward to (I'm looking forward to it)

hacha (un —) (f) axe

hacienda (f) a type of hotel (Mex.)

hambre (m) (¡Qué hambre (tengo)!) hunger (I'm so hungry!)

harto/a (adj) fed up

hecho (m) event, fact

hembra (f) female

heredar (vt) to inherit

herido/a (n, adj) wounded; injured person

hogar (m) home

homologación (f) endorsement, sanctioning

honrado/a (adj) honest
hora punta (f) rush hour
horno (m) oven
hortalizas (fpl) vegetables
hostelería (f) catering
hoy en día (adv) these days
huerto (m) orchard

I

iglesia (f) church
impermeable (m) raincoat
imprescindible (adj) indispensable, essential
impresionante (adj) amazing, astonishing
impuesto (m) tax
incendio (m) fire
indígena (m/f, n/adj) indigenous, native
infarto (m) heart attack
inquilino/a (m/f) tenant
interesante (adj) interesting
interesar (vt) (me interesa) to interest (I am interested in it)
intermediario/a (n, adj) intermediary, middle man
intermitente (m) indicator
invernal (adj) wintry
invitado/a (m/f) guest
ir (vi) bien (me va bien) to suit, to fit (it suits / fits me)

J

jarra (f) jar
jarrón (m) vase
jefe / jefa (m/f) de estación station master / mistress
jocoso/a (adj) humorous
jubilado/a (adj) retired
juerga (f) (ir de —) (having a) good time, partying
jugar (vt) to play

L

ladrillo (m) brick
(a) largo plazo long-term
largometraje (m) full-length film
lavado de cabello (m) hair wash
lavavajillas (m) dishwasher
leal (adj) loyal
lealtad (f) loyalty
lejano/a (adj) distant, far-off
lencería (f) women's underwear
letra (f) lyrics (from a song)
liderar (vt) to lead
ligero/a (adj) light (weight)

límite (m) limit
limpiaparabrisas (m) windscreen wipers
limpiar (vt) to clean
limpieza (f) cleaning
limpio/a (adj) clean
linterna (f) torch
llevarse (vr) bien (con alguien) to get on well (with someone)
lluvioso/a (adj) rainy
lo siento (excl) I'm sorry
loro (m) parrot
luego (adv) then, next
lugar de recogida (m) collection point
lujoso/a (adj) luxurious
luto (m) mourning

M

macerar (vt) to marinate
machacar (vt) to crush, to grind
madrugador(a) (m/f) early riser
mal genio (m) (tener mal genio) bad temper (to be bad-tempered)
maleta (f) suitcase
malgastar (vt) to waste
malos tratos (mpl) abuse
manecilla (f) hand (of a clock or watch)
maquillarse (vr) to put make-up on
marginado/a (m/f) poor person, dropout
marioneta (f) puppet
mayor parte (f) most
mecánica (f) mechanics
medias (fpl) stockings
(una) media (de edad) (f) (an) average (age)
medio ambiente (m) the environment
mejor (adj) better
melancólico/a (adj) melancholic
¡menos mal! (excl) thank goodness!
mentira (f) lie (untruth), lying
mentiroso/a (m/f) liar
merecer (vt) to deserve
meta (f) target, aim, desire
meter (vt) to put in, to insert
mientras tanto (adv) in the meantime
mirada (f) look
mitad (f) half
mochila (f) rucksack
mojarse (vr) to get wet
molde (m) baking tin
moldeado (m) (hair) styling
molinillo (m) grinder, mill (cooking)
monja (f) nun

mono (m) monkey
montar (vt) (— un negocio) to start up (a business)
monumento (m) monument
mortero (m) mortar (cooking)
mostrar (vt) to show
mostrarse (vr) to show oneself, to prove oneself to be
motor de arranque (m) ignition
muchas veces (adv) often
muerto/a (adj) (estoy muerto/a) dead, exhausted (I'm exhausted)
multa (f) fine
muñeca (de trapo) (f) (rag) doll
Muy señor(es) mío(s) Dear Sir/Madam (customary opening of a formal letter)

N

nalgas (fpl) buttocks
nervios (mpl) nerves
nerviosismo (m) nervousness
nervioso/a (adj) nervous, agitated
nevado (m) snow-capped mountain (L. Am.)
ni siquiera (adv) not even
niñez (f) childhood
normalmente (adv) normally
novicio/a (m/f) trainee monk / nun, novice
novio/a (m/f) groom / bride; boyfriend / girlfriend

O

obrero/a (m/f) worker
¡ojalá! (excl) I hope (so)
opinión (f) (en mi opinión) opinion (in my opinion)
optimista (adj, m/f) optimistic; optimist
orgulloso/a (adj) proud
orquídea (f) orchid

P

pajita (f) drinking straw
palanca de cambios (f) gear stick
paño (m) cloth
papel (m) paper, role
par (m) pair
parabrisas (m) windscreen
paraguas (m) umbrella
parar (vi) to stop
parecer (vi) (me parece que) (¿qué te parece?) to seem to (it seems to me) (what do you think of that?)

pariente (m/f) family, relative

paro (m) unemployment

partida (f) starting point

partido (m) (sports) match

pasajero/a (m/f) passenger

pasarlo bien (vi) to enjoy, to have a good time

pase lo que pase whatever happens

paso a informarles de . . . I would like to inform you of . . . (in a letter)

patinaje (m) skating

patines (mpl) skates

patrulla (f) patrol

pegar (vr) to stick (wth adhesive)

pegarse (vr) un susto to have a shock (colloquial)

pequeño/a (adj, m/f) little; a child

perder (vt) to miss (a bus, train, etc.)

perdón / perdona (excl) I'm sorry

pereza (f) laziness

periodismo (m) journalism

periodista (m/f) journalist

peripecia (f) adventure

pertenecer (vi) to belong to

pesado/a (adj) annoying, hard (literally: heavy)

pesimista (m/f, adj) pessimist; pessimistic

piel (f) skin

pila (f) battery

piñatas (fpl) party games

pinchazo (m) (tener un pinchazo) puncture (to have a puncture)

pino (m) pine tree

pisar (vt) to step (on)

placa (f) (eléctrica) (electric) hotplate

planta (f) plant; floor (of a building)

plantearse (vr) to think about

playa (f) beach

policía (m/f) policeman/woman

policía (f) the police

poner (vt) a remojo to put to soak

ponerse (vr) to put on, to wear

por casualidad (adv) by coincidence

por hacer gracia to do something for fun, to make people laugh

por la mitad half way through

por si acaso (conj) in case

¡por supuesto! (excl) of course

porrón (m) wine bottle with a long spout for drinking

posguerra (f) postwar period

precio (m) (elevado) (high) price

precioso/a (adj) very pretty, gorgeous

prenda de vestir (f) item of clothing

probador (m) changing room (in a clothes shop)

probar (vt) to try on

preocuparse (vr) (no te preocupes) to worry (don't worry)

prohibido/a (adj) prohibited, banned

propio/a (adj) (mi propia casa) own (my own house)

protagonista (m/f) protagonist

prueba (f) test

¡pues vaya! (excl) Oh dear! / That's terrible!

puesto (m) position (job)

pujante (adj) booming, thriving

pulsera (f) bracelet

puntas (fpl) ends of hair

punto de vista (m) point of view

Q

¡qué remedio! (excl) what else can you do?

¡qué suerte! (excl) how lucky!

quedar (vi) (me queda bien) to suit / fit (it suits / fits me)

quedarse (con) (vr) to get, to keep

quiniela (f) football pools

R

raro/a (adj) strange

(a) ras de suelo (prep) (at) ground level

rayas (fpl) stripes (clothing)

razón (f) reason

realidad (f) (en realidad) reality (actually, in fact)

rebajado/a (adj) reduced

rebajas (fpl) sales, reduced prices

recoger (vt) to collect, to pick up

recompensar (vt) to pay back, to recompense

reconocer (vt) to recognise

recordar (vt) to remember

recorrer (vt) to visit, to go around

recurrir (vi) to resort to

regreso (m) return

rentable (adj) profitable

repartir (vt) to divide into, to share, to deliver

requisito (m) requirement

resbalar (vi) to slip

(estar) resfriado/a (adj) (to have) a cold

resguardar (vt) to protect

respaldar (vt) to support

reto (m) challenge

retribución (f) remuneration

reunión (f) meeting

riesgo (m) risk

rodaje (m) shooting (of a film)

rodar (una película) (vt) to make (a film)

(estar) rodeado de (adj) (to be) surrounded by

ropa (de abrigo) (f) (protective / winter) clothing

rosa (adj, m/f) pink

rosa (f) rose

roto/a (adj) broken

rubio/a (adj) blond(e), fair

S

sacar (billetes) (vt) to buy, to get (tickets)

sacar (vt) to take out

saco de dormir (m) sleeping bag

salir mal / bien (vi) to go wrong / well

salto (m) leap

saludar (vt) to greet

sea como sea no matter how

sed (f) (¡qué sed tengo!) thirst (I'm so thirsty!)

según (prep) according to

Seguridad Social (f) Social Security

seguro (m) insurance

seguro/a (adj) sure, safe

selva (f) forest

señal (f) sign

sencillo/a (adj) simple, basic, straightforward

sentido (m) sense, direction, position

sentimiento (m) feeling

sí (adv) yes

si (conj) (si fuera) if (if I were)

siempre (adv) always

siglo (dieciséis) (m) (sixteenth) century

signo (m) sign

silencio (m) silence

sillín (m) (bicycle) saddle

simpático/a (adj) nice, friendly

sin embargo (conj) however, nevertheless

salida (f) (sin salida) exit (dead end)

sinceridad (f) sincerity

sincero/a (adj) sincere

sino (conj) (no ocho sino nueve) but (not eight, but nine)

sobresalir (vi) to stand out

sobrevivir (vi) to survive

soler (vi) (suelo) to usually do (I usually)

sombra (f) shadow
sonámbulo/a (m/f) sleepwalker
sonidos (de la naturaleza) (mpl) sounds (of nature)
sonrisa (f) smile
soportar (vt) to bear, to put up with
suave (adj) soft, smooth
suceder (vi) to occur, to take place
sucio/a (adj) dirty
sudar (vi) to sweat
suegro/a father-/mother-in-law
suelo (m) floor
sueño (m) dream
suerte (f) *(tener suerte)* luck (to be lucky)
sugerir (vt) to suggest
superficialidad (f) superficiality
susto (m) shock
susurrar (vt) to whisper

T

tacañería (f) meanness
talla (f) size
taller (m) workshop
también (adv) as well, also
tanteo (m) score
tanto (adj, pron) so much, so many
tanto en . . . como en whether in . . . or in
tapón (m) (ear) plug
tardar (vi) to take (time)
técnico/a (m/f) technician
tejado (m) roof
tejanos (mpl) jeans
telediario (m) television news programme
temer (vt) to be afraid, to fear
temprano (adv) early

tener lugar (vi) to take place
tener (vt) *mal genio* to be bad-tempered / moody
tentar (vt) to tempt
terremoto (m) earthquake
terreno (m) (piece of) land
ticket de compra (m) receipt
tienda (de campaña) (f) tent
timidez (f) shyness
tímido/a (adj) shy
tinte (m) (hair) dye
tocar (vt) *(la lotería)* to be a winner (of the lottery)
todavía (adv) *(todavía no)* still (not yet)
toma (de corriente) (f) (power) point
tomar (vt) *(el fresco)* to get (some fresh air) (outside)
torno (m) (carpenter's) lathe
torre (f) tower
tozudez (f) stubbornness
tozudo/a (adj) stubborn
traición (f) betrayal
tranquilo/a (adj) calm
transporte (m) transport
tras (prep) after
trasladarse (vr) to move (house)
tratarse (se trata de) (vr) to be about (a story or a film) (it's about)
trayecto (m) journey
trilla (f) threshing (season)
triste (adj) sad
tristeza (f) sadness
truco (m) trick
tubería (f) water pipes
tubo de escape (m) exhaust pipe
turno (m) shift
tutear (vt) to address someone informally as 'tú'

U

últimamente (adv) recently
uralita (f) type of roofing material

V

vacuna (f) vaccination
vajilla (f) crockery
valer (vt) *(vale la pena)* to be worth (it's worth it)
valla (f) billboard
valorar (vi) *(valorarse)* to value (to be valued)
varón (m) male
¡vaya! (excl) what a surprise!, oh no!
ventaja (f) advantage
verdad (f) *(la verdad es que . . .)* truth (the truth is that . . .)
vergüenza (f) shame
vidrio (m) glass (material)
vigilar (vt) to supervise, to watch over, to keep an eye on
violeta (f) violet
visado (m) visa
vivienda (f) home, dwelling
volante (m) steering wheel
volcarse (vr) to overturn
vuelo (m) flight

Y

ya (adv) *(ya salimos)* already, now (we're leaving now), yet (also 'OK')
¡ya basta! (excl) I've had enough!
yacimiento (m) (archeological) site